星辰大海 不负韶华

——江苏MPA20年采撷

主编　孔繁斌　郝其宏

江苏人民出版社

图书在版编目（CIP）数据

星辰大海 不负韶华：江苏MPA20年采撷 / 孔繁斌，郝其宏主编 . -- 南京：江苏人民出版社，2020.11
ISBN 978-7-214-25582-2

Ⅰ . ①星… Ⅱ . ①孔… ②郝… Ⅲ . ①公共管理－研究生教育－研究－江苏 Ⅳ . ① D035-4

中国版本图书馆 CIP 数据核字 (2020) 第 190144 号

书　　名	星辰大海　不负韶华：江苏MPA20年采撷
主　　编	孔繁斌　郝其宏
责任编辑	张　凉
书名题写	卢立彬
出版发行	江苏人民出版社
出版社地址	南京市湖南路1号A楼，邮编：210009
出版社网址	http://www.jspph.com
照　　排	南京东南文化交流有限公司
印　　刷	南京文瑞印务有限责任公司
开　　本	787 × 1092毫米　1/16
印　　张	21　插页25
字　　数	298千字
版　　次	2020年11月第1版　2020年11月第1次印刷
标准书号	ISBN 978-7-214-25582-2
定　　价	88.00元

编委会

谨以此书献给中国 MPA 教育开启 20 年
暨江苏 MPA 论坛创办 10 年！

寄语 MESSAGE

南大公管二十年
治国理政见新贤
习著书论三大本
中华崛起之必然

夏书章
2020.9.

寄语
MESSAGE

◎ **朱立言**（全国MPA教育指导委员会原秘书长）

感恩中国MPA教育，感恩江苏MPA教育，感恩MPA教育的同事和同学们！牢记MPA教育的初心和使命，我们和MPA教育一同成长！

◎ **张永桃**（南京大学原副校长、原政府管理学院院长）

始终牢记公共精神，秉持公共价值，为建设美好社会努力！

◎ **郝其宏**（江苏师范大学公共管理与社会学院院长）

在学习和研究中，要树立问题意识，坚持问题导向，善于发现问题、分析问题、解决问题，把创新思维和社会实践紧密结合起来，把全面发展和科学研究紧密结合起来，成为具备高瞻远瞩的领导力、与时俱进的洞察力、雷厉风行的执行力、纵横捭阖的协调力的时代精英。

走向全国的江苏

MPA掠影

时任南京大学党委书记洪银兴、全国 MPA 教指委秘书长朱立言、南京大学副校长张永桃、公共管理学院院长童星出席在南京大学举办的全国 MPA 研讨会

在第三届全国 MPA 论坛上，南京大学 MPA 代表与“中国 MPA 之父”夏书章教授合影

南京大学承办的第五届全国 MPA 论坛
捐助甘肃永昌县红山窑小学 5 万元

“苏农杯”第五届全国
MPA 论坛在南京大学举行

北京大学 MPA 在第五届全国 MPA 论坛
联谊会上的诗朗诵表演

西北大学获得第六届全国 MPA 论坛举办权

首届长三角 MPA 论坛在南京大学举行

应邀参加首届长三角 MPA 论坛
的全国高校 MPA 代表夜游秦淮

全国 MPA 学位论文分类与写作研讨会暨第八届优秀论文经验分享会在南京农业大学举行

南京大学 MPA 辩论队参加第四届全国 MPA 论坛辩论赛

东南大学 MPA 师生参加“案例中心杯”首届中国研究生公共管理案例大赛决赛并荣获全国二等奖

南京大学 MPA 篮球队参加在东北大学举办的
首届全国 MPA 篮球赛

苏州大学 MPA 羽毛球队荣
获第四届全国 MPA 联谊赛
团体二等奖

复旦大学、南京大学 MPA 师生
走进镇江基层供销合作社

北京大学、复旦大学、中央财经大学、南京大学等
高校 MPA 代表参观拉贝故居

南京大学 MPA 代表参加天津大学校友会活动

南京大学 NANJING UNIVERSITY

MPA掠影

首届南京大学 MPA 开学典礼

时任南京大学政府管理学院院长张凤阳教授
主持首届江苏 MPA 论坛暨南京大学
MPA 十周年庆典

南京大学政府管理学院院长孔繁斌教授
出席学术沙龙并讲话

走进睢宁调研县委权力公开透明运行模式

羽毛球世界冠军戴韫为南京大学 MPA
羽毛球爱好者传授球技

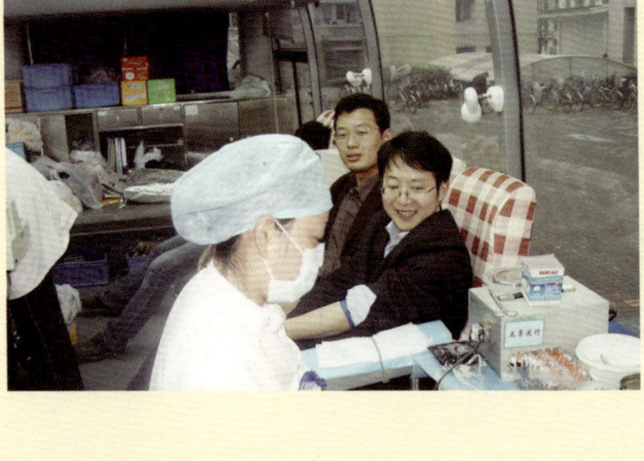

南京大学 MPA 学员开展志愿献血活动

南京农业大学 NANJING AGRICULTURAL UNIVERSITY

MPA 掠影

第二届江苏 MPA 论坛在南京农业大学举行

南京农业大学 MPA 案例团队获中国研究生公共管理案例大赛全国二等奖

南京农业大学与江苏南京白马国家农业科技园区合作共建教学科研实践基地

南京农业大学 MPA 积极开展社会实践

南京农业大学 MPA 赴美国雪城大学交流访问

苏州大学 SUZHOU UNIVERSITY

MPA 掠影

苏州大学 MPA 代表队在“案例中心杯”首届中国研究生公共管理案例大赛中荣获二等奖、最佳案例奖

2016 级 MPA 研究生开展太湖生态治疗调研

第三届江苏 MPA 论坛在苏州大学举行

开展丰富多彩的户外拓展活动

一张席卡考勤交流全知晓

中国矿业大学 CHINA UNIVERSITY OF MINING AND TECHNOLOGY

MPA掠影

2005 年首届 MPA 开学典礼

2013 年授予 MPA 学位仪式

第四届江苏 MPA 论坛
在中国矿业大学举行

2015 年 MPA 开学典礼

2017 年 MPA 开学典礼

2020 年 MPA 毕业照

扬州大学 YANGZHOU UNIVERSITY

MPA 掠影

第五届江苏 MPA 论坛
在扬州大学举行

扬州大学 MPA 学员论文在第九届江苏 MPA
论坛暨三江公共管理研究生论坛中获奖

扬州大学 MPA 两支队伍在江苏省高校
公共管理案例分析大赛决赛中获奖

最美乡村系列行：扬州大学 MPA 学员赴瓜洲挖掘运河文化古今魅力

最美乡村系列行：扬州大学 MPA 学员
走进头桥医械小镇

最美乡村系列行：扬州大学 MPA 学员
走进仪征捺山那园共话乡村振兴

南京理工大学 NANJING UNIVERSITY OF SCIENCE & TECHNOLOGY

MPA 掠影

第六届江苏 MPA 论坛
在南京理工大学召开

江苏省 MPA 联谊会筹备会
在南京理工大学举行

南京理工大学代表队参加第三届中国
研究生公共管理案例大赛并获佳绩

南京理工大学 2018 级 MPA 研究生赴白下高新区开展社会实践

南京理工大学 2015 级
MPA 新生座谈会

南京理工大学 2015 级 MPA 研究生开展中国人民抗日战争暨世界反法西斯战争胜利 70 周年社会实践活动

东南大学 SOUTHEAST UNIVERSITY

MPA 掠影

2018 年 4 月东南大学师生参加“案例中心杯”第二届中国研究生公共管理案例大赛决赛并获全国二等奖

2019 年 5 月东南大学师生参加“案例中心杯”第三届中国研究生公共管理案例大赛决赛并获全国三等奖

东南大学作为发起单位之一参加卓越大学 MPA 联盟成立仪式
暨卓越 MPA 的现实挑战与未来发展高峰论坛

第七届江苏 MPA 论坛暨东南公共管理研究生论坛在东南大学举行

河海大学 HEHAI UNIVERSITY

MPA 掠影

第八届江苏 MPA 论坛
在河海大学举行

童星教授为河海大学 MPA
师生做学术报告

河海大学参加第一届全国 MPA
案例大赛决赛并获二等奖两项

河海大学 2020 届 MPA 毕业合影

河海大学 MPA 实践教学活动

江苏大学 JIANGSU UNIVERSITY

MPA 掠影

第九届江苏 MPA 论坛
在江苏大学举行

首届江苏省高校 MPA 联合会
工作校际交流会

第三届江苏省公共管理院长论坛

江苏大学 MPA 学员开展社会实践

江苏大学 MPA 校外实践导师聘任仪式

江苏师范大学 JIANGSU NORMAL UNIVERSITY

MPA 掠影

江苏师范大学 MPA
导师工作会

江苏师范大学参加 MPA
专项评估工作会

江苏师范大学 2015 级
MPA 开题报告会

江苏师范大学 2019 届 MPA 学位论文答辩

江苏师范大学 2017 级 MPA 调研活动

江苏师范大学 2018 级 MPA
户外拓展活动

江苏海洋大学 JIANGSU OCEAN UNIVERSITY

MPA掠影

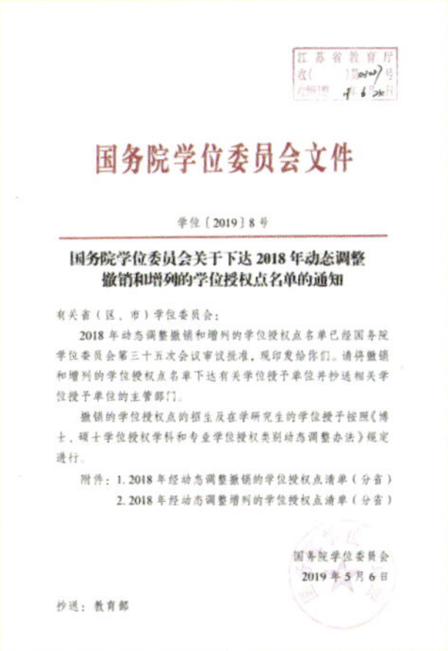
江苏省教育厅
收（ ）第 号
国务院学位委员会文件
学位〔2019〕8号
国务院学位委员会关于下达2018年动态调整撤销和增列的学位授权点名单的通知
有关省（区、市）学位委员会：
2018年动态调整撤销和增列的学位授权点名单已经国务院学位委员会第三十五次会议审议批准，现印发给你们。请将撤销和增列的学位授权点名单下达有关学位授予单位并抄送相关学位授予单位的主管部门。
撤销的学位授权点的招生及在学研究生的学位授予按照《博士、硕士学位授权学科和专业学位授权类别动态调整办法》规定进行。
附件：1. 2018年经动态调整撤销的学位授权点清单（分省）
2. 2018年经动态调整增列的学位授权点清单（分省）
国务院学位委员会
2019年5月6日
抄送：教育部

单位名称	增列学位点名称	增列学位点类型
南京审计大学	工商管理硕士	硕士专业学位授权类别
淮海工学院	公共管理硕士	硕士专业学位授权类别

国务院学位委员会下达2018年动态调整撤销和增列学位授权点名单通知

江苏海洋大学将承办第十一届江苏MPA论坛

江苏海洋大学将承办第六届中国海洋公共管理论坛

江苏海洋大学公共管理硕士（MPA）人才培养方案专家咨询会

江苏海洋大学首次参加江苏高校公共管理案例分析大赛荣获二等奖

南京师范大学 NANJING NORMAL UNIVERSITY

MPA 掠影

参加第八届江苏 MPA 论坛

参加首届江苏高校 MPA 联合会工作交流会

南京师范大学 MPA 联谊会成立

第二次南京师范大学
MPA 返校日活动

南京师范大学
2017 级 MPA
学员素质
拓展训练

南京师范大学 2018 级 MPA 迎新交流会

江苏科技大学 JIANGSU UNIVERSITY OF SCIENCE AND TECHNOLOGY

MPA 掠影

2018 年 8 月人文社科学院汤向俊副院长参加全国 MPA 院长论坛

2019 年 9 月邀请 MPA 教指委委员、武汉大学丁煌教授讲学

人文社科学院 2020 届硕士研究生论文网络答辩会

2017 年 11 月 26 日江苏科技大学
2017 级 MPA 同学参观中国古琴
艺术（梅庵琴派）保护基地

2018 级 MPA 开学典礼

2018 级刘超勇同学论文在
第九届江苏 MPA 论坛上获一等奖

南京信息工程大学 NANJING UNIVERSITY OF INFORMATION SCIENCE & TECHNOLOGY

MPA 掠影

参加第七届江苏 MPA 论坛暨东南公共管理研究生论坛

参加 2017 年第 30 期 MPA 教学案例编写研讨会

MPA 学生参加学术创新论坛

组织 MPA 导师座谈会

MPA 学生参加智库高端论坛

南京医科大学 NANJING MEDICAL UNIVERSITY

MPA 掠影

2019 年 9 月 21 日南京医科大学 MPA 开学典礼

2019 年 10 月 13 日班级活动之不老村秋游

日常学习之小组讨论

2019 年 12 月 16 日班级活动之 2019 年尾牙

南京财经大学 NANJING UNIVERSITY OF FINANCE & ECONOMICS

MPA 掠影

南京财经大学 MPA 参加第八届江苏 MPA 论坛

南京财经大学 MPA 毕业生捐建玫瑰园

南京财经大学 MPA 老师访谈 MPA 校友

南京财经大学 MPA 素质拓展训练

南京财经大学 MPA 师生赴基层调研

中国药科大学 CHINESE PHARMACEUTICAL UNIVERSITY

MPA 掠影

中国药科大学 2019 级 MPA 学生跟随社区网格员深入基层

中国药科大学 2019 级 MPA 学生走访南京市江宁区秣陵街道家园社区居民委员会

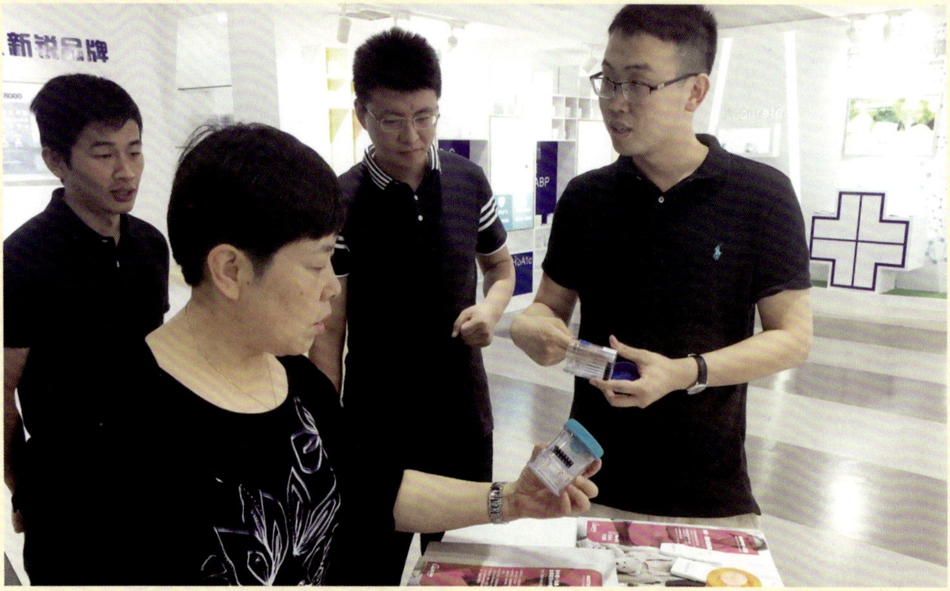

中国药科大学褚淑贞教授指导 MPA 学生在企业参观学习和实践考察

中国药科大学茅宁莹教授带队参加全国医药类院校 MPA 教育发展论坛

目录
CONTENTS

随记公管事　共续公管缘

散叙老时光　漫谈新梦想

诗忆学与友 落笔尽风流

序一

全国 MPA 教育指导委员会秘书长、中国人民大学公共管理学院院长　杨开峰

二十年弹指一挥间。二十年中国 MPA 走过两代人，走过了美国 MPA 一百年走过的路。二十年中国 MPA 从蹒跚起步到规模扩张再到质量提升，经历了不平凡的历程，留下了难以磨灭的记忆，为国家培养了大批高素质、复合型公共管理人才。二十年中国 MPA 教育与党和国家同呼吸、共命运，见证了改革开放的持续深化，服务了国家治理现代化转型。

江苏自古崇文重教，才俊冠盖全国，是中国 MPA 教育最发达的地区之一。世纪之交，中国 MPA 教育应运而生，江苏也迎来了第一所 MPA 培养院校——南京大学。二十年春华秋实，二十年砥砺奋进。江苏 MPA 教育从当年的树种成长为繁茂的森林，获得了令人瞩目的丰硕成果。当前，江苏共有 18 所 MPA 培养院校，是仅次于北京（32 所）的地区。其中，第 1 批次 1 所 , 第 2 批次 2 所，第 3 批次 3 所，第 4 批次 1 所，第 5 批次 3 所，第 6 批次 7 所，其他批次 1 所，各批次蓬勃发展，各具特色。在招生培养方面，2002 年江苏仅南京大学一所院校招收学生 290 人，2019 年招生人数达到 2219 人，增长近 10 倍。

2002 年至 2019 年，江苏院校共录取 MPA 学生 19447 人，占全国录取总数的 8%。在办学质量方面，江苏 MPA 培养院校也取得了骄人成绩。在历届全国 MPA 优秀学位论文评选中，江苏共有 5 篇论文获奖（南京大学 3 篇，南京农业大学 1 篇，苏州大学 1 篇）；在全国 MPA 教指委和教育部学位与研究生教育发展中心联合组织的教学案例入库评选中，江苏有近百篇案例入选中国专业学位案例中心公共管理案例库；在全国 MPA 教指委举办的中国研究生公共管理案例大赛中，四届以来江苏累计参赛案例 300 余篇，其中 45 篇案例进入百强，居全国前列。这些成绩的取得，离不开江苏浓厚的教育文化底蕴，离不开江苏 MPA 培养院校的奋发努力，离不开江苏 MPA 人的无私贡献。

近年来，MPA 教育地区性交流活动蓬勃发展，华北、西北、华南、西南等片区，黑龙江、河南、江苏、湖北、江西、上海等省市皆已形成常态性的地区性研讨机制，有效促进了各地区 MPA 教育发展。这其中尤以江苏 MPA 论坛最为突出，连续举办九届，打造了江苏省特色品牌会议，促进了 MPA 专家学者及实践部门的交流互动，推动了公共管理理论和实践发展的融合，在提升江苏 MPA 教育水平方面发挥了积极作用。此书正是以江苏交流活动为基础，汇聚了江苏 MPA 高校的办学成果与经验，以总结、叙事、回忆、诗赋为轴，道出了江苏 MPA 教育二十年的筚路蓝缕，凝结了江苏一批批 MPA 教育家的心血和智慧，吟出了江苏全体 MPA 师生的浓浓深情。

当前，中国国家发展进入新时代，中国研究生教育发展也进入了一个新时代。在这个大的背景下，中国 MPA 教育面临新的机遇与挑战，需要对 MPA 教育的重要性有新的认识，需要全体 MPA 人团结奋进，谱写我国 MPA 教育的新篇章。MPA 教育要服务经济社会发展大局，推动国家治理体系和治理能力现代化。党的十九大报告中提到“使市场在资源配置中起决定性作用，更好地发挥政府作用”，如何在市场经济体制下更好地发挥政府作用，构建系统完备、科学规范、运行有效的制度体系，建设人民满意的服务型政府，是全体 MPA 人的时代命题。

在新时代背景下 MPA 教育要落实立德树人根本任务，继续回答好“为谁培养人、培养什么样的人、怎样培养人”的问题。MPA 教育不是简单的专业教育，而是要培养具有公共精神和社会主义核心价值观的公共管理者，培养“德才兼备”的高级公共管理人才。MPA 教育不仅要传授学生进行公共管理所需要的专业技术，更要提高他们的政治敏锐性和政治鉴别力，激发他们的公共服务动机和为人民服务的责任感，培养他们马克思主义的价值观、世界观、人生观、方法论，引领他们将个人理想融入国家前途和民族命运之中，为实现中华民族伟大复兴贡献力量。

面向下一个二十年，全国 MPA 培养院校要找准 MPA 教育定位，明确 MPA 教育发展目标，构建 MPA 教育的良好生态；要进一步以能力提升为中心，改革培养模式，优化培养方案，创新教学方式，压实导师责任，强化质量管理，确保立德树人。希望江苏地区的培养院校发挥自身优势，勇于改革、善于改革，为全国培养院校提供更多经验，在各类比赛和活动中再创佳绩，为国家和地区发展培养更多高水平人才。

序二

南京大学政府管理学院院长 孔繁斌

在人类治理文明体系的演进中，政治共同体的良善治理始终是衡量文明发展水平和程度的标尺。治理文明的理念、知识和能力，在文明互鉴的实践中不断丰富，在改革创新中不断进步和发展。21 世纪以来，我国公共管理专业硕士学位的建设和人才培养，正是这一过程的结果，也是促进这一过程的重要推动力量。由江苏 MPA 论坛组委会、江苏 MPA 联谊会组织编写的《星辰大海不负韶华——江苏 MPA20 年采撷》一书，以漫谈的笔触和深情的回眸，向我们展示了治理文明实践中公共管理专业学位教育的历史性成就和时代性价值。

我国的公共管理专业硕士学位建设和人才培养，是在全球治理革命趋势下，在中国行政体制和社会体制改革中诞生的高级专业性人才培养项目。江苏作为我国经济发达的东部省份，是首批获得公共管理专业硕士学位的区域之一，2001 年南京大学即开始招收第一届 MPA 学位学生，在其后 20 年来的发展历程中，全省已获批 MPA 学位授权点共 18 个，接受 MPA 教育的学员每年都在不断增长。毕业于全省不同授权点的这些 MPA 学员，对江苏现代化的建设和发展，做出了十分突出的贡献，并证实了我国举办公共管理专业硕士学位的巨大意义和价值。正如本书记载所示，公共管理的教育理念和知识，塑造了现代政府治理和社会治理者全新的精神风貌和公共价值观，将服务型政府的理念带到了江苏大地的城乡治理实践中，为今天“强富美高”新江苏的建设和发展准备提供了十分有益的知识。该书作者的记述尽管角度不同，故事各异，但这些饱含深情的文字，无一不是在讲述一个崭新的知识领域对促进优质治理、对青年干部和公务员创新性工作能力提升所带来的独特作用和取得的积极成效。

对于一个专业学位建设和教育而言，20 年的时间也许算不上太长，但我们正在这从无到有、从单一到丰富和规范的建设之旅中，江苏公共管理专业硕士学位及其教育，已经成为现代化治理不可缺少的一种符号和元素，成为有志于促进优质治理和改善公共生活质量的年轻公务员实现自己抱负的途径，成为政府、高校、社会高质量建设和发展现代化治理的纽带，全省一批批 MPA 学子完成学业走向实践舞台，为这并不算长的 20 年增添了亮丽的色彩。面对这幅画卷，我们着实要感谢全国公共管理专业学位研究生教育指导委员会历任领导的悉心指导，感谢中共江苏省委组织部、江苏省公务员局、江苏省教育厅的亲切关怀，感谢各培养高校的大力支持。正是得益于各方面的指导和关心，才使得公共管理专业学位人才培养成为朝气蓬勃、昂扬向上的“显学”。

进入新时代以来，人民群众日益增长的美好生活需要和发展不平衡不充分之间的矛盾以及建设人民满意的服务型政府，将是今后公共管理面对的主题；国家治理体系和治理能力现代化的建设，创新发展、协调发展、绿色发展、开放发展和共享发展的任务和目标，都为公共管理的科研和人才培养事业提出了新的挑战和要求，也为 MPA 事业带来了更加广阔的前景。在此次纪念文集编撰过程中，我们有幸获得了我国公共管理学界泰斗、南京大学杰出校友夏书章先生的亲笔题字“南大公管二十年，治国理政见新贤；习著专论三大本，中华崛起是必然”。今后，江苏公共管理专业学位研究教育，将在习近平治国理政思想指导下，以公共管理重大问题创新性研究和学习为牵引、以一流师资力量为支撑、以培养适应政府创新性治理需求的拔尖人才为使命，注重内涵式发展和高质量提升，努力建设放眼全球、立足中国，具有江苏风格和特色的 MPA 模式。

“吾愿无穷兮，如日方暾”。无论是过去还是未来，为新时代“强富美高”新江苏的建设培养更多的公共管理专业人才，是我们的责任，而这份责任就是我们努力的方向！

期待风华正茂和充满活力的 MPA 同学们不负韶华，以严谨认真的态度、坚韧不拔的意志、勇于创新的精神对待学习和工作，祝愿大家成为弘扬公共精神、恪守公共价值、维护公共利益、投身公共服务的管理英才。

序三

七千夙夜踏歌行　风鹏正举海天阔

二十年前，中国以开放拥抱的姿态引进了MPA。二十年来，作为一门年轻的实践性学科，MPA的发展顺应了时代变革的客观要求，创造了现代治理的中国经验。

于世界，MPA是一本积淀厚重的书籍。1887年，威尔逊发表“行政学之研究”一文，催生了西方公共行政学的萌芽；1911年，马克斯·韦伯撰写论官僚机构或科层制论文，推动了公共行政学研究向政府体制聚焦；1924年，锡拉丘兹大学成立马克斯韦尔公民与公共事务学院，实现了世界第一个公共行政硕士项目的亮相。此后百年，历经公共行政学到政策科学再到公共管理学的三次突破，MPA犹如一本厚积薄发的书籍，在世界变革浪潮中记录了执着探索，焕发出勃勃生机。

于中国，MPA是一艘潮头扬帆的航船。2000年8月，随着国务院学位委员会的批准，全国24所知名高等院校开始了MPA教学的试点。从制定培养方案到选配授课教师，从装修教学场地到喜迎首届学子，从接受教学评估到获批正式办学，从独自探路前行到携手共谋发展，中国MPA走过了从引进到发展、从初创到繁盛、从单弦独奏到百乐齐鸣的辉煌历程，正如一艘勇立潮头的航船，风正帆悬，破浪前行。

于我们，MPA是一首青春芳华的赞歌。求学的经历是青春的印记，校园的时光是美好的年华。无论是繁重的学业功课，还是揪心的考试成绩；无论是课堂教学时的虚心聆听，还是实践考察的启发思考；无论是参加沙龙讨论时的激情澎湃，还是参与社会活动时的责任担当；无论是图书馆里的挑灯夜战，还是答辩通过后的酣畅淋漓，点点滴滴，犹如一曲曲陪伴已久的老歌，忙碌时尘封一隅，哼唱时感慨万千。

于未来，MPA是一片璀璨闪亮的繁星。经历多年的理论积淀与实践探索的历程，

MPA 已逐步发展成为独具特色的专业学位教育体系，成为中国高等教育不可或缺的重要组成部分。可以预见，在广阔的实践舞台中，MPA 必将进一步与其他学科交流交叉、开放包容，系统集成、守正创新，充满活力、富有魅力。她以春风化雨、润物无声的教育情怀，培养铸就一批又一批应用型与启发性、人际关系型相结合的复合型人才，坚守初心使命，散作满天繁星，在各自的岗位上坚持学以致用，丰富工作实践，提升治理效能，助推经济社会高质量发展。

苦心人天不负，有志者事竟成。经过二十年的探索与实践、建设与发展，中国 MPA 正以一种崭新的面貌、旺盛的生命，屹立在研究生教育的宽广舞台，昭示着学科发展的广阔前景，抒写着强国之梦的生动实践。

二十年，MPA 发展为社会责任的新承载。MPA 因解决公共社会问题而生，在破解公共社会难题中发展，与生俱来标注着鲜明的公共视野、公共情怀、公共精神。二十年来，MPA 始终立足公共立场，秉持人文情怀，洞察社会问题，维护公共利益，从中不断推动公共管理理论的创新，持续影响公共管理方式的转变，不断引领国家治理效能的提升。以和谐大道立身，为人民福祉代言，已经成为中国 MPA 的鲜明底色。

二十年，MPA 成长为人才培养的新平台。MPA 始终立足兼具国际视野和中国情怀的定位，秉承培养高层次、复合型公共管理人才的初心，组建了一流的师资队伍，一大批卓有影响的名师大家担纲骨干教学；创设了立足实践的教学品牌，一大批富有经验的政府官员开设专题讲座，勇于直面问题，探寻解决之道；开创了面向世界的教学模式，建立了与美国加州州立大学、澳大利亚堪培拉大学、英国约克大学等中外名校的常态互动机制，让这个平台星光闪闪、熠熠生辉。

二十年，MPA 搭设了政校沟通的新桥梁。政府与学校手牵手、肩并肩，共办教育、共育英才，是 MPA 教育的基因所在，也是优势所在。立足于高等院校，无论是考生资格审查，还是专项奖学金设立，都离不开地方政府的大力支持；着眼于政府机关，无论是重大课题研究，还是委托培养项目，都离不开学校的密切配合。政府与学校因办好 MPA 的共同目标相向而行，联系更加紧密、互动更加频繁、双赢更加彰显。

二十年，MPA 塑造了逐梦强国的新群体。二十年里，数万 MPA 学子怀揣理想与抱负，肩负使命与责任，迈出校门、投身实践，融入社会、创造价值。作为公共管理精神的弘扬者、公共管理事务的践行者，他们提升学术修养、传播公共理念，立志执政为民、维护公共利益，立足本职岗位、投身公共管理，注重社会民生、改善公共服务，投身社会公益、繁荣公共文化，逐渐成为社会治理的中坚力量，成为圆梦中华的坚实骨干。

二十年弦歌，一首首有了回音；二十年寻梦，一个个成为现实。过去的二十年，对江苏 MPA 来说，是创业圆梦的往事，是值得铭记的回忆。回首时光二十载，只言片语显真情。值此江苏 MPA 教育开启 20 年、江苏 MPA 论坛创办 10 年之际，在南京大学等 17 所江苏 MPA 高校共同倡议下，采撷专家教授、新老学子各类征文近百篇，浅浅勾勒出江苏 MPA 二十年的发展历程、心得体会、人生感悟，徐徐铺陈出弥足珍贵的师生之情、历久弥新的同窗之谊、眷恋母校的拳拳之心。

这里有时代前沿的学术见解。周建国老师的《MPA 学生职业发展研究》，通过翔实严谨的数据对比，深入剖析了 MPA 学生的职业发展现状，进而得出科学结论；刘晓光等 3 位老师的《MPA 研究生“知行合一”案例教学模式的探索》，通过深入浅出的分析，深刻揭示了 MPA 教学中的不足，探索了改进方法；还有周绿林、许远旺、祝天智老师等等，他们的煌煌论著或殷殷教诲，不仅让我们丰富了知识、开阔了视野，更让我们再次重温了青葱美好的学习时光。

这里有扣人心弦的情感表达。或散文、或诗歌、或随笔、或论文，或长、或短，或慷慨激昂、或浅斟低吟，无不表达着入校求学的庆幸喜悦，无不诉说着母校培养的满怀感恩，无不流露着师生情谊的山高水长。这一行行文字、一段段话语，串联着我们共同的记忆，诉说着我们共同的情感，歌唱着我们共同的心声，无论走向何方，无论何时何地，我们永远都是 MPA 人。

这里有青春韶华的回顾眷恋。MPA 初创时的学长黄煦、杨忠民等，回忆起曾经的考试经历、求学生涯，初试锋芒新生代孙立、卢远航等，展望着未来的学习生活、人生规划。二十年，对于江苏 MPA 来说，正是弱冠之年；二十年里，对于每一个 MPA 学子而言，都是人生芳华。这里写下的青春，属于你，属于我，属于我们每一个人，无论是指点江山挥斥方遒的拼搏人生，还是立足平凡默默奉献的岁月静好，永远值得珍藏。

这里有星辰大海的执着追求。江苏 MPA 人是一个砥砺奋进的群体，字字句句都浸透着拼搏向上的劲头；江苏 MPA 人是一个勤奋务实的群体，点点滴滴都铭刻着坚定跋涉的足迹；江苏 MPA 是一个执着追梦的群体，时时刻刻都牢记着矢志不渝的初心。从一篇篇的文章中，我们深切感受到了 MPA 人的蓬勃朝气、昂扬锐气，体悟到了 MPA 人的志存高远、不负韶华。

“大鹏一日同风起，扶摇直上九万里”。过去的二十年是新千年阔步启程的二十年，是新时代破浪前行的二十年，也是江苏 MPA 梦想起航的二十年。七千夙夜弹指一挥，大江南北镌刻永恒。我们坚信，经过时间沉淀和岁月洗礼的江苏 MPA，负有家国情怀和使命担当的江苏 MPA 人，必将以更加稳健的步伐迈向新征程，以更加昂扬的姿态书写新篇章。

执笔：蒋凯渊　黄　煦

2020 年 9 月

ONE

念不完师恩
道不尽学问

NIAN BU WAN SHI EN
DAO BU JIN XUE WEN

MPA |

MPA 学生职业发展研究

南京大学政府管理学院副院长、MPA 教育中心主任　周建国
南京大学政府管理学院 2019 级博士生　刘　军

【摘　要】　随着中国近年政治改革的推进，对党政干部的工作态度和工作能力有了新的要求，接受 MPA 教育是促进党政干部职业发展的重要途径。本文整合了主观层面的工作态度和客观的 MPA 教育效果，针对党政干部的职业特殊性自主设计了测量工具，通过对比分析反映 MPA 学生的职业发展。研究结果揭示了党政干部队伍工作态度和 MPA 教育的深层问题：党政干部的工作态度趋于中等，并无明显好坏；MPA 教育效果中等，与党政干部所需的职业能力匹配度较低；工作激励对职业发展具有显著的正向影响，MPA 教育并无显著影响。研究结论认为，中国的干部管理应坚持干部制管理方式，MPA 教育应适度转变培养目标，并就党政干部所需的核心职业技能（沟通协调能力）作出调整。

【关键词】　职业发展；党政干部；工作态度；MPA 教育

Research on MPA Students' Career Development

Abstract: With the advancement of China's political reform in recent years, new requirements have been placed on the working attitude and working ability for party and government cadres. MPA education is an important way to promote the career development of party and government cadres. This article integrates the subjective work attitude and objective MPA education effects, and independently designed measurement tools for the professional specificity of party and government cadres, and reflects the career development of MPA students through comparative analysis. The research results reveal the deep problems of the work attitude of party and government cadres and MPA education: the work attitude of party and government cadres tends to be moderate, and there is no obvious good or bad; The effect of MPA education

---

铁肩担道义，妙手著文章。聚是一团火，散则满天星。MPA，Moral Powerful Actor。全国 MPA，永远是一家人。

——许毅文（北京大学 2003 级 MPA，小狗电器互联网科技（北京）股份有限公司）

is moderate, and the degree of matching between the professional ability required by party and government cadres and MPA education is low; job motivation has a significant positive impact on career development, and MPA education has no significant impact. The conclusion of this study is that China should adhere to the cadre management method, MPA education should appropriately change the training objectives, and make adjustments to the core professional skills ——communication and coordination skills——required by party and government cadres.

Keywords: career development; party and government cadres; work attitude; MPA education

研究问题

百行业为先，万恶懒为首。梁启超在《敬业与乐业》中指出了职业于个人和社会发展的重要性，并突出了职业态度在职业发展中的核心地位。就个人而言，职业目标、职业态度和职业技能都是职业发展的核心要素。早期的职业发展研究关注职业成熟度，被定义为职业发展的程度，主要反映的是个体（通常是毕业生）偏好、独立性与职业选择之间的匹配性，以及个体搜集职业信息并作出职业决策的能力。在后期的研究中，Crites 引入了职业规划和职业探索 (career exploration) 等态度成分。职业成熟度与职业生命周期的紧密联系使得大多数研究都局限于毕业生，对成年人的截面研究往往难以与之匹配。参考职业成熟度中的职业选择偏好、知识和态度等内容，Super & Knasel 引入了职业适应性，是指“对可预测的工作角色和任务，以及不可预测的工作和工作环境变化的准备程度”，将研究对象拓展至所有职业人群。显然，职业成熟度和职业适应性都聚焦于个体选择职业的偏好、态度和信息能力，均指向了职业选择阶段的内容，未能触及进入职业之后的发展效果。为此，London & Stumpf 提出职业成功，是指“个体在职业经历中所积累的，与工作相关的积极成果与心理成就感”。随着研究的拓展，薪酬和财富、晋升、地位和头衔、社会声誉、知识与技能、社交和健康等都是职业成功的范畴。至此，综合职业选择阶段的主观因素和职业发展过程中的客观产出，职业发展研究有了比较完善的内容。相较之下，国内的职业发展研究集中在毕业生，对于其他职业人群的研究很少。就毕业生的职业发展研究而言，多从培训、晋升、薪酬等职业成功层面进行测评，忽视了职业发展的态度、

中央企业是国之基石，尤其在事关国计民生的领域，要高度关注社会效益和社会公平，在企业管理中融入公共管理精神，强化思维创新！

——陈艳兵（武汉大学 2003 级 MPA，中铁四院集团）

能力、信心等方面。

在所有的职业群体中，中国党政干部具有显著的特殊性：第一，职业稳定，绝大多数人不再面临职业选择问题和失业问题，职业成熟度的研究不适宜党政干部，更符合的是职业适应性；第二，受多重规则约束；第三，薪酬福利趋于刚性，党的十八大之后更为明显。因此，对于积极追求进步的党政干部而言，晋升及相关的工作荣誉是职业发展的主要内容；对于消极的党政干部而言，体制外充满竞争，体制可能成为侵蚀自身职业竞争力的“铁笼”（被地方党政干部称为“温水煮青蛙”），提升自身工作能力是适应职业环境的基本要求。党的十八大以来，政治改革使党政干部的工作环境发生显著变化，懒政、避责成为干部队伍的突出问题之一。通常，懒政的发生可归结为“不想为”“不敢为”“不能为”，分别指向了党政干部的工作动力、责任担当和工作能力，都是职业发展的中心问题。因此，中国党政干部的职业发展成为一个兼具学术价值和实践价值的研究问题。

在党政干部的职业发展道路上，MPA（公共管理硕士）教育是重要的提升途径。中国于2001年起启动了MPA教育，根据全国公共管理专业学位研究生指导委员会的简介，MPA教育旨在“为政府部门及非政府公共管理机构提供高层次、运用型专业管理人才”。政府机关部门和事业单位的党政干部是我国MPA教育的主要服务对象，随着MPA教育的逐渐普及，接受MPA教育的主要群体从早期的领导干部拓宽到年轻的党政干部（35周岁以下），其中多为刚刚毕业或刚进入单位工作5年以内的年轻干部，行政层级主要在办事员到科级之间。在当前的党政工作环境下，年轻干部是党政机关中积极进取、领导干部得以有效依托的主体：第一，年轻党政干部正处于职业生涯的发展期，职业发展是每个年轻干部都要思考的问题；第二，年轻干部是政府组织当前的工作主力，更能反映党政干部队伍的状态；第三，年轻干部也代表了党政系统的未来，其职业发展能够反映国家治理及其体制更为深层的问题。鉴于两个群体的高度重合，本研究将通过MPA学生以及相关的对比分析来反映党政干部当前的职业发展状况，以及当前中国MPA教育对党政干部职业发展的影响，以期对当前的党政干部管理和MPA教育有所助益。因此，

有幸MPA学习结识很多有识人士，加入长跑微信群，又认识志同“道”合的校友……MPA，人生一次很好的历练，相信每个MPA人都有不一样的收获！

——李映峰（北京大学2004级MPA，广东省揭阳市财政局）

本研究关注以下三个问题：（1）党政干部队伍当前的工作状态和职业发展目标；（2）MPA 教育效果，是否实现了职业技能的提升；（3）MPA 学生的职业发展，即工作状态、职业目标和 MPA 教育效果是否能够转化为 MPA 学生的职业发展。

数据来源

尽管已经有大量质性研究就党政干部的工作状态（懒政、不作为、避责、形式主义）进行了分析，也有相关量化研究就干部的工作态度（职业倦怠、离职倾向、工作绩效等）进行实证研究，但两者间存在明显的割裂：一方面，质性研究以理论分析或经验概括为主，或在典型案例的分析中揭示某一现象的作用机制，往往难以反映党政干部队伍的全貌；另一方面，量化研究往往在引进的通用量表基础上作表述上的微调，通用量表往往缺乏对特定群体的针对性，中国党政干部这一职业群体的显著特殊性更加凸显了调查工具本身的重要性。

有鉴于此，本研究的数据收集做了以下工作：第一，2017 年和 2018 年暑期分赴两省部分基层政府进行调研和访谈，初步了解了基层干部的工作状态；第二，根据基层实际情况对研究设想进行调整，初步拟定了研究计划；第三，利用 N 校 MPA 教育资源，根据研究计划拟定访谈提纲，对部分身处不同部门的 MPA 学生进行访谈；第四，结合前期工作拟定调查问卷（问卷的量表均为李克特五分量表），并选择部分 MPA 学生预测试；第五，根据预测试结果对问卷微调，并在 2019 年 11 月末开始大样本的正式调查。正式调查以问卷星网络平台进行，在 N 校 MPA 往届和在校生中进行，并选择一个年级的在校生在单位内根据通讯录进行抽样调查。由于第一轮调查抽样未能顺利完成，第二轮正式调查选择两个年级的在校生在单位内抽选两名成员。为了获取最真实的调查信息，本次调查鼓励受访者将单位所在地的最后一级行政区用字母代替，但保留了单位性质。截至 2019 年 12 月 13 日，共回收问卷 939 份，有效问卷 906 份，其中 MPA 学生有效问卷 509 份，非 MPA 学生 397 份。MPA 学生与非 MPA 学生的平均年龄（缺失 6 份）分别为 30.05、31.55，年轻干部分别占比 90.8%、85.6%，年轻干部占据总样本的绝对多数，保

中国 MPA20 年，从“坐而论道”到“起而行之”，见证了中国国家治理参与者、执行者的心灵救赎与实践探索之旅。

——顾　瑜（复旦大学 2004 级 MPA，中共云南省麻栗坡县委）

证了对比分析的可行性。以下是 MPA 学生（含毕业生）的基本统计信息（表 1）。

表 1　MPA 学生基本信息

男	女	24-30 岁	31-35 岁	36-40 岁	41-45 岁	46-50 岁	已　婚	未　婚
203	306	369	88	28	16	3	330	179
39.9%	60.1	73.2%	17.5%	5.5%	3.2%	0.6%	64.8%	35.2%
办事员	科　员	副科级	正科级	副处级	正处级	领导干部	非领导干部	共产党员
31	309	117	37	9	6	87	422	439
6.1%	60.7%	23.0%	7.3%	1.8%	1.2%	17.1%	82.9%	86.2%
非共产党员	毕业生	2017 级	2018 级	2019 级	籍贯与单位所在地相同		籍贯与单位所在地不同	
70	78	210	86	107	265		245	
13.8%	16.2%	43.7%	17.9%	22.2%	52.1%		47.9%	

注：由于部分问卷缺少部分的个人信息，表格的部分内容有缺失值。

MPA 学生的工作态度

在心理学的研究中，广义的态度由认知、情感和行为三个部分构成，既反映了个体对某事的认知和情感，也影响个体的行为，能够反映广泛而深刻的内容。工作态度（由于党政干部的职业具有稳定、非竞争性、入职门槛高、一旦离职通常不再进入等特征，党政干部的“工作”和“职业”具有显著的重叠性，因此本文将工作态度和职业发展置于同一层面进行分析）是职业发展的重要部分，只有当个体怀揣着积极向上的工作态度，才能形成职业发展的持续动力，进而转化成行为绩效。近年来，随着国家治理和政治制度的变化，地方的工作环境和干部的工作状态也随之变化。一方面，社会治理创新、精准扶贫、农村宅基地改造等工作的开展使得地方干部的工作量明显增加，基层疲惫和加班现象凸显；另一方面，在发展型国家的快速发展背后，中央政策在地方执行中扭曲、地方过度竞争、社会矛盾激化、环境退化等问题凸显，使得中央近年来逐渐强化了对地

管理之要以义为精以义为髓，正义所至正气为开，煌煌宇宙义之所系。唯精唯一，允执厥中。

——王国企（内蒙古大学 2005 级 MPA，内蒙古云寿阁健康管理有限责任公司）

方行为的约束，党的十八大以来的反腐党建和制度收缩深刻改变了地方的工作环境，“为官难”和问责成为新时期党政干部的巨大压力。因此，本研究根据访谈记录形成了有关党政干部工作状态的五分量表（表 2）。调查结果显示，Cronbach α 为 0.74，正交旋转得到 3 个因子，分别命名为工作激励、工作厌恶和工作压力。总体而言，党政干部当前的工作状态趋于中等，工作激励略高，工作厌恶略低，工作压力较大。MPA 学生与总样本的工作态度相当，工作激励相对较低，工作压力相对较大。

表 2　工作状态

	均值 M1	标准差	MPA 学生均值 M2	因子 1	因子 2	因子 3	
2. 近年感知的工作意义和工作价值	3.27	.934	3.20	.880	.010	-.087	工作激励（M1=3.15，M2=3.07）
3. 与刚进体制时相比，现在的工作激情和干劲	3.13	.976	3.02	.862	.019	-.116	
5. 工作中的独立性和自主权	3.06	.912	2.99	.665	-.081	.055	
4. 现在的工作对个人和家庭生活的负面影响	2.54	1.020	2.51	-.059	.853	.081	工作厌恶（M1=2.82，M2=2.83）
1. 为完成工作，加班的频次	3.07	1.169	3.07	.212	.762	.150	
6. 工作能力和努力不被领导发现和理解的可能性	2.84	.953	2.81	-.382	.514	.192	
7. 领导和上级部门向下推卸工作和责任的频次	2.84	.953	2.94	-.442	.510	.333	
8. 党的十八大以来，工作难度相较之前变得	3.61	.837	3.71	-.083	.145	.850	工作压力（M1=3.67，M2=3.79）
9. 检查、考核和问责的压力	3.73	.923	3.87	-.027	.182	.849	

在党政干部的职业发展过程中，年龄是关键因素，不仅反映了个体的职业生涯阶段，更影响到个体的职业发展态度。20 世纪 80 年代的干部管理改革中，干部的年轻化成为干部选拔的重要标准，也是选择后备干部时必须考虑的因素。在经典的激励理论中，即便处于低物质激励的处境，职场中的年轻人也会通过努力创造优异的绩效来谋求职业发展，或者以此为跳槽奠定良好的声誉，因而表现出不同于中老年职业群体的职场行为。

读 MPA，被动之选，恐负他人之功，故学知辛苦，然收获颇丰。2007 年入学，又“生死相依”与 MPA 结伴同行，至今不渝。深思之要义，智所不及。然公共管理之思想，已渐成信仰，于工作，于生活，于为人，于立事，于处世，为公之尚为。为公之选，仁人智事，愿与诸君携手耳。

——扈现奎（中国海洋大学 2007 级 MPA，青岛市公安局）

对于想要留在体制内的党政干部而言，年龄是党政干部职业发展的天花板，体制内的45岁现象、晋升锦标赛中的“芝麻开花”（干部晋升有较为严格的节奏，严格限制破格提拔，“芝麻开花”代表逐级上升现象，也意味着一旦在某一环节失利，就会在此后的晋升中受到影响）现象均体现了年龄在职业发展中的重要性，并在地方的干部晋升中形成了“年龄是个宝，能力是基础，关系很重要”。换言之，在已经达到晋升的年龄时未能实现晋升，则意味着仕途触及了天花板，往后的职业发展会变得更为曲折，这也成为许多中老年干部丧失职业进取精神的重要原因。正因如此，大部分政府组织中均存在中老年干部消极作为和不求进步现象，年轻干部是领导干部推动重要工作的行动主体。因此，本文还通过他评的方式，将单位的党政干部划分为三个群体：35岁以下、36–45岁和46岁及以上，让受访者就单位里前两个群体的工作状态进行评价，即可了解干部队伍的工作状态。因子分析得到一个因子，命名为同事的工作状态（表3），Cronbach α 为0.92，均值2.62，MPA学生的评分均值为2.75。显示单位里个别一小部分干部工作不积极和不积极追求进步，且年轻干部的工作状态明显较好。

表3 同事的工作状态

	均 值	标准差	MPA学生均值
1. 单位里，多少35岁以下的公务员工作不积极	2.40	1.010	2.48
2. 单位里，多少36-45岁的公务员工作不积极	2.90	1.146	3.08
3. 单位里，多少35岁以下的公务员不积极追求进步	2.35	.970	2.42
4. 单位里，多少36-45岁的公务员不积极追求进步	2.84	1.131	3.01

20世纪90年代的公务员制度改革逐步建立了绩效管理制度，但受公务人员不适合强激励、考核指标难以量化、多目标性等因素的制约，党政系统的绩效管理一直为广大干部和学界所诟病。受中国行政体制的影响，在岗位的常规工作之外，下级干部还要承接来自上级的大量行政命令，而干部管理制度赋予的行政权威则是保证上级命令得以有效执行的关键。因此，针对个体的年度考核在实践中往往沦为形式，不为广大干部所重

浩瀚苍穹，学海无涯，有人停下了脚步，有人迷失了方向……MPA学习如璀璨星辰指路，让我在人生旅途上行稳致远、实现价值。

——唐艳燕（同济大学2014级MPA，无锡市惠山区前洲街道）

视。而针对重要任务的平时考核是领导干部推动工作的重要工具，也为广大干部所重视，它们更能反映干部日常的工作态度。由于当下的懒政、不作为和避责等现象的增加，针对重要任务的绩效考核变得重要起来。因此，绩效考核仍然是影响干部工作状态的重要因素。参考高翔的问卷，本研究对干部的绩效态度进行测量（表 4）。Cronbach α 为 0.54（去除第 7 题为 0.69），因子分析得到两个因子，分别命名为绩效考核态度和绩效晋升态度。结果表明，党政干部的绩效考核态度较高，绩效晋升态度较低（反向积分为 1.64 和 1.62），MPA 学生的绩效考核态度均值与总样本均为 3.76，绩效晋升态度略低于总样本。MPA 学生与非 MPA 学生的绩效态度相当。

表 4　绩效态度

	因子 1	因子 2	均值 M1	标准差	MPA 学生均值 M2	
2. 我清楚考核我工作的主要指标	.812	.091	3.87	.805	3.90	绩效考核态度（M1=3.76; M2=3.76）
4. 我对绩效考核结果很重视	.792	-.260	3.71	.884	3.65	
1. 我会因为考核指标体系的变化而调整工作内容	.750	.254	3.67	.840	3.73	
3. 绩效考核结果不是影响我晋升的主要因素	.044	.962	3.36	.930	3.38	绩效晋升态度

在有关工作态度的测量中，工作满意度是核心的要素，是在长期的职业活动中形成的较为稳定的态度。有关工作满意度的测量通常采用对工作本身、对上级、对同事和对工作环境进行评价。但党政干部职务常任，薪酬和管理刚性，深受政治环境影响，各种外在因素对工作满意度的影响力差异很大，因而本研究通过主观的职业回报（高翔 . 地方干部的“徐庶化”现象及其成因 [A]. 第二届北大—复旦“国家治理深度论坛”[C], 上海 : 复旦大学国际关系与公共事务学院，2019:139–156）比进行测量（表 5）。Cronbach α 为 0.90，因子分析得到 1 个因子，命名为职业回报。总体而言，党政干部的职业回报趋于中等，MPA 学生的职业回报（M=3.00）低于总样本（M=3.14）。具体而言，对考核、薪酬福利、表彰晋升和工作价值的评分相对较低，但对职业的总体评分相对较高，因而干部的工作

感恩 MPA 老师和同学们二十年的相伴，一路被教授们的博学滋养着，被老师们的睿智引领着，被同学们的 MPA 情结温暖着！廿年转瞬，再见我们还是原来的我们，如初，如故！

——杨忠民（南京大学 2002 级 MPA，南京市统计局）

满意度还受职业本身的较大影响。

表 5　职业回报

	均值 M1	标准差	MPA 学生均值 M2
1. 承担的考核 / 问责风险与收获的业绩之比	3.12	.954	2.95
2. 工作时长与薪酬福利之比	3.02	1.038	2.87
3. 工作投入与所获的表彰、晋升之比	2.94	1.010	2.77
4. 对工作价值和成就感	3.23	.989	3.09
5. 整体而言，对现在的工作	3.40	.895	3.30

在党政干部的职业生涯中，晋升是最核心的环节。由于干部的薪酬较为刚性，党的十八大的干部作风建设之后，干部的福利也趋于刚性，干部的晋升愈发成牵涉职业发展各个方面的核心。在描述中国党政干部晋升的政治锦标赛中，干部的晋升动机是最基础的假设，也是中国改革开放前三十年里行政分权—激励机制得以发挥作用的重要因素。根据政治锦标赛的经典描述，干部的选拔取决于绩效考核结果的相对排名，进而激发下级积极作为甚至形成同级间的过度竞争。然而，党的十八大以来的政治环境从激励机制向约束机制转变，顶层设计、反腐党建、干部考核等改革措施表明，新时期的全面深化改革旨在制度化进程中增强中央和领导核心的权威，无论是宏观层面的顶层设计和依法治国，还是中观层面的反腐党建和制度收缩，都直接指向了规范地方政府和地方干部的行为。可以说，中国近年来的政治改革已经悄然打破了建立在干部晋升动力基础上的激励机制，懒政、避责等现象凸显，干部的晋升动力也因此需要实证检验。在“您短期的（未来三年内）晋升意愿”中，53.2% 的干部（56.7% 的 MPA 学生）选择“积极追求晋升”，38.3% 的干部（34.9% 的 MPA 学生）选择“不太操心晋升问题”，4.6% 的干部（4.1% 的 MPA 学生）选择“不想晋升”，3.9% 的干部（4.3% 的 MPA 学生）选择“其他”。就年轻干部（796 人，其中 MPA 学生 457 人）而言，54.1% 的干部（56.0% 的 MPA 学生）选择“积极追求晋升”，37.9% 的干部（35.7% 的 MPA 学生）选择“不太操心晋升问题”，

MPA 无憾——人生加油站，知识补给点，亲情生发地，事业终有赞。

——张旭海（南京大学 2002 级 MPA，江苏省总工会）

4.5% 的干部（4.2% 的 MPA 学生）选择“不想晋升”，3.4% 的干部（4.2% 的 MPA 学生）选择“其他”。可见，接近一半的干部并不积极追求晋升，当前年轻干部的晋升动力明显不足。MPA 学生的晋升动力相对较高，但也存在明显不足。

综合以上，MPA 学生的整体工作状态趋于中等，并无明显的状态好坏，与总样本的工作状态相当。相较之下，MPA 学生的工作激励较总样本低，工作压力较总样本高；根据受访者对单位同事的评价，年轻干部的工作状态优于中年干部；年轻干部队伍的绩效态度较高，MPA 学生与总样本相当，说明在当下干部工作状态趋于中等的情况下，党政系统的控制力依然保持了相对强势；干部的职业回报趋于中等，且 MPA 学生的职业回报低于总样本；接近一半年轻干部并不积极追求晋升，晋升是干部职业发展的核心要素，干部的工作态度应当引起重视。

MPA 教育效果

在交易成本理论中，组织的形成和运行在于通过层级权威来降低交易成本，层级结构发挥着重要的控制和协调作用。在这种机制下，组织和组织成员之间达成了激励与权威服从的交换关系，组织成员服从组织的层级权威，组织则为成员提供激励。组织基于层级权威而要求组织成员按照组织规则行事，提升专业技能，完成规定的任务。这种层级权威的观念反映的是组织管理中的市场机制（价格机制）转向理性官僚制的权威协调机制。在理性官僚制的设计中，专业分工与专业技能相匹配，并通过层级权威进行协调和控制，这种协调又通过非人格化的规章制度保证公正，进而实现组织运行的效率，管理技能（包括协调和控制）和专业技能因此分别构成上下级的核心技能。当然，理性官僚制是韦伯基于一系列理性原则的组合而追求效率最大化的理想模式，与真实世界的组织运行存在许多差异。但组织成员的核心技能在管理学的基本原理中亦有体现，技术技能、人际技能和概念技能是组织成员最主要的职业技能，分别指向了专业技术、人际协调和管理与决策，三种技能的重要性呈阶梯状，人际技能对不同层级成员的重要性居中，技术技能对低层级成员的重要性更为凸显，概念技能则对高层级成员更重要。基于这一规

践行科学管理理念，全面建设小康社会，使命在肩，奋斗有我！

——孙振爱（南京大学 2002 级 MPA，泰州市姜堰区妇联）

表 6　MPA 教育效果

MPA 教育对下述的帮助	均值	标准差		
1. 公文写作和文字能力	2.76	1.404	3.04	2.76
2. 调研和分析的知识	3.21	1.429		3.33
3. 理解工作问题的新视角	3.42	1.467		
4. 处理工作问题的启示和新思路	3.35	1.435		
5. 处理单位 / 岗位常规任务的技能	2.69	1.398		2.84
6. 执行重要任务的技能	2.75	1.402		
7. 应对突发公共事务的知识	3.08	1.430		
8. 认识了许多新同事，对今后的工作协调	3.16	1.478	2.95	
9. 与同事协作的技能	2.93	1.396		
10. 处理与上级的关系的技能	2.81	1.410		
11. 处理与公众的关系的技能	3.07	1.439		
12. 协调单位 / 科室间关系的技能	2.78	1.396		
13. 推动下级完成重要任务的技能	2.75	1.414	2.92	
14. 激励下级的知识	2.83	1.411		
15. 制定团队计划和目标的知识	2.97	1.481		
16. 应对复杂不确定情况的决策知识	3.03	1.438		
17. 分配资源、任务，组织分工的知识	3.02	1.459		
18. 总体而言，MPA 教育对职业发展的帮助	3.12	1.444	3.12	

律，本研究在访谈材料的基础上设计了针对 MPA 教育对党政干部职业能力影响的量表（表 6）。Cronbach α 为 0.99，因子分析得到 1 个因子，命名为 MPA 教育效果，均值为 2.99。总体而言，MPA 教育效果趋于中等，最受 MPA 学生认可的是 MPA 教育提供了“理解工

公仆本色、家国情怀，三年的 MPA 学习培育了良好的职业精神，造就了公共管理技能本领，生命不息、奋斗不止，我将无怨无悔以实际行动践行公共管理精神，把有限的生命投身到无限的为人民服务事业之中，为建设美丽中国奉献终生。

——王　诺（南京大学 2002 级 MPA，江苏省人大常委会环资城建委）

作问题的新视角”“处理工作问题的启示和新思路”“调研和分析的知识”“认识了许多新同事，对今后的工作协调（的帮助）”，都指向了对工作的间接作用，而具体到处理岗位工作、执行重要任务、公文写作以及沟通协调、管理决策等方面的评价均表现一般。

为了进一步验证党政干部的职业能力需求，本研究设计了一项开放式题目：“在体制内工作，哪些职业能力较为重要？MPA 教育对这些能力的影响？”用于匹配 MPA 教育效果和党政干部所需的职业能力，共有 319 党政干部作出回答。通过编码和归类，党政干部所需的主要的职业能力见表 7，并根据答案提及的次数对其重要性进行排序。不同于理性官僚制和管理学的预设，沟通协调是党政干部最重要的职业能力，其中 111 个答案明确指向了人际关系、为人处事和自我表达方面，即倾向于沟通方面，31 个回答明确指向了统筹协调工作，即针对工作本身的协调；其次是公文写作和文字能力，因为许多 MPA 学生在单位的办公室工作，给领导写材料是其主要工作；再次是办事执行能力，指向了处理工作问题和执行任务的能力，这部分与应急应变有一定重合，处理突发事件、舆情事件也是办事执行能力的一个方面；接下来是分析研判能力，包括分析问题、理解政策、理解上级意图、开展调查研究，（回答分析研判能力的）绝大多数受访者表示 MPA 教育对分析研判有很大帮助。此外，专业知识、公共管理能力、创新、决策也有多人提及，还有个别受访者提到格局、喝酒、抗压、变通、同理心。为了区分领导干部与非领导干部对职业能力的看法，领导干部的统计量以“重要性 2”单独列出。（MPA 学生中的）87 名领导干部有 50 人作答（本研究的领导干部是指“副科级及以上领导干部”，由于涵盖了不同层级，关于领导干部与非领导干部职业能力重要性的区分只能提供有限的参考价值），两个群体并无显著的差异。但在沟通协调能力上，相较于非领导干部明显的人际关系导向，领导干部还表现出较为明显的任务导向。

综合以上，(1)MPA 教育对党政干部职业能力的提升有限，职业能力提升的均值(2.98)小于“总体而言，MPA 教育对职业发展的帮助”（3.12）。按照量表原初的设计思路，技术技能（前 7 题）的均值 3.04，人际技能（8–12 题）的均值 2.95，概念技能（13–17 题）的均值 2.92，均小于 3.12。对于大部分 MPA 学生而言，MPA 教育提升学历的作用可能

记得在南大 MPA 学习时张永桃教授讲道，决策一般不太可能最优，根据条件做到满意就好。15 年后感到，多次的满意决策就能接近最优。

——秦一斌（南京大学 2002 级 MPA，江苏省人大）

表 7　党政干部需要的职业能力

职业技能	重要性	重要性 2	职业技能	重要性	重要性 2
1. 沟通协调	205	31	5. 应急应变	34	7
人际关系和表达	111	10	6. 专业知识	19	2
统筹协调	31	8	7. 公共管理	14	6
2. 公文写作	105	9	8. 创新	10	2
3. 办事执行	87	10	9. 决策	9	1
4. 分析研判	65	12			

超过了职业能力和专业知识的提升。（2）对于大多数党政干部而言，所需的主要职业能力包括沟通协调、公文写作、办事执行（应急应变）、分析研判，常规认知中的（下级的）办事执行和（上级的）管理与决策并非最核心的技能。（3）MPA 教育与党政干部所需职业技能的匹配度较低。若对 MPA 教育效果进一步细分，MPA 教育对分析研判的帮助最大（3.33），对沟通协调（2.95）、公文写作（2.76）、办事执行（应急应变）（2.84）以及管理与决策（2.92）的帮助均相对较小。整体而言，MPA 教育的主要效果在于提供了公共管理的专业知识，启发学生看待工作的新视角，但在专业技能、沟通技能和管理技能方面均显不足，这与 MPA 教育“为政府部门及非政府公共管理机构提供高层次、运用型专业管理人才”的目标存在偏差。

MPA 学生的职业成功

如前所述，晋升是干部职业成长的核心要素，但晋升却不是测量 MPA 学生职业发展的有效途径，尤其难以反映 MPA 教育效果。大部分在校 MPA 学生入职时间短，获得晋升的可能较小，MPA 教育效果也难以在短期内转化为晋升。此外，2014 年 12 月中央全面深化改革领导小组第七次会议审议通过了《关于县以下机关建立公务员职务与职级并行制度的意见》后，（在 2019 年 6 月 1 日正式实施之前）各地已经先后实施了这一政策，职务晋升和职级晋升所体现的内容变得模糊起来。因此，本研究设置了“入学 MPA

通过南京大学公共管理硕士学习，历经公共精神的不断熏陶，立足每个本职岗位努力提供高质量的公共产品和公共服务，为国家治理体系和治理能力现代化贡献 MPA 学子最大的力量！

——贺宝祥（南京大学 2002 级 MPA，淮安市审计局）

教育与之后，获得了几次与个人密切相关的正式表彰、正式荣誉”“入学 MPA 教育与之后，在年度个人绩效考核中几次被评为优秀”，合并为“工作荣誉”，作为检验工作态度和 MPA 教育效果的因变量。由于 2019 级 MPA 学生入学不足 1 个学期，本文剔除了 2019 级 MPA 学生数据，随后将 MPA 学生的工作状态、绩效态度、职业回报、晋升意愿、MPA 教育效果与工作荣誉进行相关分析，相关系数见表 8。

表 8　Kendall Rank 系数

	工作荣誉	晋升意愿	绩效考核态度	绩效晋升态度	同事工作状态	职业回报	工作激励	工作厌恶	工作压力
晋升意愿	-.111								
绩效考核态度	.105*	-.063							
绩效晋升态度	-.035	.051	-.145**						
同事工作状态	-.003	.118**	-.113**	.079*					
职业回报	.063	-.090*	.127**	-.078*	-.283**				
工作激励	.202**	-.161**	.192**	-.117**	-.295**	.387**			
工作厌恶	-.009	-.019	.064	-.029	.093**	-.176**	-.002		
工作压力	.013	.070	.100**	.028	.080*	-.113**	.028	-.027	
MPA 教育效果	.145**	-.070	.112**	-.010	-.075*	.190**	.187**	.058	-.019

注：“*”“**”分别表示在 0.05、0.01 水平上显著。全体 2018 级及之前的 MPA 学生样本，晋升意愿去除了选择“不确定”的样本，保留样本 N=355，工作荣誉样本 N=217。

基于态度的三个层次，检验工作状态、绩效态度、职业回报、晋升动力、MPA 教育效果对工作荣誉的影响。参考相关分析结果，将晋升意愿、绩效考核态度、工作激励、MPA 教育效果纳入线性回归分析的自变量，除了控制性别、婚姻、是否共产党员、入学时长（从接受 MPA 教育起计算时长，包含了已毕业学生毕业后的时长）和行政级别以外，为了限制人脉关系在职业发展中的影响，本文还将“籍贯与单位所在地是否相同”纳入控制变量。回归分析结果显示 VIF 均小于 1.2，说明不存在显著的共线性问题。为了检验样本分布可能导致的偏差，本文将样本分解为 2017 级和 2018 级以及毕业生进行验证，

“势必有法，然后可成”，经历和结束 MPA 学习教育已近 20 载，但对个人而言，弥足珍贵、难以忘怀。尤在其引领、激励下，持续学思践悟，使我在多个区域和岗位上出色历练、精进成长。展望未来，吾辈当以乘风破浪，不懈前行。

——孙广琦（南京大学 2001 级 MPA，苏州市吴江经济技术开发区纪工委）

回归分析结果见表 9。

表 9　回归分析结果

	模型 1			模型 2			模型 3		
	2018 级及之前	2017 级 2018 级	毕业生	2018 级及之前	2017 级 2018 级	毕业生		2017 级 2018 级	
常量	.528**	1.255**	-.302	.568**	2.284**	-3.111*		1.278*	
入学									
时长	.394**		.473**	.377**		.400**		.638**	
工作									
激励		.353**		.282**	.350**			.291**	
共产党员					-.922**	3.208*		-1.012**	
样本量	217	189	36	217	189	36		189	
R2	.320	.061	.420	.343	.100	.492		.133	

注：“*”“**”分别表示在 0.05、0.01 水平上显著。党员与工作激励不相关，因而不做交互项。

分析结果显示，在控制了入学时长后，工作激励对工作荣誉具有显著的正效应，党员身份的影响效应不稳定，而 MPA 教育效果、绩效考核态度和晋升意愿并不产生显著影响。前文表明，党政干部所需的职业技能与 MPA 教育效果的匹配度不足，在控制了入学时长后，MPA 教育效果未能成为预测工作荣誉的条件。

主要结论与启示

基于态度的三个维度，本文主要考察了 N 校 MPA 学生的工作态度、MPA 教育效果，及其对职业发展的影响，并对 MPA 学生的工作态度与同年龄段的干部进行对比。统计分析结果表明，MPA 学生的工作状态趋于中等，并无明显的状态好坏，与全体党政干部的工作状态相当；MPA 教育效果中等（M=2.99），教学效果与党政干部所需的职业技能匹配度较低；工作激励对工作荣誉存在显著的正向影响，但 MPA 教育并不产生影响。本研究的启示如下：

秉承公共管理服务理念，企业的经营、绩效管理同样离不开对人的理解、沟通，用好激励方式、形象迁移和目标提升等管理方法，高绩效才能达成。

——潘凌峰（南京大学 2002 级 MPA，宝龙商业集团苏皖区域）

（一）中国官僚系统的管理凸显了精神激励的价值，应继续融入干部制管理方式

参考双因素理论，本研究的工作激励（“近年感知的工作意义和工作价值”“刚进体制时相比，现在的工作激情和干劲”“工作中的独立性和自主权”）属于激励因素，而在相关分析和回归分析中剔除的工作厌恶、工作压力、绩效考核态度、绩效晋升态度、职业回报更倾向于保健因素。一方面，由于党的十八大以来的问责压力和工作难度加大，地方的考核方式和考核力度加大，但考核因素多导向了“保健”作用，难以成为激发干部创先争优的动力；党的十八大以来的党政干部薪酬福利趋于刚性，但职业回报对工作荣誉并无显著的（负向）影响，说明交换关系并不适宜党政干部的管理，进一步证实了“公务员不适宜强激励”的论断。另一方面，工作激励对工作荣誉具有显著的正向影响，表明党政系统的组织管理需要精神激励。在中国两千多年的大一统政治中，一个显著特征是政治集权与行政分权的结合，在控制地方官员的任命和选拔权力的基础上下放地方的行政权力（包括管理地方吏员的权力）。中华人民共和国成立以来，人事制度经历了显著调整，例如干部管理制度转变为公务员管理制度，与王朝国家官吏分途下的吏员对应的非领导干部也拥有晋升渠道，地方干部的任命和选拔权力先后下放至“下管两级”“下管一级”。但上级围绕人事权力向下级进行监督考核和晋升激励，进而推动地方行政的基本逻辑不变。在当代中国的党政干部管理中，执政党扮演着最核心的角色，中国的党政干部管理也因此区别于理性官僚制，始终保留了浓厚的政治色彩。基于 Birney 提出的中国行政体制“命令即规则”特征，Rothstein 将中国政府描述为干部制组织，“不基于任何正式或准确的规则、法律和经济激励，而是建立在对干部到组织特定政治学说的强烈意识形态承诺”之上。这不仅反映在中国的运动式治理中，也逐渐回归到日常的干部管理中。例如，当前的主题教育已经成为常规干部管理制度的补充，并在日常管理中趋于常态化，发挥着重申职业使命、坚定制度自信、激发行动热情等作用。今天的干部制管理方式与中国传统官僚系统强调的儒学教化遵循同样的管理逻辑，在日常管理中弱化物质的强激励，凸显出精神激励和精神教化的规训和动员作用。

（二）当前的 MPA 教育目标与 MPA 教育效果难以有效匹配

百年名校自由开放、兼容并包的气度，培养塑造我们的公共意识和公共精神，让“公共性”在每个人身上折射出现代社会发展必不可少的素养和文明。

——林　霆（南京大学 2003 级 MPA，江苏省银行业协会）

与理性官僚制预设的专业分工模式不同，沟通协调能力是大多数党政干部最重要的职业技能，远大于公文写作、办事执行能力（包括应急应变）和分析研判能力。按照 MPA 教育“为政府部门及非政府公共管理机构提供高层次、运用型专业管理人才”的目标，这意味着 MPA 教育应当在培养沟通协调能力方面倾斜。然而，调查结果表明，MPA 教育的主要作用在于提升学生的分析研判能力，课堂教育对沟通协调的影响较小。与 MPA 教学效果呈现的状况不同，在针对教学本身的评价中，五分量表的调查结果显示教学评价的均值介于没有（1）和个别（2）之间（表 10）。

表 10　教学质量

	均值	标准差
1. 多少教师的教学态度不佳	1.57	1.332
2. 多少教师的教学态度良好，但教学效果不佳	1.89	1.448

N 大学的教学师资雄厚，教学科研水平在国内享有良好口碑，MPA 教育在历次排名中均居于国内前列。综合以上可以推论，N 大学的 MPA 教育效果不足并非教学质量的问题，而是 MPA 教育本身与党政干部所需的职业能力不匹配所致。中国政府组织的运行带有浓厚的政治色彩，发挥执政党在整合和动员地方治理资源的优势是应对地方复杂行政事务的必然选择，这种动员方式必然给官僚系统增加许多常规之外的协调工作。同时，有效地动员建立在与之相匹配的向上负责的干部管理模式之上，又极大地增加了下级与上级沟通协调的需要。从 MPA 教育与职业能力的匹配性来看，一方面，沟通协调本身并非公共管理学科关注的核心内容，有必要在教学中引入组织管理的内容；另一方面，沟通协调属于实践性很强的技能，除了提供一个扩大人际关系的平台之外，MPA 课堂本身力所难及。调查结果表明，党政干部所需的专业技能和管理技能也没有明显提高，MPA 教学效果和 MPA 办学目标之间存在较大偏差。为此，推动教学与党政干部所需的职业技能匹配，还是调整 MPA 教学目标？更切合实际的方式是后者。鉴于中国政府组织与理性官僚制的

认真生活、努力工作、抽空读书。

——祝正宇（南京大学 2003 级 MPA，江苏省纪委监委驻省委办公厅纪检监察组）

显著差异，培养应用型和启发性、人际关系型相结合的复合型人才更加符合 MPA 教育的可行性。当然，针对中国行政体制的特殊性及党政干部所需的职业能力，有针对性地调整授课内容、加强教学管理仍是 MPA 教育需要改进的地方。

（三）MPA 教育仍然扮演着助推 MPA 学生职业发展的重要作用，推动学员间的沟通学习也是促进职业发展的重要途径

“总体而言，MPA 教育对职业发展的帮助”的均值为 3.12，仅低于分析研判能力和“认识了许多新同事，对今后的工作协调”的评分，说明 MPA 教育对党政干部的职业发展还有其他作用。在“您攻读 MPA 的原因有哪些”中，提升自己（包括学习知识）和提升学历是主要原因。在具体的回答中，转换思路、拓宽视野、提高学习能力和工作能力、学习专业知识是党政干部追求提升自己的方式，而（在一些单位）学历与工资挂钩、更换岗位需要学历、争取晋升优势，是许多学生想要提升学历的原因。无论是提升能力还是提升学历，均表明 MPA 教育发挥的积极作用，也表明绝大多数 MPA 学生表现出了积极上进的职业发展观。前文的分析表明，不同于绩效态度和职业回报趋向的监督和交换色彩，工作激励呈现了对职业本身的认同，并成为获得工作荣誉的显著因素。因此，MPA 教育在无意中聚集了一群积极而优秀的干部，这既是一条拓宽人际关系的途径，也是一个推进党政干部间互相学习的平台。鉴于沟通协调能力的重要性，MPA 中心可以 N 大学作为一个学生之间沟通和互相学习的枢纽，通过组织更广泛的 MPA 社会实践活动，为促进学生间的沟通交流和人际关系创造条件。同时，要进一步严格出勤、授课时间和实践活动的管理，避免诸如社会实践活动少和消极参与的负向循环。

参考文献

[1] Super D.E. *Dimensions and Measurement of Vocational Maturity.*[J]. Teachers College Record, 1955, 57(1):151–163.

[2] Crites J.O. *The Career Maturity Inventory*[M].New York:McGraw–Hill ,1978: 373–391.

携手南大共成长，扎根基层不言悔，行大道，求渐进，数字化支撑下的“非接触式”政府管理和服务探索，渐成为各级政府应对新冠疫情的重要工具。

——柳成城（南京大学 2003 级 MPA，国家税务总局邳州市税务局）

[3] Super D.E., Knasel E.G.*Career Development in Adulthood: Some Theoretical Problems and a Possible Solution*[J]. British Journal of Guidance & Counselling, 1981, 9(2):194–201.

[4] London.M& Stumpf S.A. *Managing Careers.Reading* , M A:Addison–Wesley ,1982.

[5] 周黎安 . 转型中的地方政府：官员激励与治理 [M]. 上海：格致出版社，2017：339–400.

[6] 冯军旗 . 中县干部 [D]. 北京：北京大学，2010.

[7] 周雪光 . 中国国家治理的制度逻辑：一个组织学分析 [M]. 上海：三联书店，2017：221.

[8] 吴少微 , 魏姝 . 官员晋升激励与政策执行绩效的实证研究 [J]. 江苏行政学院学报 ,2018(04):101–110.

[9] 周黎安 . 行政发包的组织边界——兼论“官吏分途”与“层级分流”现象 [J]. 社会 ,2016,36(01):34–64.

[10] 高翔 . 最优绩效、满意绩效与显著绩效 : 地方干部应对干部人事制度的行为策略 [J]. 经济社会体制比较 ,2017(03):161–171.

[11] 周黎安 . 中国地方官员的晋升锦标赛模式研究 [J]. 经济研究 ,2007(07):36–50.

[12] 周三多 , 陈传明 , 鲁明泓 . 管理学：原理与方法 [M]. 复旦大学出版社 : 上海 ,2011:24–25.

[13] 周雪光 . 从“官吏分途”到“层级分流”: 帝国逻辑下的中国官僚人事制度 [J]. 社会 ,2016,36(01):1–33.

[14] Mayling Birney.*Decentralization and Veiled Corruption under China's “Rule of Mandates”* [J]. World Development,2014,53:55–67.

[15] Bo Rothstein.*The Chinese Paradox of High Growth and Low Quality of Government:The Cadre Organization Meets Max Weber*[J].Governance,2017,28(4):533–548.

公共精神在实践中不断磨炼，让我看得更高更远。

——余传勋（南京大学 2004 级 MPA，南京市商务局）

MPA 研究生“知行合一”案例教学模式的探索

——基于南京农业大学的实践

南京农业大学公共管理学院副院长　刘晓光

南京农业大学公共管理学院 2018 级硕士研究生　魏　铭

南京农业大学公共管理学院 MPA 办公室教学秘书　裴　蓓

【摘 要】 当前公共管理硕士（MPA）专业学位研究生案例教学在开展中存在理念转换不到位、模式缺乏多元化和创新性、保障体系不健全等问题，提出通过形成“知行合一”教育理念，搭建相互衔接的案例教学流程，完善案例教学规章制度，以构建“知行合一”的 MPA 研究生案例教学模式，为促进和推广 MPA 案例教学提供参考。

【关键词】 案例教学；公共管理硕士；研究生培养；知行合一

Exploration of the “Unity of Knowledge and Practice” Case Teaching Model for MPA Students

—Based on the Practice of Nanjing Agricultural University

Abstract: The current case teaching of Master of Public Administration (MPA) graduate education facing challenges on teaching idea transformation does not reach the designated position, model lack of diversification and innovation, and security system is not sound. The paper intent to build “unity of knowledge and practice” case teaching model for MPA students

三年的 MPA 学习经历改变了我的人生，给了我一个新的起点，感恩 MPA!

——戴　蓉（南京大学 2004 级 MPA，江苏省句容市商务局）

by forming "unity of knowledge and practice" teaching idea, building a cohesive case teaching process, and completing the regulations of case teaching to provide reference of MPA case teaching.

Keywords: case teaching; MPA; postgraduate education; unity of knowledge and practice

引言

推进国家治理体系和治理能力现代化需要更多高素质、复合型公共管理专门人才。公共管理硕士专业学位研究生（MPA）教育自1999年设立以来，为各级政府和各类社会组织培养了大批适应社会公共管理现代化、科学化和专业化的要求，具备从事公共管理与公共政策分析和解决实际问题能力的高级专门人才，但不少MPA研究生在应用理论分析和解决现实问题、提供具有可操作性的实践方案等方面，仍与现实需求存在差距。

案例教学作为一种实用性较强的教学方法，在公共管理人才培养中受到普遍重视。教育部在2015年《关于加强专业学位研究生案例教学和联合培养基地建设的意见》中提出："加强案例教学，是强化专业学位研究生实践能力培养，推动专业学位研究生培养模式改革的重要手段。"在教育部和财政部的支持下，中国专业学位教学案例中心建设工作于2013年5月正式启动，目前公共管理入库案例已达到上千，为案例教学的开展提供了良好的支撑。2016年首届中国研究生公共管理案例大赛的开展，也进一步推动高校与政府机关和非政府公共机构间的沟通，使公共管理研究生教育与国家发展大局更加紧密结合起来。全国MPA教育指导委员会在《公共管理硕士专业学位研究生指导性培养方案（2019）》中，对MPA案例教学培养方式的多元化和互动性提出了更高的要求。

公共管理领域案例教学模式引发不少学者的关注。在理念层面，徐延宇等基于迁移假设理论、信息加工理论、认知弹性理论和教学交往理论，揭示案例教学的基本原理和理念的本质 。王青梅等借助学习联结理论、认知理论、观察理论、人本主义理论和建构主义理论等，探究学习理论和教学理念的一致性。在模式层面，王乐夫等通过哈佛MPA案例教学模式在中山大学的探索和实践，摸索出以问题为导向、案例为基础、多元化的

MPA教育是每一位公务员自我提升的必修课程，通过系统理论学习，改变思维模式；通过彼此相互交流，构建信息平台；通过学思践悟过程，实现自我价值。

——胡晋梅（南京大学2004级MPA，南京市台办）

教学模式。刘细良等分析了案例教学的理念、案例、师资与硬件等四大要素，对案例教学模式的创新性进行了研究。在技术保障层面，孙健夫分析了在 MPA 教育中如何做好案例教学的几个重要问题，对 MPA 教师案例教学和编写提出建议。李燕凌从案例编选、课堂设计和教学场景这三大重点阐述案例教学改革的实施意见。

既有的研究明晰了案例教学的内涵和功能，为 MPA 教育推行案例教学提供了一定的理论基础和实践参考。案例教学所蕴含的思想不可能一次性，也不可能仅凭一门课程让 MPA 师生掌握，需要一个系统的设计，并渗透于整个培养过程。本文将基于南京农业大学 MPA 研究生"知行合一"案例教学模式的探索，为促进和推广 MPA 案例教学提供参考。

当前 MPA 案例教学存在的问题

（一）理念转换不到位

案例教学中涉及的两个主体分别是施教者（教师）和受教者（学生），这两者关系在案例教学中与在传统教学中大为不同。在传统教学中，教师占主导地位，学生被动接受知识；而在案例教学中，学生占主要地位，教师则居于从属地位，教师负责指导和推动教学过程的实施。教师的教学理念和学生的学习理念如果不能与时俱进、同频共振，则在源头上无法确保教学目标的真正实现。

对于学生而言，一是缺乏互动、自主和创新的新型学习理念。主要受应试教育的影响，许多学生习惯于单向灌输的教学方式和被动接受的学习方法。许多学生缺乏以自我为主体的学习意识、良性互动的课堂学习能力以及创造性思维，无法在短时间内适应案例教学模式。二是不能满足理论与实践相统一的学习理念。目前 MPA 案例教学的培养对象越来越年轻化，不少学生没有足够的工作经验和实践能力融入案例教学课堂讨论中。这类学生对政策或者案例相关问题的兴趣缺乏准确把握，无法深度理解公共管理理论和相关实践案例，导致案例探讨的效果不尽如人意。

对于教师而言，一是缺少互动式和引导式的教育培养理念。受传统教学观念束缚，不少教师仍习惯灌输式的教学理念。一些教师可能由于本身缺少充足的公共管理实践经

"公"字立初心，"正"字立明德。廿载风雨路，领航莘莘学子求学。廿年创新途，指引志士学人追梦。您——恰风华正茂！

——索　琰（南京大学 2006 级 MPA，江苏省委机要局）

验，无法满足案例教学要求，不愿意主动改变传统观念和转换角色，从而在课堂上限制了学生参与探讨的热情和积极性，致使课堂气氛不活跃。二是有的教师不能准确理解案例教学理念，将案例教学方法混同于举例教学法。在案例教学课堂上，普遍存在把举例子等同为案例教学的现象，课前也缺少充足的准备，未能引导学生由案例进行一步步地探讨，缺少以学生为中心的良性互动过程。

（二）模式缺乏多元化和创新性

1. MPA 案例教学模式形式化和单一化

在 MPA 案例教学推广的过程中，部分教师急于求成，缺少深度研究和充分准备，导致 MPA 案例教学模式形式化。MPA 案例教学模式的单一化表现在：一方面是课程学习的单一化，一些院校只在一两门课程中设置案例教学，忽视其他课程的案例学习；有的教师为了节约时间，在案例教学中只有理论介绍和案例分析，案例教学课堂上缺少了多元化的形式，例如研讨会、角色扮演、公共部门实践体验等等。另一方面，一些高校仅仅把案例教学方法应用于课程中，而忽视了案例教学思想与 MPA 培养其他环节的合理融合。

2. MPA 案例教学模式本土化和创新性不足

案例是案例教学的核心和基础，当前 MPA 教学案例还不能很好地满足案例教学的需求。一方面，案例分析理论西化严重，本土化和特色化不足。我国在公共管理理论上比起西方国家起步较晚，很多本土案例习惯于把西方理论套用到我国公共管理现实中，迎合了西方的公共管理理论，却缺少了创新性和独特性，对我国公共管理实践经验的解释力也不够。另一方面，案例系统化创新不足。不少案例来源于新闻报道，缺少深度加工，未能有效地把实践与知识紧密联系起来。案例是帮助学生理解和应用知识的媒介，应体现公共管理相关知识的内在联系和递进关系。如果案例本身没有经过深入的思考和系统的设计，案例教学就发挥不了应有的作用。

（三）保障体系不健全

保障体系主要包括师资力量、学校奖励机制和效果评定、学校设备条件和案例库建设及其分享机制等。

韶华似水，桃李年华，积淀下辉煌履步；育人为本，育德为先，铸就成千万人才。二十年岁月如歌，风华正茂，祝愿我们的学院拥有更加开阔的未来。

——金　杉（南京大学 2006 级 MPA，江苏省人大常委会研究室）

1. 优质师资力量欠缺

在 MPA 教育中，教师的专业能力、教学素养和公共管理经验能够直接影响案例教学的效果。高素质、高水准和专业化的师资是案例教学成功进行的关键，而我国现阶段熟悉案例教学特征、掌握公共管理理论并具备一定实践经验的师资力量较为短缺。当前高校的教师录用条件几乎都要求有博士研究生学历，对应聘者的实践，特别是专业业务实践经验缺少明确的要求。很多教师是从校门到校门，理论水平可能很高，但对政府运行、基层治理等公共管理现实的了解不足，影响了他们对案例的理解，进而影响到案例教学的效果。有高校聘请一些政府或相关部门工作人员主持开展案例教学，但由于缺少系统设计以及教师职业训练不足，可能会出现案例教学的知识点分散、系统性不够等问题。另外，案例教学对教师的教学环节设置、课堂时间控制、课堂气氛调节、多媒体设备使用等教学技巧和技术要求较高，需要系统的专门培训或长期的实践积累。

2. 激励、评价和监督机制不完善

高校缺少案例教学的激励机制、评价制度和监督机制，案例教学相关制度不完善仍然是当前 MPA 案例教学的软肋。主要表现在两个方面：一是激励教师开展 MPA 案例采写与教学的机制严重缺乏。采写一篇合格的 MPA 教学案例需要专业的知识和素养，而且所耗时间和精力，并不比一篇学术论文或一份课题申请书少。相较于科研成果在考核、评优、晋升等方面的重要地位，MPA 教学案例不仅缺少合适的发表渠道，而且在高校教师晋升、评价制度中的价值相当微小。同时，MPA 案例教学对教师备课、上课的要求较高，由于日常科研压力较大，讲授式备课又较为轻松，所以教师在自主选择教学方法时，往往较少主动选择案例教学。二是案例教学质量和效果缺少制度体系保障。案例教学是一种创新性的教学活动，不适合沿用以前的评价体系进行评估，要根据案例教学的特征对教师教学过程和学生学习效果进行评估 。目前对学生接受案例教学后实际运用知识的能力评价、教师案例教学考核和教学活动监督还不到位，缺少明确的、操作性强的制度支撑体系。

3. 案例库建设和分享机制不完备

学习、研究、实践，是一个循环往复的过程，MPA 给了我们理论与实践、学习与工作相结合的平台，让我们走得更踏实，更有信心。

—张士永（南京大学 2006 级 MPA，江苏省政务服务管理办公室）

情境性是管理的重要特征，实践也是在不断发展变化的。MPA 教学案例来自公共管理的鲜活实践，需要与时俱进保持活力，也需要时间序列的历史比较分析，故此，及时更新和长期积累对 MPA 案例教学都很重要。建设公共管理案例库，并通过一定的机制实现资源共享，将有利于 MPA 案例教学保持高质量、可持续的发展。尽管中国专业学位案例中心的中国公共管理专业学位教学案例中心和清华大学公共管理学院的中国公共管理案例库等专业案例库建设已初具成效，但相对于当前全国 240 余家 MPA 培养单位的教学需求，在案例库的规模与质量，案例库使用的便捷性、入库案例的时效性和针对性等方面仍有改进空间。综合性案例库较高的入库标准，对于一些行业特色院校专业案例的开发构成挑战。由于经费、人才和技术等方面的限制，国内专业性和特色案例库建设进程缓慢。与此同时，案例库资源共享共建机制亟待健全。交流渠道不畅、培训不足、知识产权争议等方面的问题，影响到案例库的使用和资源的共享。

4. 教室设备条件、桌椅布局与案例教学需求不匹配

MPA 案例教学强调互动和沟通，对教室布局和设施有一定要求，所以教室的内部结构应有利于案例讨论的开展。当前很多案例教学活动在传统教室中开展，教室大小与班级规模、教学模式与桌椅布局、教学需求与设备条件不匹配，学生失去面对面充分参与案例探讨的机会。

MPA 研究生“知行合一”案例教学模式探索

当前案例教学中存在的问题，反映出不同层面主体对案例教学的认知不足，进而造成实践中未能充分发挥案例教学的效用。“知行合一”即认识与实践相统一，“知者行之始，行者知之成”。只有 MPA 教育在理念层面充分认识、重视案例教学，并将这种理念层面的认知，通过一定的培养技术贯穿于人才培养的实践中，才有可能发挥出案例教学应有的功能，进而培养出现代化、科学化和专业化的公共管理人才。

（一）推广互动交流教学方式，形成知行合一教育理念

在案例教学理念中，要求教师作为课堂的引导者和辅助者，学生占据主导地位，强

二十年栉风沐雨，分付桃李天下。三数载诲人不倦，开势散知启智。一朝南大人，终生校训魂。他日功名至，不负石头城。

——裴　勇（南京大学 2006 级 MPA，南京栖霞区龙潭街道办事处）

调教学互动和尊重观点多元化，让学生充分融入案例课堂学习中。故此，学生要树立互动、自主和创新的新型学习理念，唤醒自我主体学习意识，在课堂上积极与教师互动沟通，同学间相互探究案例问题，通过交流和合作，提高自我分析问题、解决问题的能力。教师同样要转换观念，重视案例教学理念，正确认识案例教学方法，重新定位案例课堂角色，要从知识的单向传递者向公共管理案例教学组织者、引导者和辅助者身份的转变，掌握案例教学规律、程序和要求，鼓励学生有序进行案例讨论，开展以学生为中心的良性案例互动教学。

图1 “选、采、撰、析、讲、验”六步衔接案例教学模式

在师生转变传统教与学观念的同时，也要共同塑造“知行合一”的教育理念。“知”，即正确的认知。MPA 师生要掌握扎实的基础理论和专业知识，对案例和案例教学有正确的认知。南京农业大学依托 MPA 核心课程群，建构了涵盖公共必修课、六个研究方向共 30 门专业必修课和公共选修课全面的课程体系，为师生们的理论学习和交流提供了条件。“行”，即实践。南京农业大学 MPA 研究生社会实践的时间要求不得少于 3 个月，社会实践集体调研活动，除由学院在集中授课期间组织实施外，也可以由 MPA 研究生所在单位组织，单位相应责任人担任社会实践指导老师，对其实践环节进行指导，并结合工作实际效果进行考核和评价。实践结束后，要求提交不少于 5000 字的社会实践调研报告及实践单位出具的鉴定。

（二）搭建全流程案例教学模式，推动创新性本土化案例创作

在系统思考基础上，可以将 MPA 研究生案例教学模式分为案例选题、采集数据、学术撰写、理论分析、演讲辩论、实践检验等六个环节（如图 1 所示），简称“选、采、撰、析、讲、验”。这六个环节相继而起，相互衔接，体现“知行合一”理念，全流程、全方位锻炼 MPA 学生通过案例掌握理论知识、解决实践问题的综合能力和素质。

根深方能叶茂，源清始能流远，感谢母校为我们培植的知识沃土，让我们开启新的人生之旅。祝南大 MPA 中心桃李天下，未来更加辉煌。

——高 鹏（南京大学 2006 级 MPA，南京市交通运输局）

案例选题阶段，MPA 研究生根据对理论知识的思考和大量的文献阅读，形成清晰的问题意识和批判性思维能力，从而找到具有实践意义和理论价值的选题。采集数据阶段，通过调查设计、实地调研等形式，锻炼学生将理论知识转变成具有可操作化的概念，进而转化为调研对象容易理解的语言的能力，以及调研过程需要的沟通表达能力和组织协调能力。学术撰写阶段，通过完成论文或案例，对学生进行学术表达的规范性训练，让学生熟悉公共管理研究的话语体系，锻炼学生在逻辑结构设计、内容取舍、文字撰写等方面的能力。理论分析阶段，应用国内外相关理论知识，对案例进行解释和分析，锻炼学生的思辨能力、逻辑思维能力和知识的应用能力。演讲辩论阶段，即是以汇报演讲、课堂研讨、角色扮演、对抗辩论等多种形式组织同学们分享案例及分析结果，在此过程中培养学生演讲技巧、辩论能力和语言表达能力。实践检验阶段，通过总结和实践，对案例及分析过程进行反思，锻炼学生总结和反思能力。

在案例教学模式的创新性和本土化方面，要加强本土的理论研究和创新，更好地融合我国的公共管理实践经验。应鼓励一线教师积极开展案例教学投入案例开发，多渠道积累本土案例。南京农业大学探索基于 MPA 核心课程群，立项建设 MPA 精品课程项目，资助教学团队根据教学目标设计原创教学案例，运用到 MPA 教学课堂中。同时，立足学科平台，发起 MPA 教育中心公共管理案例建设项目，鼓励 MPA 学生、授课教师组建团队，承担基于中国本土公共管理实践的案例开发撰写工作，通过实地走访调研，团队分工协作，完成原创案例的设计。

（三）构建完备的技术保障体系，完善案例教学规章制度

案例教学技术保障体系主要是从师资队伍、制度、案例库建设和其分享机制、设备条件等方面，为 MPA 案例教学保驾护航。

从事 MPA 案例教学的师资队伍需要真正做到“知行合一”。教师既要掌握理论知识体系，又要有一定的教学和实践经验。专业培训是提升教师案例教学水平的有效方式，经过案例教学程序和规则、案例分析技巧等方面的培训，可以帮助 MPA 教师对案例教学过程、重点环节把握和课堂时间安排更为游刃有余。另外，可以让从事 MPA 教学的教师

从机关到高校，从执法到执纪，变的是角色与职责，不变的是公共精神和人文情怀，这是南大公共管理课程熏陶的结果，是 MPA 课堂浸淫的升华，更是对青春梦想的孜孜以求！

——承明华（南京大学 2008 级 MPA，江苏卫生健康职业学院纪委）

在公共管理部门挂职锻炼，提高 MPA 教师的实践能力和工作经验；另一方面也可以邀请有理论基础的公共管理部门人员参与案例教学。

在 MPA 案例技术保障体系中，规章和制度必不可少。要建立合适的激励、评价和监督机制促进公共管理案例教学的发展。首先，应有合理的案例激励机制，鼓励更多的 MPA 教师投身于案例教学和编写中来。其次，应完善案例教学评价体系，针对教师和学生建立全面的综合评价体系。可以从优秀案例的编写、案例实际教学效果和规范、案例大赛成绩、案例角色扮演情况和学术报告等方面综合考核评估。最后，要加强案例教学质量监督和管理，应进一步完善案例教学规章制度，MPA 办公室及时组织抽查 MPA 案例教学情况和了解 MPA 学生反馈情况。

案例库建设及其分享机制方面，在人才、资金、政策和共享交流平台上应给予足够的支持。各高校可以根据自身学科优势和特点，开发特色案例库。譬如南京农业大学及其 MPA 教育中心通过设立案例开发专项资助、组织参加“案例中心杯”全国公共管理案例分析大赛等形式，鼓励和资助相关学科师生开展案例制作和相关教学活动，活动形成的案例作为 MPA 教育中心的案例库资源，供广大师生使用，若获得全国性奖项，则另外给予一定的奖励金。

MPA 案例教学技术保障体系也需要满足教学设备和布局等硬件上的投入。教室的大小要与班级规模相匹配；还应控制班级规模，分班进行案例教学授课。案例教学的特点是互动，教室的布局和设备应灵活设置，便于面对面讨论。

参考文献

[1]　中华人民共和国教育部 . 教育部关于加强专业学位研究生案例教学和联合培养基地建设的意见 [Z]. 教育部文件教研 [2015] 1 号 ,2015-05-11.

[2]　中国专业学位教学案例中心 . 中国专业学位教学案例中心介绍 [EB/OL].[2019-08-

一段 MPA 求学路，一生 MPA 同学情，2008 年就读南大 MPA，一路走来，更加领悟“三人行，必有吾师”，见贤思齐，收获很多，愿一起携手同行，不负韶华！

——徐　龙（南京大学 2008 级 MPA，共青团江苏省委）

20]. https://ccc.chinadegrees.com.cn/list/enterList.do?columnId=402881e646f61c660146f640c7680004.

[3] 全国公共管理专业教育指导委员会."案例中心杯"首届中国研究生公共管理案例大赛[EB/OL].[2019-08-20]. http://www.mpa.org.cn/contest/4061.

[4] 全国公共管理专业教育指导委员会.公共管理硕士专业学位研究生指导性培养方案（2019）[Z].（2019-05-27）[2019-08-20]. http://www.mpa.org.cn/content/25750.

[5] 徐延宇,汤小红.案例教学理论基础探析[J].学位与研究生教育,2002(06):38-40.

[6] 王青梅,赵革.国内外案例教学法研究综述[J].宁波大学学报(教育科学版)2009,31(03):7-11.

[7] 王乐夫,周超.哈佛MPA教育模式在中山大学的探索与实践[J].中国行政管理,2005(09):67-72.

[8] 刘细良,汪丹丹,秦婷婷.论MPA案例教学改革与研究生创新能力培养[J].学位与研究生教育,2010(05):61-67.

[9] 孙健夫.MPA案例教学的认识与体会——以"公共经济学"为例[J].中国大学教学,2014(07):71-73.

[10] 李燕凌.公共管理教学中案例教学法的理论与实践研究[J].高校教育管理2016,10(02):103-110.

[11] 张家军,靳玉乐.论案例教学的本质与特点[J].中国教育学刊,2004(01):51-53+65.

[12] 江凌,覃华栋.公共管理类课程运用案例教学法探析[J].西南师范大学学报(自然科学版),2017,42(08):173-178.

[13] 郭忠兴.案例教学过程优化研究[J].中国大学教学,2010(01):59-61.

[14] 王秀芝.案例教学中需要研究的几个问题[J].中国高等教育,2006(12):44-45.

[15] 刘红霞.案例教学中选择案例存在的问题及对策[J].教育与职业,2008(29):117-118.

[16] 史传林.公共管理案例教学模式探讨[J].教育与职业,2009(20):101-103.

公共政策规划公共资源，整合公共资源拓宽公司业务，指导公司发展方向。公司业务发展促进完善公共政策和丰富公共资源，政策、资源和业务相互融合、共同发展。

——梁丙东（南京大学2009级MPA，江苏青伦环境科技有限公司）

[17]　王阳明撰著，谢廷杰辑刊，张婧杰译注．明隆庆六年初刻板《传习录》[M]. 南京：江苏凤凰文艺出版社，2015:10–11.

一段 MPA 学习旅程，让我在公共管理领域思得更深、看得更远，一生受益。

——高晓梅（南京大学 2009 级 MPA，南通海关）

我国 MPA 教育的现实困境及其未来出路

南京农业大学公共管理学院 MPA 办公室教学秘书 裴 蓓

【摘 要】 研究回顾了我国 MPA 教育的兴起原因与背景，结合 MPA 教育培养目标，认为公共精神与实践取向构成我国 MPA 教育的双重价值目标，并从价值诘难与现实困顿两个层面论述了我国 MPA 教育的交叠实施困境。在此基础上，进一步从价值重塑和模式优化两个维度提出 MPA 教育的未来发展指向，认为 MPA 教育应注重培养方式、课程设置、教学方式、师资队伍等方面的革新。

【关键字】 MPA 教育；专业学位；公共管理人才；培养模式

The Realistic Predicament and Future Development Direction of China's MPA Education

Abstract: This study reviews the rise reasons and background of MPA education, combined with MPA education objectives, points that public spirit and practical orientation constitute the double value target of MPA education and discusses the overlap predicament of MPA education from dimensions of value criticism and realities hardship. On this basis, from the aspects of value remodeling and mode optimization, the study points the future development direction of MPA education and considers that the MPA education should focus on training method, curriculum setting, teaching method, teaching staff and other aspects of innovation.

Keywords: MPA education; professional degree; public management talent; training mode

---

感谢母校，让我在最美好的年华，遇见了最好的大家。韶华易逝，初心不改，诚朴雄伟，励学敦行。各位同学，我们一起加油！

——周小川（南京大学 2009 级 MPA，江苏省委党史工作办公室）

研究缘起与背景

随着我国经济社会进入“新常态”的发展阶段，国际化和市场化对公共管理人才培养的质量提出了更高的需求。MPA(Master of Public Administration) 教育是指公共管理硕士的教育与培养，是旨在培养公共组织尤其是政府机构中从事公共事务管理或公共服务的领导者、管理者、决策人员以及中高级职员的专业学位教育模式。MPA 教育作为公共部门人才培养的重要途径，主要为政府机关及其他公共管理机构培养具有现代公共精神和理论修养的高素质人才。1924 年，美国锡拉丘兹大学马克斯韦尔学院设置公共管理硕士学位，开启了 MPA 专业教育的先河。此后，MPA 专业硕士教育在世界很多国家得到开展和流行，至今已成为很多国家培养高层次应用型、复合型公共管理人才的主要方式之一。我国自 2001 年国务院学位办批准第一批 24 所高校试办 MPA 以来，MPA 办学院校规模迅速扩大，至 2014 年已有 225 个单位提供公共管理的专业学位教育，逐渐形成了具有中国特色的 MPA 培养模式和教学理论体系。同时应看到，尽管我国 MPA 教育取得了一定程度的发展，但作为舶来品，我国仅用了十余年的时间就走完了欧美发达国家用了近一个世纪时间走过的 MPA 教育发展的路程，这种跨越式发展的背后，不少问题正逐渐凸显出来，尤其是在我国经济结构转型和政府角色转变的新形势下，这些问题更加突出。比较明显的是当前的 MPA 专业学生的培养目标、培养方法与实际需求有一定的差距，教学方式还主要停留在以课本知识为主，实战的案例以及互动教学内容偏少，导师的指导作用偏弱等。这些与 MPA 专业学生的实际需求具有一定的差距，逐渐偏离了 MPA 教育的培养目标与本质追求。此外，不同的学校对 MPA 的专业设置、师资力量的配置，以及专业的培养目标、教学内容等各不相同，以致 MPA 教育质量参差不齐。

在经济新常态下，全球化、国际化和现代化日益迫切要求 MPA 教育培养出一批具有全球视野的公共管理人才，这要求从事公共管理和公共政策决策分析的政府工作人员具备全面的政治、经济和社会事务的处理能力，能适应时代的发展。而当前，我国 MPA 教育的国际化程度很低，显然远远不能满足迅速崛起的大国对公务员素质的要求。因此，

高度决定视野，角度改变观念，尺度把握人生，在南京大学政府管理学院的 MPA 学习中能够让自己努力在更高的层面上，用更全的视角去理解管理过程中的情况发现、问题解决和思路谋划。今后将秉承 MPA 所学，学以致用，行稳致远！

——刘成铭（南京大学 2010 级 MPA，南京工程学院）

增强 MPA 专业国际化培养目标，不仅是时代发展的要求，也是我国经济社会发展的必然。MPA 专业教育产生和发展的本质原因是不断面临突发的和新的公共性事务问题和从事公共管理的人员事务处理能力不足的矛盾的存在。在经历二次世界大战和冷战时期之后，区域经济和社会发展的态势紧张，社会问题日益凸显，从而对政府官员及公共机构的管理人员的素质提出了新的挑战，在这种时代背景下，公共管理人才教育培养蓬勃兴起，MPA 学位教育日趋成熟和完善。一方面是与我国大力发展专业学位教育的政策有关，另一方面也是我国在经济社会的新常态情况下对公共管理的人才需求所决定的。MPA 专业作为培养该类人才的重要方式，如何适应时代发展，改革当前 MPA 专业的培养模式，培养出经济社会发展所需要的人才，是我国当前 MPA 专业教育急需解决的重要任务。

公共精神与实践取向：我国 MPA 教育的双重价值目标

任何一门教育都有其独特的价值追求，主要体现在培养目标方面。Denhardt R. B. 指出公共管理者需要培养技能以促使公共部门转变，并且认为这是 MPA 培养的明确目的。可见，“公共性”导向是 MPA 教育的重要目标。无独有偶，MPA 除了公共管理（Master of Public Management）这一称谓，也常被译为公共事务（Master of Public Affairs）。但无论如何，MPA 依然摆脱不了“公共性” 这一特质。在培养目标方面，我国 MPA 教育旨在为政府部门及非政府公共机构培养德才兼备并适应社会主义现代化建设需要的高层次、复合式、应用型专门人才。因此，MPA 教育既注重“公共性”，又强调“实践性”。公共性与实践性是 MPA 教育的重要属性，公共精神与实践取向构成我国 MPA 教育的“两翼”，其中公共精神体现了 MPA 教育的“精髓”，而实践取向组成了 MPA 教育的“骨架”，两者融合于 MPA 教育体系之中，形成我国 MPA 教育独特的双重价值目标。

（一）公共精神：我国 MPA 教育的“精髓”所在

从国外经验看，美法两国以能力为本位的 MPA 教育，将“德”以及民主与法制等价值观念也看成“才能”结构的一部分。可见，道德教育也是 MPA 教育的基本构成。而在“以德治国”“依法治国”的民主法治时代，我国 MPA 教育的价值理念除了民主、公平

南大精神，藏在校园的每个角落，北大楼、图书馆、大礼堂，被之吸引，被之滋养，我们才成为更好的我们，潜心前行在每个平凡岗位的我们。

——戴　杨（南京大学 2010 级 MPA，国家税务总局盐城市盐都区税务局）

等基本的价值追求之外，则应更多地关怀公共精神的培养与公共人格的塑造。公共精神源于 MPA 培养目标，这一独特的价值属性和培养目标使 MPA 教育能够区别于其他专职教育。MPA 与工商管理硕士学位、法律硕士专业学位同为文科职业研究生教育的三大支柱，但 MPA 教育主要是为政府部门及非政府等公共行政管理机构培养从事公共管理、公共事务和公共政策研究分析等方面的高层次、应用型、复合型公共管理专门人才。作为专业学位型的研究生教育，MPA 是为特定对象所开设的，该特定对象具有两个特点：一是已经或者有意于在政府、事业单位或者其他公共组织从事领导管理工作；二是已经在公共领域开展了工作并具备了公共领域相关的实际工作经验。尽管 MPA 学生具有一定的实务操作能力和工作经验，但较之于学术性研究生，MPA 学生通常缺乏公共管理理论素养和科学研究能力，这无疑与高层次、复合型的人才的价值目标相悖离。MPA 的学生基本上是在职人员，并都具备一定年限的实际工作经验，有些甚至处于中高层级的领导岗位，而具备公共管理的理论素养是其开展实践活动的具有方向性、目标性的有益指导，由此才能推进 MPA 公共精神与能力建设的融合。

（二）实践取向：我国 MPA 教育的"骨架"构成

既然我国 MPA 教育强调应用导向，那么应用型人才的培养就成为其发展的主要取向。MPA 作为一种专业学位教育模式，与一般的学术型硕士培养不同，其更注重实际能力与素质的培养。MPA 专业的学生对比于全日制学术型的研究生存在较大的区别，显著的特殊性在于他们基本是"已在职"的身份，大多数的学生来自各级政府公务员及其他公共管理部门管理人才，少部分来自一些企业的人事和行政机构人员。这种职业背景的身份特殊性，意味着 MPA 学生在选择攻读 MPA 专业学位时，其目的性更加明确，也更注重所学知识或所获取的专业学位在工作中的实用性，强调即学即用。以能力为导向的 MPA 教育应依据公共管理者（政府公务员和非政府组织管理者）所需的基本素质和能力制定培养目标。对比全日制学术型的研究生而言，MPA 学生多来自各级政府公务员与其他公共管理部门的管理人员，在攻读 MPA 专业学位之前都已具备了一定的工作经验，其求学目标明确，对所学知识的实用性有更高的要求，MPA 学生的需求不仅仅体现其本身职业

一次遇见，一段历程，都是人生不可多得的财富。

——戴　杨（南京大学 2010 级 MPA，国家税务总局盐城市盐都区税务局）

生涯发展的需要，同时也体现出中国当前社会经济发展对公共管理人才的需求特点。实际上，以实践为导向、重视应用性的培养已成为 MPA 专业教育改革的主要方向，而培养实践型、应用型和能力型的公共管理人才是我国 MPA 教育发展的基本导向。

价值诘难与现实困顿：我国 MPA 教育的交叠实施困境

国外发展型国家的 MPA 教育较为重视与能力相关的课程核心模块建设，例如发展型国家的政府、嬗变公共环境下的领导和管理等课程。与之相比，我国 MPA 教育在公共管理者能力培养和道德人格塑造方面则显得重视力度不够。既然公共精神作为 MPA 教育的重要价值追求，那么在价值层面，MPA 教育就应更多地关注“公共性”这一目标。现实而言，随着“企业化政府”理念的盛行以及传统官僚制思想的束缚，我国 MPA 教育缺乏公共精神的实践土壤，仍处于“公共性”匮乏与“官僚化”不足的发展阶段，尤其是政府与市场、政府与社会的关系仍不够清晰。尽管公共精神是 MPA 教育的重要价值追求，但现实而言，“具有 MPA 学位授予权的高校在对公共行政精神的培养中较重视工具价值的培养，忽视终极价值的化育”。MPA 学生具有实际领导管理的工作经验、面向公共领域实业就业的特性，MPA 的培养模式较之于其他专业的人才培养模式也存在显著的区别。例如，在培养的目标和理念、专业设置的模式、课程设置的方式、教学方法和组织形式、导师指导方式等方面有很多的不同。我国目前的 MPA 培养模式与其培养目标已经严重背离，远远没有达到“专业化、高层次、应用型”人才的培养要求。

（一）培养方式较为保守，缺乏培养的灵活性

由于培养方案雷同，MPA 教育没有能够充分体现学院特色和当今公共管理的发展需要，缺乏专业化的深度设计。这也在一定程度上体现出，我国 MPA 教育的培养方式较为保守。目前我国对 MPA 专业的培养方式实行弹性学制，基本都是采用学分制教育，修读年限一般为 2–4 年。入学的学生可以选择“脱产”或“非脱产”方式进行学习。非脱产在职学习的学生，主要在学校相对集中授课学习，每年集中 7–8 次，每次学习的时间为 10 天左右，集中学习的时间一般为一年，之后为社会实践和学位论文时间。根据《关于

理想是帆，给力量一个方向，给人生一个希望。理想是帆，推动生活的小船，走向幸福的祝愿。理想是帆，只要决定了远航，就可以任劳任怨！感谢南大 MPA 教育，让我扬帆起航。

——邹苾玫（南京大学 2011 级 MPA，江苏省人力资源和社会保障厅）

调整公共管理硕士（MPA）课程设置和学分的通知》，对 MPA 学分方案进行了调整，但目前不同的学校对总学分的要求有所差异，并区分核心课程的学分和专业方向必修课、选修课的学分。从目前的培养方式来看，主要参考大学现有的全日制教育的培养方式，强调“学需有成”，而弱化了“学以致用”，这与 MPA 专业培养的实用性相悖，缺乏灵活性。对于 MPA 专业学生而言，学习的动力不少是源于工作中的实际需要，因此更加强调“即学即用”，从实践来看，短暂性的、有目的性的学习在实际需求中也较为普遍，可见，培养方式应不拘泥于形式，而应加强灵活性。

（二）课程设置理论为主，实践内容相对偏少

从课程结构看，国外 50% 大学的 MPA 培养方案（MPA programmes）需要完成 15 门课程和实习，另外 50% 大学的 MPA 培养则需要完成约 10 门课程以及实习和论文。由此可见，国外大学的 MPA 教育较为重视课程之外的实习项目的培养和训练。较之国外，我国 MPA 教育对实习或实践环节重视不够。从我国现行的 MPA 课程设置看，主要分为四类：第一类是核心课，主要是公共管理与公共政策方面的基本理论与知识、基本技术与方法，以及开展公共管理实务工作的必备基础知识、政治理论等；第二类是方向必修课，即对公共管理学科下分若干专业方向，每个专业方向列出若干专业方向的必修课程；第三类是选修课，由每个学校根据特色情况自行确定；第四类是社会实践与研讨活动，以提高学生的沟通协调能力和实务操作能力。尽管各 MPA 高校在具体的课程设置和安排上有所差异，但总体而言，课程设置上多强调课堂内的理论学习，疏于实践性和应用性的教学设计。实践性的课程设置较少，背离了应用性、复合型人才的培养目标。“重理论，轻实践”的课程设置导向偏离了 MPA 教育的本质追求，弱化了 MPA 学生在专业学习中“学进去、走出来”的实用性的需要。

（三）教学方式过于单一，多元形式有待提高

由于 MPA 学生的来源不同，起点也有所差异，因此在学生就学的不同阶段，教学方式也有所差异。目前主流的教学方式有课堂理论知识教学、案例教学、情景教学、实践

难忘在南大政府管理学院三年的学习时光，浓浓书墨香、纯净同学谊、浩瀚知识海，心灵的充裕让我倍感富足。感恩陪我走过这难忘历程的良师、益友、亲人……

——刘明清（南京大学 2011 级 MPA，南京市鼓楼区市场监督管理局）

基地等实践性教学方式。传统的课堂讲授法在 MPA 教学过程中仍占据着较大的比例，有些学校甚至占 90% 以上，这种教学方法师生互动的场面不多，所学的实务知识偏少，从而对于已具备实践经历的 MPA 学生来说吸引力不高。其次为案例教学方法，但国内目前采用的案例范围较少，或是直接照搬国外的案例，缺乏具有实用价值的本土化案例。可见，具有中国特色的 MPA 教学案例库的建设尤为重要，这将有利于推进 MPA 教学方式的多样化和灵活性。尽管部分学校对目前 MPA 专业的教学方式进行了开拓创新，逐渐实现了教学方式的多样化，但从全国范围来看，MPA 专业教学方式过于单一的现象依然很严重，课堂理论教学仍占据了 MPA 学生大部分的求学生涯。从 MPA 学生的个人期望来看，不同的教学方式有助于更好地学习和提高，多元的教学方式也更有利于结合实际工作需要，提高实际工作中的问题处理能力。

（四）师资队伍建设不足，导师体系有需优化

师资队伍是 MPA 培养模式很重要的一环。由于 MPA 专业的实践性、实用型的特殊性，对师资队伍也有着很高的要求。由于我国 MPA 专业起步的时间较晚，师资力量的建设较落后于实践教学的需要。因此目前很多学校的 MPA 专业教学老师是来自本校相关专业、具有一定领先研究水平的教师，这也是目前 MPA 专业形成了单一的教学方式和以理论为主的课程设置的主要原因。目前一些高校针对师资队伍的构建也采取了较大的改革，如暨南大学采取“三三制”的组合：一部分老师来自其管理学院，一部分来自校内其他院系及校外优秀教师，一部分来自党政国家机关及非政府公共部门。在学生导师的设置上，采取双导师制度等，导师的类型有学校的专职导师，也有来自学校外面的政府官员或公共管理专家担任兼职导师，通过具有丰富实际工作经验的高级党政官员的进入，建立起公共部门领导者与学生之间的积极良性互动，形成良好的 MPA 人才培养教育平台。但从目前我国 MPA 专业培养的总体情况来看，师资队伍的建设力度不足仍然是薄弱环节，有些学校尽管实施了双导师制，但校外导师很多只是挂名，而不能实际给予指导，导师的构建体系仍有待于进一步优化和提高。

三年的 MPA 学习和一年的研会主席历练，使我秉承了公共精神和公共情怀，拥有了敏锐的政治鉴别力，无论身在世界何处，都心系祖国和母校。充分把课上所学的理论方法运用到实际工作中去，促进自己更快进步成长。一日 MPA 人，终身 MPA 情。

——谢　静（南京大学 2013 级 MPA，江苏卫生健康职业学院）

价值重塑与模式优化：我国 MPA 教育的二维发展指向

MPA 培养模式集中体现了 MPA 教育的主要思想和运作方式，具有一定的规划性、体系性和操作性，不仅要解决培养什么样人才的问题，同时还要解决如何培养、如何教育公共管理人才等问题，从而为 MPA 教育的科学操作与有效运行提供理论指导。MPA 专业的培养目标主要是为政府部门及非政府公共部门培养具备良好政治思想素质和职业道德素养，并具有从事公共管理和公共政策分析能力的高层次、应用型和复合型的公共管理人才。可见，政治素养的培育和公共价值的重塑是 MPA 培养目标中不可或缺的一部分。因此，我国 MPA 教育应重塑“公共性”这一价值理念，以“公共精神”培养和“公共人格”塑造作为 MPA 教育的本质目标，通过教育模式的优化，重新整合教学资源，提升 MPA 教育的质量和水平，使 MPA 教育在理念和目标上重回公共路径。

（一）推行因材施教，采取灵活性培养方式

由于 MPA 学生个体之间也存在着较大的差异性，主要表现为职级不同、职业生涯年限长短不一和职业类别的差异，从而导致其对 MPA 专业学习的需求会明显不同。一般而言，职级较高、职业生涯年限长的 MPA 学生更加倾向于公共政策制定能力的培养和针对当前经济社会发展全球化趋势的理解和应对能力，而那些职级较低、职业生涯年限不长的 MPA 学生则更着重于对公共管理的基础理论、政策分析方法及公共管理实务能力的学习和培养。因此，MPA 专业培养方式不宜“一刀切”，采取统一的培养方式，否则势必会产生事倍功半的效果，甚至与学生的需求产生脱节，使学生在学习过程中的收获不多。所以在 MPA 专业培养模式的构建中，宜采用多元化的培养方式，针对不同需求的学生，应该设计不同的培养方案。未来的 MPA 教育应强调“以学生为中心”的教学理念，注重 MPA 专业学生个人发展方向，尊重其个性化的发展目标，最大限度在经济发展新常态下政府工作职能转变时，实现 MPA 专业学生的个人价值。

（二）坚持学生为本，开设工作关联性课程

以学生为本，即在 MPA 专业教学过程中，应充分考虑到 MPA 专业学生的特殊性，

善管者常成，善谋者常胜；谋定而善治，行稳而致远。

——胡　娴（南京大学 2013 级 MPA，南京海事局）

了解学生的求学需求，才能更清楚地制定符合学生学习和发展的培养模式。国内外对于MPA专业的课程设置各有特色，我国在MPA专业的课程设置上基本归类有核心课程、方向性必修课、选修课和社会实践与研讨活动，重在对学生在公共管理和公共政策分析能力方面的理论知识培养，实务教学的课程相对偏少。在对MPA学生的调查中也发现，学生认为课程设置是培养模式最为重要的环节，但当前课堂理论课程教学占了较大课时比例，而学生更期望突出实用性的课程以及突出社会实践环节的教育。国外MPA课程的设置具有较强的务实性和针对性，能根据学生和政府的实际需求，采取不同的课程方式，以有助于学生解决具体工作上的问题。此外，由于MPA学生个体的差异和专业学习的需求不同，课程设置也可作区别安排，如职级较低、职业生涯年限不长的MPA学生可以成一班并开设针对性的理论方法课程和实践学习，而职级较高、职业生涯较长的MPA学生则可另成一班开设公共管理前沿理论、危机治理理论、公共政策制定与分析类的课程，以更加符合学生的需要，适应经济社会的发展。

（三）强化实践锻炼，采用多元化教学方式

教学方式作为培养模式较为重要的一个环节，对教师教学和学生学习发挥着重要的影响作用。目前国内主流的教学方式有课程理论教学、案例教学、情景教学和实践基地教学等主要方式，但传统的课题教学仍占着较大的比例，师生互动的场面不多，教学案例范围较少，与实际工作联系不强。通过对MPA学生的调查可以看出，案例分析教学、社会实践教学和情景教学是MPA学生更为期待的教学方式。从国外灵活的教学方式也可以发现，案例教学相比较其他讲学方式更为有效，并通过教师指导与学生自学相结合的方式，让学生发现问题、思考问题和解决问题，这种教学相长的方式能使学生增强分析问题和解决问题的能力。此外，充分考虑MPA学生对教学方式的期望，除提高案例分析教学之外，应进一步安排社会实践教学和情景教学等多元教学方式，强化对学生的实践锻炼，提高学生的学习兴趣和研究解决问题的能力。

（四）重视实践教师，构建复合型师资队伍

由于MPA专业是面向公共管理部门培养高素质、专业化、应用型的人才，因此对专

对公职人员来说，公共情怀是不能忘的初心，提高本领是需牢记的使命，这两点，恰恰是南大MPA教育给予我最核心的要义。

——孙　立（南京大学2015级MPA，江苏省委办公厅）

业的导师和授课老师也提出了更高层次的要求，不仅仅要有丰富的社会、经济理论知识，同时也要能够在实际的工作实践中提出指导意见。国外在 MPA 专业师资队伍的建设上，采取专职教师和兼职教师并存的模式，对教师也偏重于那些在公共管理工作中具有丰富实践经验的政府官员或著名专家，甚至也有对企业管理和经济发展有着重要引领作用的企业家。在对 MPA 学生的调查分析中可以看出，学术型、实践型兼顾的双导师制以及偏实践型的单导师制也是学生所期望的导师类型，授课老师方面也更期待专职老师和政府工作人员、社会知名人士给自己讲授课程。可见，兼通学位教育与政府工作的复合型专职教师以及聘请有管理经验的官员做兼职教师是当前我国 MPA 专业师资队伍建设的重要方向。“多元化、高水平、专职为主兼职为辅”的师资队伍的建设，能充分发挥理论与实践相结合的作用，帮助学生深度了解公共管理和公共政策的实务。此外，定期邀请国外知名大学教授为 MPA 学生上课，也有助于开阔学生的国际视野，应对和处理国际关系实务。

结语

随着政府改革的深化和国际化进程的加速，我国 MPA 教育面临着全新的历史机遇和良好的发展前景。MPA 教育作为我国公共管理和公共政策分析人才的重要环节，其培养模式的优劣更关系到我国政治、经济社会的发展与稳定。我国 MPA 教育要紧随经济社会和政府职能的新常态转变，适应现代公共管理领域需要，兼顾其他管理领域需要的“高素质、强能力、重创新、宽知识、厚基础”的培养目标，为我国公共领域事业培养综合应用型、能够胜任领导职位的优秀公共管理人才，使之具备管理公共事务、处理公共问题所需要的素质和综合能力。

MPA 教育随着我国经济社会的快速发展应运而生，作为向政府等公共管理部门培养人才的重要渠道，以及 MPA 学生加强自我底蕴学习和修炼的重要方式，MPA 专业的培养模式不仅要解密联系公共管理对人才类型的需求，也要符合 MPA 学生自身的发展和需求。MPA 培养模式不是一成不变的，而是随着时代的发展逐步调整和完善。随着全国

明晰公共责任，以客观理论代替朴素情感去分析评判公共事务，是读 MPA 的最大收获。

——李　凯（南京大学 2016 级 MPA，南京市江宁区审计局）

MPA 试点高校的不断增加，MPA 教育面临着日益激烈的竞争压力。不断兴起的公共管理改革对公共管理者也提出了新的要求，即要求公共管理人员具有完善的知识结构以及快速获取、更新知识的能力，并通过这种能力去分析和解决实际问题，这些也给我们的 MPA 教育提出了新的挑战。对于 MPA 院校来说，这是新的发展机遇，创新中国 MPA 专业学位教育的培养方式已经迫在眉睫。MPA 教育应不断满足时代要求，在改革创新中谋求更好更快的发展。

参考文献

[1] 卿菁. 从美国 MPA 教育模式看中国 MPA 教育的发展 [J]. 当代继续教育 ,2014(1):70–72.

[2] Denhardt R.B. *The Big Questions of Public Administration Education*[J]. Public Administration Review, 2001, 61(5): 526–534.

[3] Oldfield K. *How Can We Democratize Higher Education If We Don't Count the Votes?* An MPA Case Study[J]. Journal of Public Affairs Education, 2007: 133–146.

[4] 沈勇 , 程文浩 . 中国 MPA 教育 : 十年总结与未来展望 [J]. 清华大学教育研究 ,2009(3):59–65.

[5] 薛澜 , 彭宗超 . 国外 MPA 教育模式的比较分析 [J]. 学位与研究生教育 ,2001,Z1:46–51.

[6] 陈云鹏 . 我国 MPA 教育的现状及思考 [J]. 教育理论与实践 ,2009(24):9–11.

[7] 刘朔 , 杜海峰 , 李秀兵 . 能力导向的美国 MPA 教育及其对我国的启示 [J]. 学位与研究生教育 ,2013(8):61–65.

[8] Wessels J.S. *A Core Curriculum for a Master of Public Administration (MPA) Qualification:Some Considerations for a Developmental State*[J].Administration Publica，2012，2(20):157–175.

[9] 钟响 , 徐晓林 , 许晓东 . 中国 MPA 教育公共行政精神培养 [J]. 中国行政管理 ,2010(5):95–97.

[10] 章丽萍 , 徐林 . 以培养机制创新推动 MPA 教育改革 [J]. 学位与研究生教

将公共管理的理论和研究成果运用于实践，能更好提升政府治理效能，促进社会公共利益的实现。

——张　鹏（南京大学 2016 级 MPA，南京市建邺区纪委）

育,2011(9):47-50.

[11] 周建国,陈谦.中国MPA教育中长期发展的困境与出路[J].中国行政管理,2015,(11):88-92.

[12] Hallinger P,Lu J.*Preparing Principals: What Can We Learn from MBA and MPA Programmes?*[J].Educational Management Administration & Leadership,2013,41(4):435-452.

有幸加入南大读研，美丽的校园风光，同学们朝气蓬勃，老师们辛勤施教。MPA 教育极大帮助我们拓宽视野，更加博学，也更加自信担当，幸运人生有过这么一段美好的风景。

——杨俊杰（南京大学 2018 级 MPA，江苏省兴化市交通运输局）

牢记办学初心使命，构建“4C”融合 MPA 培养模式

江苏大学 MPA 教育中心 许远旺 周绿林

江苏大学于 2014 年获得 MPA 学位授权点，迄今已招生六届学员。办学之初，即确立高起点规划、特色化发展的战略，坚持“上联顶层、下接地气”双向互动的思路，一方面严格对标全国 MPA 教指委制度文件精神及相关培养要求，另一方面积极创造条件努力满足 MPA 学员对攻读 MPA 学位的新期待与新诉求。在认真总结和汲取兄弟高校办学经验的基础上，结合自身学科历史与专业优势，在实践中探索并尝试构建“4C”融合的 MPA“三位一体”培养模式，初步取得明显的成效。在 2018 年全国第六批 MPA 培养院校的专项合格评估中，我校以总排名第 11 的位次顺利通过评估（其中毕业论文质量全国排名第 1）。

“4C”融合 MPA 培养模式的主要做法

公共管理硕士（MPA）专业学位是面向政府公务员及公共部门人员而设立，旨在培养系统掌握公共管理理论、知识与方法，具备从事公共管理与公共政策分析能力，能够综合运用交叉学科知识和方法解决实际问题的高层次、应用型、复合型人才。我国 MPA 专业学位设立 20 年以来，在培养高素质公务员队伍、提升政府管理能力和服务水平等方面发挥了重要作用。但是，从现实来看，MPA 教育也存在专业学位培养特色不突出、理论与实践脱节、行政伦理教育滞后、教学手段单一、培养体系亟待优化以及办学特色不

弹指一挥间，MPA 学业已经到了最“煎熬”的写论文阶段，回想研一时奔波于满满的课程，仿佛就在昨天。感谢老师们的谆谆教诲，感谢同学们的互帮互助，在我的青春岁月留下了光彩绚丽的一页！祝愿南大 MPA 越办越好，祝福老师和同学们平安健康、事业兴旺、阖家幸福！

——苏 宪（南京大学 2018 级 MPA，江苏省句容市纪委监委）

鲜明等问题。

近年来，我校 MPA 学科在正视 MPA 教育存在的难题和“痛点”的基础上，借鉴国内外一流院校公共管理教育先进做法和经验，坚持以培养具有公共精神和为民服务情怀的德才兼备人才为己任，以社会需求为导向，瞄准国家推进新文科发展的机遇窗口，确立“4C”融合（core values, culture, career skills, capabilities）的教育理念和质量品牌，提出以公共精神塑造和行政伦理教育为核心（core values），并以系统化的理论传授和知识体系建构（culture）、职业化技能训练（career skills）以及全方位实践能力的养成（capabilities）作为其支撑体系和实现路径，探索并实践“理论体系—职业技能—实践能力”三位一体的人才培养模式（参见图 1）。

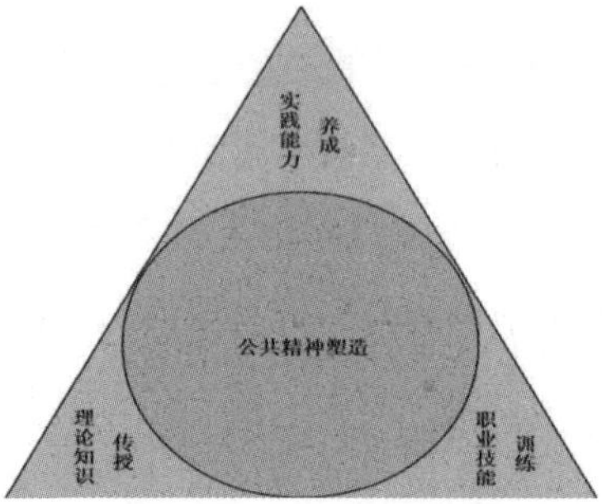

图 1“4C”融合的 MPA 三位一体培养模式

首先，树立弘扬公共精神的价值观教育为核心的育人理念。习近平总书记指出，培养什么人，是教育的首要问题。MPA 主要是面向政府公务员群体及公共部门人员的专业学位教育，必须将立德树人贯穿于其培养的全过程和各个环节。我校 MPA 培养强调德育

图 2 MPA 学员凭吊英烈活动

图 3 南京溧水红色李巷村实地考察

那年，我和女儿一起上一年级，她是上小学。在课堂上认识了很多年轻的朋友，我用他们的年少来对抗时光流逝，不要温柔地走进那良夜。

——王日俊（南京大学 2018 级 MPA，南京大学出版社）

教育和专业教育的融合，始终坚持正确的政治方向，培养党和国家需要的优秀人才。每年组织 MPA 学员参加革命英烈的凭吊活动，组织学员到南京溧水白马镇李巷村（新四军苏南革命根据地、该地区第一个农村党支部诞生地）进行考察交流。通过实地参与和亲身体验的方式，提高学员的政治觉悟和政治意识，激发其学习动力和担当作为精神。

其次，构建融价值观教育于专业教育的知识体系。按照“德育为先、通专兼备”的思路，根据全国 MPA 教指委指导性意见，结合我校办学定位和学科特色优势，制定《江苏大学公共管理硕士（MPA）专业学位研究生培养方案》，设置核心课、必修课、选修课、社会实践四大模块。核心课涵盖公共管理、公共政策分析、公共经济学、中国特色社会主义建设理论与实践等主干课程，要求将公共价值观和行政伦理教育纳入各门课程讲授，并结合中国特色社会主义最新理论与实践不断更新教学内容和课件素材。专业方向课设置体现我校 MPA 学科特色和优势，凸显基层政府治理、社会保障和卫生管理等三大层面。“德育为先、通专兼备”多层次课程体系和培养模式为构建“4C”融合的整合型知识体系、培养“德才兼备、一专多能”复合型人才奠定了基础。

再次，搭建基于专业技能开发的实训平台。为克服专业学位培养特色不鲜明、教育培养方式“同质化”问题，我校在把握专业学位研究生教育培养特点和发展规律的基础上，立足专业化、职业化技能训练，大力推进案例教学，通过搭建实验平台、决策模拟、案例研讨、角色扮演等方法，初步构建“领导力—决策力—执行力—沟通力—危机应变力”的职业技能训练体系。在竞价择优、多方比较基础上，与北京弘毅重远科技有限公司合作，搭建基于虚拟仿真技术的案例教学系统。建立管理决策模拟实验室、公共部门人力资源测评与评价系统等。通过流程设计、场景模拟以及互动式设计，构建具有高“在场感”的案例场景，再现公共管理典型案例的完整流程，提升 MPA 学员思维力、决策力、应急处置能力以及分析和解决实际问题的能力。

最后，建立着眼于实践能力开发的社会实践基地。MPA 立足培养解决实际问题的应用型人才的目标定位，决定其应用性和学以致用的特点，要求始终注重理论联系实际，突出问题导向、实践导向。为增强 MPA 学员知行合一及参与社会实践的能力，我校大力

读了这个专业，我记住了为天地立心，为生民立命；来到这个学院，我懂得了道器相济，才兼有天下。

——沈　旭（南京大学 2018 级 MPA，江苏省人大常委会研究室）

图 4　镇江市政务管理服务中心实践基地揭牌

建立社会实践基地，为学员实践能力提升提供平台。先后与镇江市政务服务中心、镇江市丹徒区世业村等单位合作建立社会实践基地。其中，镇江市政务服务中心先后获得“全国文明单位”“全国行政服务大厅典型案例展示‘百优’”。丹徒区世业村是习近平总书记 2014 年视察过的地方。MPA 中心每年组织学员赴实践基地开展社会调查。为使社会实践基地运转起来，真正发挥其在 MPA 人才培养和实践能力增强中的作用，从江苏省人社厅、卫健委、食品药品监督管理局以及镇江市委市政府等部门选聘校外实践导师，建立了一支“双师型”指导导师队伍。

人才培养质量成效明显。自 2015 年创办 MPA 教育以来，我校迄今共招收 310 名 MPA 学员，报考数及招生数逐年增加。由于高起点规划、高标准建设，重视教学改革和实践探索，人才培养质量成效明显。学员对 MPA 课程教学质量评价均在 95 分以上。第一届学员曹强的毕业论文获得 2019 年江苏省优秀专业硕士学位论文。MPA 学员在读期间，在政务网站及报刊媒体上公开发表多篇文章。不少已毕业 MPA 学员拿到学位后，由于工作表现突出受到单位的高度认可，并实现了职务晋升。从实际工作表现看，在此次新冠疫情斗争中，我校 MPA 学员坚决响应党中央和政府号召，积极投身抗击疫情的一线，在各自的岗位埋头工作、勇于担当，充分展示了以人民为中心的公共精神、主动担当作为的职业素养以及招之能来的行动能力。

“4C”融合 MPA 培养模式取得的成效

图 5　镇江市世业镇世业村社会实践基地揭牌

图 6　聘任校外实践导师

跨越城市，只为遇见向往的学府；穿越人海，只为相识隽拔的同学；超越自我，只为实现心中的梦想！美好的 MPA 时光仍历历在目，成长与担当，初心自难忘。感悟道器相济，恪守兼有天下，践行使命担当！

——张　涛（南京大学 2018 级 MPA，苏州市吴中区市场监督管理局）

案例教学推进工作成效突出。为提升 MPA 学员职业化技能及分析和解决实际问题的能力，摒弃传统课堂“满堂灌”“独角戏”等弊端，我校大力推进案例教学的力度，综合运用案例式、研讨式、情景模拟式教学方法，增强课堂吸引力和感染力，激发 MPA 学员的学习兴趣。专门建立 MPA 案例开发中心，制订案例库建设激励制度。从实践来看，案例教学改革进展良好，取得的成效明显，先后有两篇案例入选中国专业学位教学案例库、两篇入选中国管理案例共享中心。MPA 案例库建设获得江苏大学研究生教学案例库建设重点课题立项。此外，在 2019 年江苏省公共管理案例分析大赛中，开发的案例获得一等奖、二等奖、三等奖各 1 项，同时我校也荣获“优秀组织奖”（见图 7）。

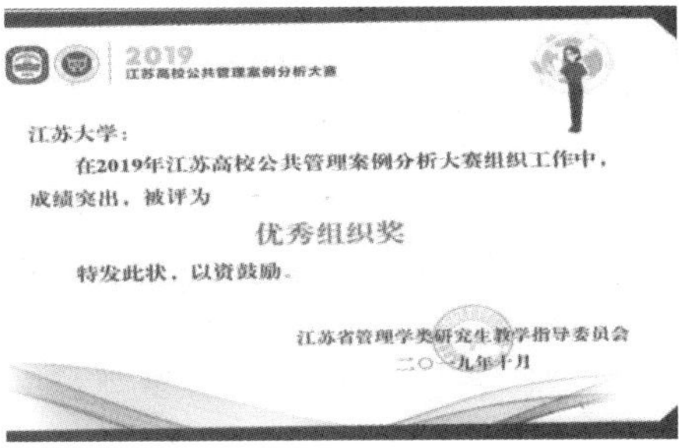

图 7　获江苏高校公共管理案例分析大赛优秀组织奖

办学声誉及区域内影响不断扩大。除积极推进教学和培养模式改革外，注重 MPA 社团组织及文化建设，营造浓郁的 MPA 校园文化，成立学员交流和联谊组织 MPA 联合会。我校发起并承办首届江苏高校 MPA 联合会工作校际交流会，参与发起并组织首届江苏省高校公共管理案例分析大赛，承办第九届江苏 MPA 论坛、江苏省首届公益创业科研创新

图 8　全国 MPA 教指委网站报道我校发起并承办江苏高校 MPA 联合会校际交流会（2018 年 5 月 7 日）

学生时代最深的一份羁绊，泅离时分最后的一根稻草。不为撬动政治的杠杆，只求追逐一场不远的曙光。

——查君璐（南京大学 2019 级 MPA，南京市高淳区行政审批局）

实践大赛等活动。通过形式多样、载体丰富的活动形式，一方面有利于增强 MPA 学员的凝聚力和归属感，另一方面也有利于加强兄弟高校 MPA 社团的联系与友谊，进一步提升我校 MPA 办学影响。

牢记初心使命：在新的起点继续深化 MPA 培养改革

“政治路线确定之后，干部就是决定的因素”。在全面深化改革新的发展阶段，培养和锻造一支“信念坚定、为民服务、勤政务实、敢于担当、清正廉洁”的干部队伍，对决胜脱贫攻坚、全面建成小康社会至关重要。党的十九届四中全会对坚持和完善中国特色社会主义制度、推进国家治理体系和治理能力现代化作出决定，开启了“中国之治”的新篇章。在新的时代和起点，应在科学总结和理性评估 MPA 教育 20 年发展经验与存在问题的基础上，进一步深化 MPA 培养理念与方式改革。

一是要倡导反思精神，回归 MPA 学位设立的初衷及人才培养的目标定位。为政府及公共部门培养高层次、应用型、复合型专门人才的目标定位决定 MPA 立足培养党和国家事业发展需要的人才，以服务于国家重大发展战略、服务于国家和区域经济社会治理需要。因此，必须进一步加强各级官员和领导干部的公共价值观教育，增强干部的理想信念和公共责任意识，培养一支扎根“中国实践”、分析“中国问题”、总结“中国经验”及反思“中国之策”的干部队伍。

二是要呼唤创新精神，根据时代变革需要提升干部本领和治理能力。我国改革已进入攻坚期和深水区，面临“啃硬骨头”和“涉险滩”的挑战和任务。当前信息技术革命加速变革，各种社会思潮相互激荡，均考验党和政府的领导及治理能力。新冠疫情的爆发及治理昭示我们健全的制度基础设施、运行顺畅的应急响应和指挥系统及执行有力组织体系的重要性。因此，在变革时代背景下，应与时俱进，进一步深化 MPA 培养改革，进一步加强各级公共领导力建设，塑造和提升公共管理者的战略眼光、变革思维和创新能力，以成功化解和应对百年未有大变局之治理难题及各种挑战。

三是树立整体改革思维，为 MPA 人才培养创造良好的社会和制度环境。德才兼备的

政通人和，管顺事达。

——徐　洋（南京大学 2019 级 MPA，平安信托江苏事业部）

高素质MPA专业人才的培养是一项系统工程，需要社会各组成部分及相关部门的整体联动和协同培养，构建全员育人的氛围和格局。国家相关部门应进一步优化政策及制度供给，出台各种政策支持和激励公务员队伍攻读MPA学位，提升干部队伍的学历层次与能力水平。应积极创造条件，为领导干部担任高校MPA校外实践导师进行“制度松绑”。相关用人单位应为MPA学员在职攻读MPA学位出台支持政策，对获得MPA学位的公务员在工资、晋升等方面的激励做出明确制度规定。高校等培养单位应进一步重视专业学位研究生人才的培养，坚持“放管服”及分类培养的思路，切实提高MPA人才的培养质量。只要树立整体、协同、系统的思维，构建政府、高校、社会跨部门全员育人的格局，MPA一定能赢来又一个发展的春天。

在南京，在最好的年纪，遇见最好的南大。在南大，在诚朴励学的芳华里，追梦星辰大海。在政管院，在道器相兼的征途中，未来致远可期。

——刘　旬（南京大学2019级MPA，江苏省美术馆）

公共管理硕士培养中的公共精神塑造

江苏师范大学公共管理与社会学院教授、副院长　祝天智

【摘　要】　公共精神对公共管理硕士培养有着特定的内涵和特殊的重要性。塑造公共精神是公共管理硕士培养的灵魂，决定着人才的道德品格。然而在当前背景下，学校的微观环境和社会的宏观环境，都有许多不利于公共管理硕士公共精神塑造的因素，这严重影响公共管理硕士人才培养质量的提高。要塑造公共管理硕士的公共精神，需要专业教师、教育管理部门和用人单位的密切配合。

【关键词】　公共精神；公共管理硕士；人才培养

公共管理硕士定位于为国家建设和社会发展培养高层次应用型公共管理人才，其毕业生主要就业于公共部门，工作职责是提供公共产品和公共服务。上述就业岗位和工作职责的特点，要求公共管理硕士毕业生不仅要扎实掌握公共管理基础理论和公共部门管理的专业知识，具备分析和解决公共管理问题的技能；更重要的是还要牢固树立公共精神，即献身公共利益的价值追求、恪守公共规则的意识和正确运用公共权力的观念。公共管理的知识和技能决定着公共管理人才的胜任能力，公共精神则决定着公共管理人才的道德品格；两者相辅相成，缺一不可。然而，近年来在激烈的就业竞争压力下，各高校普遍存在重知识技能培养，而轻视甚至忽略公共精神塑造的倾向，并已在实践中产生了多方面的负面影响。本文试图从公共管理硕士人才培养的现实出发，探讨公共管理硕士人才所应具备的公共精神的特征和内涵，剖析当前公共管理硕士培养中忽视公共精神塑造

黑格尔说过：世上大概有两种人，一种人毕生致力于拥有，另一种人毕生致力于有所作为。一心渴望拥有，一旦没有达到目的，就会失落、痛苦和绝望；心无旁骛，就会忘掉许多烦恼，找到许多努力过程中的快乐。默默耕耘的人其实是最智慧的人，愿你我都成为智慧的耕耘人。

——陈玉惠（南京大学 2019 级 MPA，国家税务总局南京市高淳区税务局）

的原因，并从建设人民满意的服务型政府的现实需要出发，探索在公共管理硕士人才培养中加强公共精神塑造的路径和方法，以期为提升公共管理硕士培养质量提供参考。

塑造公共精神：公共管理硕士培养的灵魂

帕特南认为："所谓公共精神是指孕育于现代市场经济和公民社会之中，位于最深的基本道德和政治价值层面，以全体公民和社会整体的生存和发展为依归的一种价值取向，它包含着对民主、平等、自由、秩序、公共利益和责任等一系列最基本的价值目标的认可与追求。"显然，这一定义是从抽象角度对全体公民而言的，对于负有公共管理和公共服务职责的公共管理人员而言，公共精神意味着更高、更严格的要求。"意味着对于公共服务的召唤以及有效管理公共组织的一种深厚、持久的承诺"。笔者认为，对公共管理者而言，公共精神最核心的内涵应该包括：对于公共利益的奉献精神，对于公共权力的正确观念和对于公共规则的恪守意识。对于合格的公共管理硕士而言，公共管理的知识技能与公共精神是密切联系、缺一不可的。缺少知识技能，将因为无法胜任岗位职责而不合格；而缺少公共精神的支撑，其管理活动将沦为纯粹的私人管理，甚至走向贪污腐化的犯罪深渊。正是从这种意义上可以说，公共精神是公共管理硕士人才培养的灵魂，很大程度上决定着人才培养的品德和素质。

首先，公共管理硕士应具备献身公共利益的价值追求，这是推动其正确履行公共管理职责的根本动力。虽然每个公民都负有维护和促进公共利益的义务，但作为拥有公共权力、掌握公共资源的公共管理者，其特殊的岗位和角色，决定了其主要的职业使命和责任，就是最大限度地促进全社会的福祉，增进公共利益，真正做到利为民所谋。缺少对公共利益的奉献精神和责任意识，对拥有公共权力并掌握公共资源的公共管理人员而言，不仅无法保证其正确履行职责，甚至是非常危险的事情，轻则容易造成漠视公共利益、玩忽职守、滥用和浪费公共资源等问题，重则容易引起贪污腐化、损公肥私等违法犯罪行为。

其次，公共管理硕士还应树立恪守公共规制和秩序的意识，这是进行公共管理的前提。

MPA 给予了"社会人"重温学校生活、聆听大师课堂的机会。在这里，我向治学严谨的大师求教，与各行各业的同学探讨工作中的管理心得，为我们解决工作难题提供了无限可能，为积累公共管理知识打开了天窗。相信 MPA 的明天会更灿烂辉煌。

——姜　泽（南京大学 2019 级 MPA，南京信息职业技术学院）

所谓公共规则既包括现代法制体系、民主规则等宏观政治架构，也包括行政系统内部的决策和执行规则等微观规范。公共规则和公共秩序是社会良性运行和人们安定生活必不可少的前提。公共管理者一方面是公共规制的维护者和执行者，但另一方面更应该是遵守公共规制的示范者。只有公共管理人员带头恪守公共规则和秩序，才能确立公共管理机构的权威，从而带动民众遵守公共规则和社会秩序。霍尔巴赫认为："再也没有什么东西能够像政府那样对人民的风俗习惯产生如此直接的影响"，如果"在不道德的国王统治之下，恶德本身也变得高尚起来"。

再次，公共管理硕士还必须树立正确的权力观，这是其正确履行职责的关键。正如孟德斯鸠所说，一切有权力的人都容易滥用权力。要使未来的公共管理者能够正确运用权力，必须使他们树立正确的权力观念。其一，在权力的来源问题上，必须使他们明白权力来自民众的授予，因此权力应该受到民众的监督和制约，滥用的权力会被人民收回。其二，在权力的目的问题上，权力的运用仅仅是为增进公共利益和民众福祉服务的，绝不允许将权力用于谋取私利。其三，在权力的运行方式问题上，应该做到公开透明，自觉接受监督，应该杜绝暗箱操作。其四，在权力的边界问题上，必须使他们明白权力的有限性，权力的运用绝不能越雷池半步，越界的权力就是滥用和对公民权益的伤害。

公共管理硕士培养中塑造公共精神面临的困难和挑战

近年来，我国公共管理硕士教育发展迅猛，然而不少高校都存在重视知识技能教育、轻视公共精神塑造的问题。另外，宏观环境中也存在不少不利于公共管理硕士生公共精神塑造的因素，导致总体而言公共管理硕士的公共精神塑造效果也不尽理想，笔者在调研中经常听用人单位反映，部分公共管理硕士毕业生存在责任意识差、纪律和规则观念淡薄等公共精神缺失的问题。

首先，在激烈的就业竞争压力之下，不少高校确立了以就业为导向的建设指导方针，造成在教学内容设计和教学实践过程中，过分重视知识技能的传授，而忽略公共管理硕士公共精神塑造的问题。在市场化的就业竞争中，知识技能由于其外显的特征容易被量

联合 NGO 组织帮助企业消除环境风险隐患、规范环保管理制度、完善环保手续和设施，为科学防治污染提供技术支撑，打好生态文明持久战。

——赵　楠（南京大学 2019 级 MPA，江苏省苏州环境监测中心）

化考核，而且能够满足用人单位的现实需要，因此越来越被重视。相反，公共精神由于其内隐的特征难以被量化，甚至难以通过短期的考察予以判定，因此越来越被忽视。这种倾向也必然反映在公共管理硕士学位点建设和教学实践中。学校对人才培养方案和教学计划的审定中，大多会强调加强实践性和应用性课程，而不能直接体现为就业竞争力的理论性课程，则被要求尽可能压缩。在学校的学位点建设方针指导之下，教师在教学的实践过程中，同样存在重实践技能传授而轻视公共精神塑造的倾向。

其次，宏观的社会和经济环境也对公共管理硕士的公共精神塑造构成挑战。其一，市场经济背景下人的行为的功利化影响学生公共精神的塑造。当前在校的公共管理专业学位研究生基本都属于市场经济背景下成长起来的一代人。市场主体利益最大化和平等交易是市场经济的基本原则，这实际与对公共利益的奉献精神和公共事务的担当意识存在矛盾；市场经济背景下形成的消费主义文化，也会对研究生的价值观造成影响，不利于培养他们恪守公共规则的意识和正确的权力观念。其二，在市场经济背景下，不少家长将子女的研究生教育当成投资，讲求回报的功利教育观，也不利于学生公共精神的塑造。家长的上述期望与要求会使学生急功近利，只追求表面的能直接增强就业竞争力的技能学习，不注重深层的公共精神等思想品格的养成，甚至为谋求理想工作岗位不惜弄虚作假。其三，我国市民社会发育滞后，也不利于公共管理硕士研究生公共精神的养成。成熟的市民社会是公共精神养成的理想土壤，而我国公共管理硕士成长于市民社会发展滞后的环境，缺少民主参与、法治熏陶和奉献于公共事务的历练，缺乏养成公共精神的良好思想观念基础。

再次，思想文化环境中也存在不利于公共管理硕士公共精神养成的因素。其一，我国传统文化的基因缺少公共精神养成必需的成分。我国传统政治文化属于王权文化，一方面，民众被赋予臣民的角色，缺少关心、参与和奉献于公共事务的意识，更缺少法治观念。正如梁启超所批评的，中国人的政治品格中有四大缺点："爱国心之薄弱""独立性之柔弱""公共心之缺乏""自治力之欠阙"。另一方面，在传统政治文化中，官员角色又缺少民主意识、公共利益观念和正确的权力观念，正如鲁迅所指出的："中国

南京大学MPA教育，系统传授公共管理知识，提升公共政策分析能力，增进理解公共管理实务，使我们实现了综合素质再提高，在公共管理实践中更加游刃有余。

——王　杰（南京大学2019级MPA，江苏省人民医院）

公共的东西，实在不容易保存。如果当局者是外行，他便将东西糟完；倘是内行，他便将东西偷走。”总之，无论是官文化，还是臣民文化中，都缺少公共精神的基因和文化积淀，不利于公共管理硕士从传统文化中汲取公共精神的养分。其二，当前思想文化多元化的背景下，错误思想的影响也容易对公共精神的教育培养形成冲击。改革开放以来，随着西方文化的涌入，尤其是随着网络技术的发展，诸如享乐主义、拜金主义、极端个人主义等各种错误思想也在部分人中间开始流行，这难免对心智不太成熟而且充满好奇的部分公共管理硕士造成影响，从而削弱甚至抵消公共精神教育培育的效果。

加强公共管理硕士公共精神塑造的对策

要解决当前公共管理硕士公共精神塑造效果不佳的问题，仅有公共管理专业教师的努力显然是不够的，需要高校与政府高教管理部门以及其他用人单位之间密切合作形成的合力。

首先，高校公共管理专业教师，是加强公共管理硕士公共精神塑造的最直接、最重要的主体。其一，要纠正将应用技能教育和公共精神塑造对立起来的做法，通过系统的理论教学，使学生真正做到深刻理解公共精神的内涵和重要性。理解是认同和信奉的前提。要使公共管理硕士真正牢固树立公共精神，必须通过系统的理论教学，使其真正理解公共精神的渊源、内涵及其对公共管理的重要价值。为此，在课程设置上，需要开设公共管理学、公共政策、行政学前沿等课程，以便使学生真正了解公共精神的历史渊源和演变过程；另外还需开设行政伦理学、公务员制度等课程，以便使学生真正理解公共精神的内涵。其二，通过生动案例教学和实践模拟，使研究生真正树立公共精神。案例教学的优势在于真实、生动和说服力强。通过现实生活中的具体案例，可以进一步使研究生了解公共精神在公共管理中的重要价值，以及公共精神缺失可能会给公共利益及公共管理者自身造成的严重危害，从而使其真正树立恪守公共规则、献身公共利益和严守权力边界的意识。其三，督促公共管理硕士在日常的公共管理实践中逐步培育和提升公共精神。公共管理硕士的最大特点是绝大多数都已经在从事公共管理实践活动，因此，其得

什么是 MPA，是我选择考南大问自己的第一个问题，为什么要学习 MPA，是复试时老师对我提出的第一个问题。在这里的每一天，同学们、老师、南大的每一砖一瓦都在告诉我，为了看见更好的他人，更是为了寻找更好的自己。

——赵 航（南京大学 2019 级 MPA，国家税务总局金湖县税务局）

天独厚的条件是可以在日常的工作中领悟、培养和不断巩固公共精神。为帮助公共管理硕士在未来充满诱惑的背景下，能在公共管理过程中真正坚持公共精神，还必须通过形式多样的实践教学环节，进一步巩固课堂教学的效果。具体而言，既可以通过社会调查、课外拓展训练、科研训练等形式，使其切身体会公共管理过程中公共精神的价值及其缺失的危害，砥砺其在外在诱惑的条件下坚持公共精神的意志和品质。

其次，政府高教管理部门应发挥加强引导和提供规则的作用。我国高教管理部门拥有制定高等教育学位点目录和设置标准，组织审批和对学位点建设进行考核的权力，肩负着引导研究生教育健康发展的重要职责。因此，为保证公共管理硕士培养的质量和公共管理学位点的健康发展，高等教育管理部门有必要对公共管理硕士人才培养中公共精神的教育加强引导，通过在学位点设置标准中做出明确要求，并将其列入学位点质量考核的标准之中，引导高校在课程设置、教学过程、教学质量方面的内容和效果方面加强公共精神的教育，不仅在指导思想上纠正部分高校轻视公共精神塑造的错误倾向，而且切实落到可操作性的考核过程，真正发挥引导监督的作用。

再次，由于公共管理硕士的用人单位主要是公共机构，因此他们也负有营造良好氛围，帮助学校塑造公共管理硕士公共精神的义务。当前，公共管理硕士的就业主要面向党政机关、事业单位、非政府组织和国有企业，这些组织大都属于运用公共资源、掌握公共权力、提供公共服务的组织。因此，他们的态度和氛围，对公共管理硕士树立公共精神起着极其重要的作用。具体而言，其一，他们在人才选录中的导向和态度，对学生树立和巩固公共精神起着极其重要的作用。如果他们在人才选拔的过程中，将公共精神树立和践行的状况作为选人用人的底线进行考核，即对凡是公共精神缺失的人员，进行一票否决，尤其是真正敢于将在试用期内公共精神明显缺失的人员依法予以辞退，必然会有力地强化学校教育的成果。相反，如果用人单位仅仅着眼于当前表面的技能的考核，甚至对在试用期内责任意识缺失、公共利益观念缺乏、法治和纪律观念淡薄、不能正确对待公共权力的人员仍姑息纵容，则必然会使学校关于公共精神的教育大打折扣。其二，他们在日常管理中对公共管理硕士公共精神的塑造起到更为重要的作用。作为绝大多数

海阔潮平风正劲，奋起扬帆正当时。南大代有才人出，且看 MPA 独领风骚。

——汤天宇（南京大学 2019 级 MPA，南京市栖霞区城市管理局）

在职的公共管理硕士，其工作单位既是人才使用单位，同时更应该是与学校协同的人才培养单位，其在日常教育、管理、考核、晋升等各个环节中对公共精神的塑造，不仅能够起到重要的导向作用，而且能在日积月累中起到逐步培育和提升其公共精神的作用。

参考文献

[1]　[美]罗伯特·D·帕特南:《使民主运转起来》, 王列等译, 江西人民出版社 2011 年版, 第 100–101 页。

[2]　[美]乔治·弗雷德里克森:《公共行政的精神》, 张成福等译, 中国人民大学出版社 2003 年版, 第 14 页。

[3]　[法]霍尔巴赫:《自然政治论》, 陈太先、眭茂译, 商务印书馆 1989 年版, 第 330 页。

[4]　夏晓虹编:《梁启超文集》, 中国广播电视出版社 1997 年版, 第 109 页。

[5]　《鲁迅全集》(第 1 卷), 青海人民出版社 1999 年版, 第 567 页。

心怀梦想，脚踏实地，真诚善良，生活就会变得美好。

——阴玉洁（南京大学 2019 级 MPA，南京市东山小学）

江苏师范大学 MPA 教育的成效与经验

江苏师范大学公共管理与社会学院副教授、公共管理系主任　周定财

江苏师范大学公共管理硕士专业学位（以下简称 MPA）于 2014 年经国务院学位委员会批准设立，2015 年开始招生。学校 MPA 教育严格遵循专业学位研究生教育规律，从学校公共管理专业的实际出发，本着区位特色、学科专长的原则，凝聚各方力量，全力打造高水平、标准化的公共管理教育平台。在发挥学校相关专业优势的基础上，设置政府管理、公共部门人力资源管理、社会政策与社会治理、公共危机与应急管理 4 个研究方向，开设跨域危机治理、基层与社区治理等特色课程，形成了有别于学术型研究生的特色鲜明的 MPA 教育体系。

经过 6 年多的发展建设，江苏师范大学 MPA 教育在学校各方的努力下取得了长足的进步。在教育环境的改善、师资队伍的建设培养、教育教学管理、招生与学生管理等方面表现出了良好的发展态势，也取得了一定成效，形成了相关的办学经验。

江苏师范大学 MPA 教育的相关做法及取得的成效

（一）教育环境得到改善与优化

自设立 MPA 专业学位以来，学院专门成立了 MPA 教育中心，设 1 名主任、1 名副主任、1 名秘书，负责 MPA 的招生宣传、导师评聘、教学管理、学生工作等各项具体事务，在扩大公共管理学科的影响力、规范 MPA 教育管理体制、充实 MPA 师资力量等方面开展

在职读研确实辛苦，但既然选择了，就要勇敢面对、拼搏前行。须知厚积而薄发，一分耕耘一分收获。当努力成为习惯，未来必将会有无限可能。

——姜　俣（南京大学 2019 级 MPA，江苏省政协）

了一系列有实际意义并卓有成效的工作。同时建立 MPA 教育中心网站（http://mpa.jsnu.edu.cn），实现即时更新相关信息，招生简章、科研信息、学术报告、通知公告、中心动态、导师简介、相关制度等都通过网站发布，既实现了双向互动交流，也加大了宣传力度，扩大了学校 MPA 的影响力。

在教学设施方面，学校在集中授课期间为 MPA 研究生提供用于授课的多媒体教室、用于案例教学和研究生学习讨论的 MPA 案例教室、学习讨论室和无领导小组讨论模拟室。学院还设有专供 MPA 学员使用的学术报告厅、图书资料室、自习室等，无线网络全天开放，以满足 MPA 研究生学习、研究的资料需求。

（二）导师队伍结构合理，运转高效

自专业设立以来，MPA 中心按照宽口径、严要求精心选拔导师组。要求导师必须具有副高以上职称且近年有较丰富的科研成果，同时 40 岁以下的导师必须具有博士学位，每年聘请导师 5–10 人。目前，本专业现有校内学术型导师 37 人，其中教授 21 人、副教授 15 人；具有博士学位的导师 31 人，占导师总数的 83.8%，职称、学历结构非常合理。另外，MPA 中心还聘请校外兼职导师 10 余名，校外实践导师 20 余名，已形成一支结构合理、专兼结合的 MPA 导师队伍。

在导师管理方面，导师组每年至少开一次全体会议，就导师双选、学生培养要求、优秀导师经验分享等方面进行研讨，提升认识，同时通过建立导师 QQ 群和微信群加强导师之间的交流与沟通。另一方面，定期不定期地组织导师或任课教师参加全国 MPA 教指委及其相关部门组织的各类教学培训、管理培训、学术研讨、课外竞赛等活动，以提升教师的科研水平、管理能力和综合素质。目前，参加教学（案例）培训 32 人次，参加学术研讨会 35 人次，参加各类竞赛 13 人次。

（三）教学形式多样，教学实践稳步推进

教学质量是 MPA 教育的“根”和“魂”。在 MPA 的教学中，强调课堂教学与课外教学的结合，强调理论教学与实践教学的渗透。

在课堂教学中，所开设的所有 MPA 课程均采用多媒体教学；绝大部分课程采用案例

理论指导实践，用以解决现实问题。攻读 MPA，不仅让我探寻到公共管理的理论宝库，也让我在工作中有了更加宽阔的视野思路和更充足的信心迎接挑战。

——李高龙（南京大学 2019 级 MPA，江苏出入境边防检查总站）

教学；一些课程采取无领导小组讨论形式；有的课程将公务员结构化面试、讨论、辩论等融入课堂教学；还有的课程邀请国内知名学者来做专题讲座，既丰富了课堂教学的形式，也提高了学生学习的积极性，效果非常好，很受学生的欢迎。近年来，MPA 学生的专业课成绩均在 80 分以上。

在实践教学方面，MPA 培养方案要求研究生在毕业前完成为期三个月的社会实践，并撰写不低于 6000 字的实践报告，列入培养环节，完成者获 2 学分。由于 MPA 生源主体为公共部门的在职人员，具有一定的实际工作经验，为了提升实践效果，鼓励他们前往不同类型、不同行业的实践基地实习、调研，丰富实践知识和技能。除 MPA 研究生在导师的指导下完成的以个体为主的社会实践活动外，学校每年组织 MPA 研究生群体参加调研、考察活动。此外，户外素质拓展训练是我校 MPA 的特色项目，每届学生定期组织两次。素质拓展寓挑战自我和熔炼团队于一身，以运动为依托，以培训为方式，以感悟为目的，有利于培养学生乐观的心态和坚强的意志，提高沟通交流的主动性和技巧性，树立相互配合、相互支持的团队精神，极大增强合作意识，从而达到提高学生心理素质的目的。

（四）加强教学管理，教学过程井然有序

第一，MPA 的教学计划严格执行全国 MPA 教指委的相关文件规定，培养方案完全按照教指委发布的《公共管理硕士全日制专业学位研究生培养方案》来制定，得到全国 MPA 教指委的充分肯定。在教材选用上，大部分课程选用由教指委组织编写、中国人民大学出版社出版的系列 MPA 教材，同时由任课教师推荐其他高校编写出版的相关教材作为学习参考。

第二，新生入学时，给每位学生发一本《江苏师范大学 MPA 研究生培养个人备忘录》，要求学生认真填写研究期间的相关活动，如课程成绩、学术论文、社会实践、学术讲座、师生联系等，以此作为参加论文答辩的基本条件。

第三，MPA 中心为每个班级配备一名班主任。除进行班级日常管理外，要求班主任在每门课开始时进行考勤。六年来，MPA 每门课程的出勤率均保证在 95% 以上，大大超

诚意正心，知行合一。

——沈雷彦（南京大学 2020 级 MPA，南栖仙策（南京）科技有限公司）

过全国 MPA 教育的平均出勤率。

第四，对于必修课和选修课，MPA 中心均要求任课教师严格按照研究生院的要求，填写试卷审核表，由学科带头人或分管院长签字，做好试卷印制和保密工作，最后安排监考老师监考。试卷回收后装订成册，以便查阅。

第五，在培养方案中还有两个重要的环节：撰写读书笔记、听学术讲座。学校要求所有 MPA 学生撰写不少于 10 篇、每篇不少于 1500 字的读书笔记；要求学生在校期间聆听不少于 5 次的学术报告，并做好记录。

第六，为确保 MPA 教学质量，MPA 教育中心制定了《江苏师范大学 MPA 教师教学评价表》，在每门课程结束以后统一向 MPA 研究生发放和回收，由专人进行统计，并将评价结果向任课教师反馈，以保证教学质量的提升。

（五）招生管理有条不紊，学生管理有序推进

MPA 教育中心十分重视招生工作，采取了多项措施确保招生质量。在早期宣传中，我们通过发放纸质版招生简章（5000 份 / 年）、到相关单位做现场宣传、建立 QQ 备考群、微信朋友圈广泛传播、官网宣传以及通过在校学生宣传等方式，加大宣传力度，效果较好，每年的报考人数都在 300 人以上。在录取过程中严格按照教育部所规定的政策和学校的实施方案执行，做到了公平、公正、公开，录取结果在学院网站和 MPA 教育中心网站上公示。复试中的笔试侧重考查学生的实践水平、公共管理能力和时事分析能力。复试的笔试试卷、答卷、面试评分表等材料均按规定存档。

在学生管理方面，制定了相关的管理文件，增强了管理的规范性，也调动了学生的积极性。一是鼓励学生发表论文，进行科研创新，2015 级学生公开发表论文 13 篇，2016 级学生公开发表论文 7 篇。二是定期举办专家讲座，开辟“名家系列论坛”，拓宽学生的理论视野，目前已举办讲座 29 期。三是组织学生参加省内外的学术活动、各种比赛，取得了相当好的成绩，如 11 位同学参加了江苏省第五届、第六届、第七届和第八届 MPA 论坛并做了发言和交流；申报全国研究生公共管理案例大赛 43 项，其中一项获得全国 100 强（三等奖），一项获得优秀奖；参加“创青春”全国大学生创业大赛获得金奖；

一身正气两袖清风，星辰作伴南农同行。高水平管医食住行，高质量理千头万绪。

——焦湘凌（南京农业大学 2010 级 MPA，南京市纪委监委清风园管理中心）

组织20余名学生参加全国教指委组织的第二届、第三届全国MPA研究生羽毛球比赛等。

江苏师范大学MPA教育的初步经验

经过6年多的建设和发展，江苏师范大学MPA教育逐渐形成了自身的特色，也积累了一定的经验，主要包括：

第一，聘请教指委委员进行工作指导是一项基础性工作。借邀请讲学、考察学习及外出开会之机，多方与教指委委员取得联系，从而邀请教指委委员来校进行学术讲座和现场指导。目前，我们邀请的全国教指委委员10余位。

第二，加强招生宣传是前提。生源质量是影响培养效果的重要因素。要通过多种途径和方式加大宣传力度，保证生源质量。今后，学校还将在此方面努力，争取与相关单位取得联系，建立订单式培养模式。

第三，精心选拔导师组是基础和保障。导师的素质和水平决定了教学质量和培养学生的效果。要严把导师入选关口，同时要加强导师的培养、培训和管理，不断提升导师的科研水平和综合素质。

第四，推进教学创新和教学管理是关键。MPA学生都是有3年以上工作经验的机关干部，他们实践经验丰富，理论知识缺乏，但单纯的理论知识他们又难以接受，因此要加强教学创新，改进教学模式，理论联系实际。同时，作为非全日制的定向生，MPA学生一边工作一边学习，这给教学管理带来一定的难度，因此刚柔相济、宽严并施，坚持原则性和灵活性相结合的教学管理模式，就显得尤为重要和必要。

“多追求自己的个人实现，少追求需要别人肯定的成就感。”“修合无人见，存心有天知。”“时间和沉淀都是公允的。”

——杜正琛（南京农业大学2010级MPA，山东省临沂市兰山区方城镇人民政府）

以质量保障为导向的精细化管理

——非全日制 MPA 研究生培养工作总结

江苏师范大学公共管理与社会学院教授、副院长 祝天智

江苏师范大学 MPA 教育中心秘书 胡向东

2020 年 5 月 10 日，经过严格的预答辩、匿名送审和答辩等环节，2017 级 49 名 MPA 研究生通过了毕业答辩，成为首届 MPA 非全日制毕业研究生。

2017 年至 2019 年，哲学与公共管理学院共招收非全日制 MPA 研究生 189 人，占学院研究生总数的 70%。非全日制研究生不享有学校奖学金，不提供住宿，由于全部是在职研究生工作日需要上班，只能安排在周末上课，管理难度加大。为了确保 MPA 非全日制研究生的教学质量，不断提高 MPA 教育培养水平，尤其 2018 年通过 MPA 专项评估后，在研究生院的指导和支持下，学院坚持质量优先的原则，以比全日制研究生更加严格的过程管理和更加细致周到的服务，从各个环节夯实对 MPA 研究生的培养和管理，构建了比较完备的制度体系，确保了 MPA 研究生培养规范化，确保了 MPA 研究生的培养质量。

以质量保障为导向加强顶层设计

第一，确保 MPA 研究生培养质量始终是学院和 MPA 导师组的共识。针对 MPA 研究生的特点，学院和 MPA 导师组始终瞄准影响研究生培养质量的各方面因素和各个环节，加强顶层设计。重点抓了以下几个方面：制定科学的人才培养方案。导师组严格遵守全国 MPA 教指委和学校的相关文件精神，突出高层次应用型公共管理人才培养的要求，在

读研有梦曾难圆，继续求学留心间，有幸南农梦实现，难忘师恩驻心田。虽已毕业离校园，人生山迢且路远，学无止境永向前！

——徐德宝（南京农业大学 2014 级 MPA，安徽省黄山市自然资源和规划局）

课程设计方面，重点加强应用能力培养的课程，开设了诸如领导理论与实践、公文写作、公共危机管理、公共财政学等与 MPA 研究生职业能力培养和提升密切相关的课程。更重要的是，在每门课程的内容设计上，导师组要求授课内容必须突出能力培养，密切结合研究生工作实际。在教学方法的要求方面，突出案例教学，要求所有适合使用案例教学的课程，必须开展案例教学。

第二，构建精细化的毕业论文质量保障和监控体系。毕业论文是人才培养质量的重要体现方式。为确保毕业论文质量，MPA 导师组构建了比较完整和比较严密的论文质量保障体系。一是论文题目的审核制度，从第二学期一开始，就预通知研究生在第二学期末提交毕业论文选题，经导师同意后提交导师组，再由导师组进行匿名审核，确保题目的科学性和可行性。二是双匿名开题和双匿名审核制度。开题报告不允许出现导师和学生信息，由开题专家完全按照开题报告质量和开题答辩情况决定是否通过。开题结论分为三类：一类是直接通过；二类是重大修改后经双匿名审核决定是否通过；三类是不通过，需要参加下次开题。三是预答辩的双匿名和严格淘汰制度。与开题一样，预答辩也是在导师回避前提下双匿名进行，即学生不允许透露自己和导师信息，学生也事先不知道预答辩专家的任何信息。预答辩结果也是分三类，即少数直接通过，多数经修改后双匿名审核决定，部分直接不通过。凡是不符合要求的论文，一律不进入查重、送审环节。2017 级的非全日制 MPA 研究生参加预答辩人数为 69 人，预答辩通过人数为 51 人，淘汰 18 人。四是严格的论文答辩和淘汰制度。对送审分数较低和其他论文质量存在瑕疵的研究生，通过答辩进行淘汰。2017 级参加答辩人数为 52 人，通过 49 人，淘汰 3 人。

第三，以公共管理能力提升为核心的案例教学体系。MPA 导师组已探索形成以案例教学为中心的人才培养模式。该模式的思路：由研究生和导师全员参与开发案例以培养学生发现问题的能力；通过用原创性案例进行教学培养学生分析问题能力；通过广泛参加的案例大赛和案例入库提高研究生解决问题的能力；研究生毕业论文全部围绕公共管理现实案例进行以切实解决公共管理的现实问题。该人才培养模式已获校研究生教学成果一等奖。

风过无痕，湖面上却留下涟漪；曲过无痕，思绪上却留下回忆。南京农业大学 MPA 三年学习，让我带着期望而来，载着收获而归，给我们植入了南农 MPA 的理念和情怀，也为我们今后的工作道路指明了方向，感恩、感激南京农业大学！

——刘宇昊（南京农业大学 2015 级 MPA，江苏省监狱管理局）

以精细化为目标强化过程管理

细节决定成败，MPA 研究生的培养质量在很大程度上取决于培养和管理过程。针对 MPA 非全日制研究生不在校住宿的特点，学院和 MPA 教育中心坚持以精细化管理为目标，制定并执行了比较严密的规章制度，确保每个教学环节的规范细致。

第一，在认真执行教学管理规范的基础上，制定并执行了系列管理制度。一方面，MPA 培养严格执行《江苏师范大学关于全面深化研究生教育改革提高研究生培养质量的意见》《江苏师范大学研究生学籍管理实施细则（2017 年修订）》等文件的同时，制定了《江苏师范大学公共管理硕士（MPA）课程教学管理规定》《江苏师范大学 MPA 研究生考试管理办法》《哲学与公共管理学院案例开发与案例教学管理办法》等文件，使管理工作有章可循。

第二，严格课堂考勤，采取任课教师和 MPA 办公室双考勤制度，对缺勤的学生进行课程重修。每次上课，由任课老师和 MPA 办公室随机进行两次考勤，任何一次考勤不到，认定为缺课，凡缺课超过 30% 的学生，或者请假超过 50% 的同学，不允许参加考试，必须跟下一级学生重修。截至目前，2017 级共有 33 人次进行了课程重修，2018 级共有 46 人次进行了课程重修，2019 级需要进行课程重修的人数为 11 人。通过严格的考勤管理，充分保障了课堂教学质量。

第三，针对非全日制研究生的精细化论文管理。非全日制研究生的特点是平时工作忙，不住校导师联系不方便。针对这种特点，MPA 中心采取了预通知和倒计时管理方法，通过不断催促和提醒，督促每位研究生按时完成相关的培养环节。具体而言，对研究生的选题早布置，在开学典礼上，就把研究生选题时间预布置给研究生，要求其从第二学期开始，与导师商量和确定毕业论文选题，并在第二学期结束之前向 MPA 中心提交选题。从第二学期第一次上课，发布交毕业论文选题的预通知。在离正式提交两个月和一个月的时候，分别再发一次倒计时通知。同样，对于毕业论文开题、中期检查、预答辩和答辩，都是提前一个学期开始发预通知，在倒数两个月和一个月的时候，再发倒计时通知。

2016 年我有幸再次踏入校园进行学术研习，感受大学之大，与优秀的灵魂尽情交流碰撞，受益良多，每每想起即感叹实乃人生的一大幸事！关于未来、MPA，有你有我也有他！

——郭贵宾（南京农业大学 2016 级 MPA，新疆建设兵团社会保险事业管理局）

通过这样的办法，给研究生以时间上的紧迫感，保障各个环节能够顺利进行。

第四，加强对课程教学的考核。为确保课堂教学的质量，学院建立了对课堂教学的监控和考核机制，每次上完课之后，由学生对课堂教学进行打分，确保学院能够及时准确了解课堂教学的质量状况。同时，针对教师在上课中存在的问题，由导师组及时与上课教师沟通，及时改进。

第五，规范档案管理。在每学期开学的第一周，逐个老师催交上学期考核材料，及时进行归档，在研究生院对教学档案的督查中，MPA 研究生抽查课程试卷两次均获得高分。同时，对各培养环节的档案材料，及时进行整理归档。

充分发挥导师及导师组的作用确保培养质量

第一，强化校内外导师的指导责任。导师负责制要求 MPA 导师对 MPA 研究生培养质量负全面责任。学院严格按照《江苏师范大学研究生指导教师遴选认定工作实施细则（2016 年修订）》《江苏师范大学研究生指导教师岗位管理办法（试行）》《江苏师范大学 MPA 研究生导师工作规则》《江苏师范大学研究生导师组及导师组组长岗位管理办法（试行）》《江苏师范大学 2017 版导师手册》《江苏师范大学全面落实研究生导师立德树人职责实施意见》等文件，做好导师遴选和导师日常管理工作，现有校内 MPA 导师 37 人。同时，在校内课程学习和论文写作的过程中，充分发挥校内导师的指导作用，通过论文题目审查、开题报告审查、中期检查、论文预答辩、送审同意签字等环节的检查，夯实校内导师责任。在校外开展案例调查、社会调查、社会实践等环节，充分发挥校外导师的作用。

第二，充分发挥导师组集体指导的作用。全面负责，在学生论文的选题、写作、审查等各环节负起责任。一是通过定期召开导师座谈会和研讨会，就 MPA 课程教学、案例开发、案例教学、论文指导等环节进行分析、研讨。近五年来，基本按照每学期进行一次研讨的频率召开导师组会议。二是对研究生的毕业论文题目、开题报告、论文预答辩稿进行审核把关。尤其是对在开题、预答辩和答辩过程中存在争议的学生，通过双匿名

选择是一种明悟，让我们彼此不约而来；征途是星辰大海，几多壮阔、激情澎湃、永不言弃；不要怀疑和等待，也不去想是否能够成功，记住来时的路，只管走过去，一路上的鲜花自会绽放。

——王义峰（南京农业大学 2016 级 MPA，南京市六合区工业和信息化局）

的审核方式，确保论文质量能够符合要求。由导师组在学校论文写作规范的基础上，制定 MPA 开题报告和论文写作的规范，并提供范本，供研究生和研究生导师参考。

扎实开展实践教学突出特色亮点

第一，开展丰富多样的社会实践。MPA 的实践教学活动主要分四类：第一类是户外拓展活动。自 2015 级开始，每个年级在校期间共开展两次户外拓展活动，其中一次由学院资助，另一次由班级用班费支出。第二类是社会调查活动。MPA 研究生充分发挥多数同学在政府机关和大型企事业单位工作且不少学生是单位领导的优势，每年至少组织一次社会调查活动。分别在徐工集团、邳州戴庄镇、邢楼镇、徐州市卫健委、泉山区政府办、泉山区政法委等多地建立了相对固定的社会调查基地，开展社会调查近 10 次。第三类是各自在工作单位进行的社会实践活动。按照人才培养方案的规定，每位研究生要进行不少于半年的社会实践，并提交社会实践报告。第四类是全国教指委组织的文体活动。共参加全国教指委举办的全国 MPA 研究生羽毛球比赛两届，获二等奖 1 项。

第二，案例开发和案例大赛实践教学。根据 2019 年制定的新的人才培养方案的规定，所有 MPA 研究生需要提交一篇不少于 8000 字的公共管理案例报告。而且鼓励所有研究生参加各层次的案例大赛。自 2015 年以来，MPA 研究生所提交的案例超过 100 篇，其中超过 20 篇经导师与研究生修改提升以后，进入本校的公共管理教学案例库，4 篇入选全国专业学位教学案例中心案例库。在全国公共管理专业硕士教育指导委员会举办的三届全国研究生公共管理案例大赛中，共有 21 支队伍参赛，其中获三等奖 1 项，优秀奖 1 项。

第三，丰富的学术实践教学。主要包括：一是为 MPA 研究生提供高质量的学术报告。近三年来，MPA 教育中心邀请了全国教指委副秘书长、中国人民大学杨宏山教授，全国教指委委员、复旦大学竺乾威教授，全国教指委委员、中央民族大学李俊清教授，全国教指委委员、南京农业大学石晓平教授，全国教指委委员、吉林大学马宝斌教授，苏州大学沈荣华教授、南京大学周建国教授、湘潭大学杨安华教授、河海大学黄涛珍教授等多名全国知名专家 20 余人来校做学术报告，并邀请校外导师、徐州公安局副局长王跃，

校园内广博的知识、有趣的灵魂在碰撞，教室里师生情、同学谊在构筑，短暂而充实的南农时光，在人生路上熠熠生辉！

——孙 琼（南京农业大学 2016 级 MPA，南京市浦口区邮政分公司）

睢宁姚集镇党委书记卜青青等地方领导，为 MPA 研究生做实践类专题报告。二是组织学生参加每年的江苏 MPA 论坛。江苏 MPA 论坛已举办 9 届，我校研究生自 2015 年以来每年都参加，并有学生获奖。今年我校将承办第十届江苏 MPA 论坛。

特色化的服务工作

第一，以网络化为主的服务渠道。MPA 教育中心办公室牢记以服务教学为宗旨，以研究生管理信息系统为重点，以 MPA 导师群、联谊群、班级微信群、QQ 群为沟通联系。除了每次提前通知上课、提交材料、开题、预答辩和答辩之外，每次研究生从外地来校过程中，都特别提醒徐州的天气情况，尤其是遇到大雾、暴雨、结冰等恶劣天气的时候，都会提前提醒研究生格外注意。对徐州因马拉松比赛等各种原因而封路或者造成交通拥堵的情况，也会提前通过微信群告知研究生避开，为研究生提供贴心服务。

第二，针对 MPA 研究生不住校的特点，MPA 教育中心办公室主动与网络中心协调，为每位研究生开通了校外 VPN 账号，使研究生在校外就可以使用我校图书馆的中外文数据库，为研究生开展学术研究提供坚强保障。

总之，哲学与公共管理学院和 MPA 教育中心始终坚持以提高培养质量为中心，坚持与全日制研究生同等严格的培养标准、比全日制研究生更精细的培养过程，规范 MPA 研究生的每一个培养环节，既确保了 MPA 研究生的培养质量，又凸显了 MPA 研究生的特色与亮点。

最美年华入学 MPA，最美季节遇见南农，三年来充实、忙碌、受益，让我今后每一步行得更稳。

——王洋洋（南京农业大学 2016 级 MPA，中共南京市委组织部）

给我一双慧眼

河海大学公共管理学院 MPA 导师　沈晓静

至今，我共有 16 位 MPA 的学生。

每年的 9 月，在期盼中迎来他们中的几位，经年 6 月，又在喜悦中送几个毕业。这期间从陌生到熟悉，从师生到朋友，过去的点点滴滴有些或许淡忘，但记忆的深处永远留着他们每个人最富个性的剪影。

2014 级的小 C 和小 Z.，因为是首届，印象深。

小 C 是宁波人，白净美丽，活泼话多。每次见面，听她巴拉巴拉……，很多想法，一个个细细说来，往往不等评价，又一个个自我否定，面露难色。跟她讨论，常常已确认的内容，转眼又好多疑问，好多顾虑。我为她的举棋不定着急，但听她用软软的宁波普通话颠来倒去地说，倒也不烦。她最大的优点是一有想法就主动联系我，面见、电话、语音，讨论得透透彻彻，虽然过后不久还会换个新的想法重来一遍。就这样，开题报告反反复复 5 稿，初稿 12 稿，定稿后又修改两稿。终于结稿提交。她的孩子很小，有一阵子还带着未断奶的孩子一起来南京上课，她喜欢吃肯德鸡麦当劳，常常下午下课回家前把没吃完的一盒土豆泥或一杯可乐送到我手上。

小 Z 家在南京，说话简明利索，板板正正。论文从选题到最后定稿，核心内容和想法从没有游移过。虽然同在南京，我们却很少见面，私聊论文好像只见了 4 次吧。开题期间见了两面，改了两稿，就有了一份四平八稳的开题报告。她很少主动联系我，开题后大半年一直没有音讯，我以为她准备延期了，电话她时，她说要正常毕业，于是开动赶工，

盛夏毕业季，离开荷花盛开、浓香四溢的校园，心中只有不舍。还记得学院赠予的那张没有返程的“毕业车票”，还有那瓶印着我名字、祝福我前程似锦的可口可乐。人生悄悄迈上一个台阶，抬眼一望，那是自由的方向。

——王京琼（南京农业大学 2017 级 MPA，江苏省盐南高新区黄海街道纪工委）

都是网上联系。年底，临预答辩，忽然跟我说要面谈一下，那是一个冬日的黄昏，我在办公室等她，推门一见，呀，我眼前是一个即将临产的孕妇，她蹒跚着坐到我桌前，陪她来的丈夫小心翼翼地守在一边，她说还是来面谈一下才踏实，她的预产期正好在预答辩和答辩的时间中段，可以三不误。弈年，她准时参加了答辩并顺利通过，告别时问她产前和月子里修改论文的辛苦，她笑了笑说："还好"。

2016 级的小 H 也是宁波人，文文静静的乖乖女，说起话来轻飘飘，慢悠悠的，做事不急不忙。她以前学的会计专业，现在城管部门工作。第一次见面，非常认真地跟我说她以前没正规地写过学术论文，底子不好。我当作她的谦词，直到选题时，才知她的困难真的不小。论题的价值和范围的确定、资料的获取、研究方法的选择、均不得要领，所有一切不知从何下手。每次交流，她告诉我自己的工作内容，可能获得的资料，她的体会，然后我揣摩着给拟个题，找些相关的资料让她看，然后试着让她拟个思路。然而，一到涉及研究的主体内容，必卡壳，理不出观点和框架。就这样试一个否一个，眼看没时间了，最后我跟她说，就这个题吧，她也就同意了。之后，那叫一个煎熬和折磨，常常为一个观点，一个上下文的逻辑，一个案例的陈述，作 N 次修改。第一次中期检查没赶上，我想她一定要延期了，可她有自己的节奏，时不时微信发来一章或一节，然后我们讨论。初稿形成后，又反复 N 次修改，终于可以参加第二批答辩了。答辩那天，她要求第一个，我感叹弱弱的她这么自信。事后我才知道，她有先兆流产症状，家人用车送她，从宁波躺着过来，希望早点答辩完赶紧躺回去。领毕业证的那个下午，她来我办公室告别，深深地鞠躬感谢，我赶忙阻止：小心孩子！她脸上略过一丝不易察觉的忧伤，说，没留住，不过我还年轻呢……

2015 级的小 Y 是 16 个学生中的第一个男生，在 M 市政府做政务新媒体。说起话来就象是汇报工作，件件桩桩，分条列项，老干部似的，跟他那张娃娃脸很不相称。开题以后，他被派到下面的乡村挂职，有时几周都没时间回家。他约面谈论文的时间，一般都是中午 12 点至 2 点间，来去匆匆。中期检查时凭着开题的底子过了关，之后几乎失联。直到通知预答辩时，给我发来一稿，相比中期也没增加什么内容。那天约他面聊，人瘦了一

庚子年，梦圆南农。回首三年求学路，感悟诚朴勤仁，恪守学思践悟，在奋斗励学之路上，扎实的理论、科学的方法、踏实的态度、正直的品格，凝聚成永不熄灭的心灯，指引前行的方向。阳光明媚或是雨雪初霁，我心归处，是南农。

——刘　畅（南京农业大学 2017 级 MPA，江苏省残联）

大圈，我说，不行就延期吧。他说，后面会更忙，一拖，说不定就拖没了，还是按期完成吧。我不想打击他，但心里是做好他延期的准备了。令我没想到的是，半个多月的时间，他竟然交来了近 6 万字的初稿，观点明晰，结构合理，语言流畅，除了格式上有点瑕疵，几乎完美，而那张娃娃脸却尖成了杏仁脸。答辩结束时，他高兴的孩子似的来报喜，说他的论文被专家推荐参评优秀论文，我心里着实为他骄傲。今年 6 月，他忽然微信我，让我给写一封推荐信，他被单位选拔，要去中央党校读博士了。

纸短话长，故事不能一一罗列。

在与每一个 MPA 学生的接触中，我时时被他们感动，被他们刷新眼界。在我的眼里，这些不成熟的 80 后，90 后，事实上早已默默地扛起了社会的责任，有的已俨然成长为我们国家建设的中坚力量。他们身上，中华民族务实、进取，耐劳、奉献的精神，一点儿也不少。他们把中国社会发展中方方面面的现状与问题，作为自己的研究课题带入高校的象牙塔，给日益固守一端的我打开一扇窗。他们给我一双慧眼，让我把今日中国的图景看得清清楚楚，明明白白，真真切切。

与有肝胆人共事，从无字句处读书，从 MPA 学习中认识了一群良师益友，获益匪浅。

——赵　晶（南京农业大学 2017 级 MPA，浙江省绍兴市上虞区人民检察院）

我与 MPA 的六年结缘

河海大学公共管理学院 MPA 导师　李　智

自 2014 年成为 MPA 指导教师以来，我与 MPA 已经结缘六年。回想这六年时光，既有指导过程中的诚惶诚恐，也有小有收获后的喜悦开心，两种心情相互交织，伴随左右。

一方面，诚惶诚恐常相伴。众所周知，MPA 学生来源多样化，既有行政事业单位人员，也有工商企业人士；既有基层工作人员，也有行业管理人员。对于我而言，指导这些不同背景的学生完成一篇数万字的学位论文并顺利毕业的确是一个挑战。而要完成此挑战，首先得确立一个好的论文选题。按照通常做法，MPA 学生一般结合自身工作来确定论文选题。而当学生所从事的具体工作较为陌生时，要判断此选题是否符合专业要求，是否具有一定的创新性，具有一定的难度。记得有一次，当学生提出一个选题后，我按照已有认识很不客气地加以否定，认为此选题并不是公共管理的选题。然而在学生的耐心解释后，我发现自己犯了经验主义的错误，此选题不仅符合公共管理的专业要求，还是一个新兴问题，如认真地做，会成为一篇不错的学位论文。我对原来的蛮横态度深感惭愧，也更加深刻地认识到：对于 MPA 的论文指导应该怀有谦卑之心，不可狂妄自负。在学生提出选题看法后，在不能明确把握下，应再三斟酌，需阅读相关硕博士学位论文，了解目前已有研究，以帮助确定此选题是否可以做、如何去做。在学生论文写作过程中，应认真倾听学生的写作思路与想法，而不是自以为是地随意加以否定。在论文开题、中期检查、预答辩、答辩等环节中也应虚心听取各位老师对于论文在选题、结构、逻辑、学术规范等方面意见，集思广益，以弥补自己在指导过程中可能存在的疏忽。总之，在

在南农 MPA 学习的三年，“诚朴勤仁”必将融入心中，带着“尚德为公，知行合一”的理想，将公民责任感扛在肩上，砥砺前行。

——王　怡（南京农业大学 2017 级 MPA，浙江省新昌县市场监督管理局）

论文指导过程中，诚惶诚恐之心常常伴随我，提醒我认真地去对待 MPA 学位论文的各个环节。

另一方面，喜悦开心总跟随。这种喜悦开心，首先来自获得新知。由于 MPA 学员来自各行各业，在与他们沟通交流过程中，我也受益颇多，对中国社会现状、对中国政府的实际运行等有了更多的认识与了解。我更加体会到社区工作的烦琐与艰辛，也获悉许多政策的宏观运行效果及其缺陷。我既了解某市如何应对中美贸易摩擦，也对各地政府运用新技术、采取新举措有了更多认识。喜悦还来自学生的顺利通关。MPA 培养过程设置了论文开题、中期检查、预答辩、正式答辩、毕业后抽检等各个环节。为顺利毕业，学生需要过五关，斩六将。而当学生每顺利通过一道关卡时，我为学生的过关感到开心与喜悦。曾记得，我所指导的一名学生的毕业论文被抽检。尽管对其论文通过抽检颇有信心，但我还是有些担心，担心其论文被枪毙，学生三年的努力可能会付诸东流。在获知其论文顺利通过抽检后，我第一时间与学生分享此好消息，为其通过抽检这一终极关卡感到开心与激动。此外，喜悦心情还来自自己的工作获得学生的肯定。众所周知，MPA 学生在校学习只是定期集中进行，导师与学生之间的交流相对较少。欣慰的是，自己的付出能够获得学生的肯定。每逢教师节，我会收到 MPA 学生的节日祝福微信或短信。我也曾收到毕业学生寄来的感谢小礼物。不管是短信还是礼物，都是学生对我的指导的认可。我也为这种肯定而感到开心。

我与 MPA 已经结缘六年，相信此后还会有更多的六年。我也相信，这两种心情也将会持续相伴着我，诚惶诚恐鞭策我认真对待 MPA 各项工作，喜悦开心则让我体会到作为教师的成就感。

学习、提升、成长。在积累中沉淀，在反思中前行，在坚持中绽放，积土而为山，积水而为海，走专业化之路。

——潘　虹（南京农业大学 2018 级 MPA，中共浙江省绍兴市柯桥区委老干部局）

农民工

南京财经大学MPA教育中心办公室主任、辅导员　巩世广

他们挎上背包告别家人挤上火车
走向那不属于他们的城市去卖命
闪烁的霓虹灯下
他们像流浪飘荡的幽灵
他们的呆滞目光　他们的默默无声
他们机械的劳作　他们把身子拉成不能再满的弓
他们一点一点地把一栋大楼弄好后
又各奔西东
他们建设了无数温馨的家园啊
贴着他们脊背的却是驱不走的水泥板的冰冷
父母妻儿都在日日夜夜念着他们啊
却不知他们究竟是舍不得还是来不及
去捉一个完整的、温馨的、念家的梦

在火车站前的冷地上横七竖八地躺着的
是他们啊　我贪睡不醒的民工
在烈日的烘烤下推车狂奔的

心里有热，眼里有光，MPA学子在知识海洋乘风破浪。

——沈丹阳（南京农业大学2018级MPA，浙江省绍兴市财政局）

是他们啊　我苦练神功的民工
看着星星上工又看着月亮收工的
是他们啊　我走火入魔的民工
总被别人鄙弃总被别人怀疑偷东西的
是他们啊　我温顺无奈的民工

他们善良、淳朴、刻苦、耐劳、与世无争
他们奉献着汗水、青春、眼泪、伤残甚至生命啊
他们加起来才是真正的伟大啊
他们也应该是历史的英雄
请不要再嘲笑和鄙视他们了呀
已经够他们受的了
他们那肉体苦难的一生
请爱护尊重和关怀他们吧
不用说是出于什么道义
只要是出于人善良的本性

四季循环，来来往往。是故事青涩的开始，也是故事遗憾的结局。无法触摸的时光已经过去，那么只好在未来的日子里，一次次追逐，梦想的世界。

——陆君权（南京农业大学 2018 级 MPA，浙江省绍兴市越城区政协）

TWO

随记公管事
共续公管缘

SUI JI GONG GUAN SHI
GONG XU GONG GUAN YUAN

MPA |

特别约稿

又见木棉花开

中山大学 2003 级 MPA　曹柏生

木棉花又被称作“英雄花”，象征一种不屈的气节和品格，每次回到中山大学的校园，看到那些高傲伸向蓝天的熟悉树木身影，我都会忆起那段难忘的 MPA 学习岁月，一转眼就 20 周年了，也倍加珍惜这段来之不易的 MPA 情缘。

记得十年前，朱立言教授给我打电话向我特别约稿，专门为 MPA10 周年写点什么，我当时就提笔写了回忆文章《木棉花开的季节》。朱老师说文章很好，全文照发。

文章回忆了我在中山大学学习生活的经历：在这里碰到了很多的良师益友，如夏老（夏书章教授），郭巍青、肖滨等老师，他们既教会了我们如何为学，更教会了我们如何为人。在这里我们有机会跟世界一流的大师对话，如吉登斯、奥斯特洛姆等，提升了我们的见识与格局。学校提供了很好的学习环境，如图书馆也同等对我们开放。还有机会参与第二课堂的活动、社会调研等。同时给我们提供交流平台，如参加全国 MPA 研究生论坛活动，与全国的 MPA 建立良好的沟通交流机制。

MPA 的学习给我们提供了发展的平台，提升了我们的综合素质，也锻炼了我们的实践能力，同时也增加了我们身上的公共意识、公共责任与公共精神。我们明白了国家治理需要政府提供更好的公共产品与更优质的公共服务，即公共支出最小化，公共服务最大化！也就是我们通常所说的“为人民服务”。

人们常说：理论要结合实际，要学以致用，即用于实践。我们如何学得好、用得上？需要结合“实际”在“用”上面下功夫，需要“洋为中用，古为今用”！

校园，心里深处的一方净土！相识于陌生之时，分开在熟悉之后，期间的经历让我在今后的工作中变得从容，感恩各位！

——朱继飞（东南大学 2014 级 MPA，江苏高淳经济开发区开发集团有限公司）

这 20 年，MPA 们谈梦想，谈未来，谈对这个国家的责任。20 年前，我们还是懵懂的少年；现在的同学，基本上都是国家的中坚力量。各级领导干部都有，各类精英人才都有：原阿里巴巴副总裁、大数据专家涂子沛，中国维和第一人张振贵等。MPA 研究生们最重要的就是结合自己的岗位实际，吃透基本国情，特别是要结合中国实际的特点。在新时代，尤其是党的十八大以后，明确了中国特色社会主义道路以及道路自信、理论自信、制度自信、文化自信等问题，习近平总书记所讲的“两个一百年”，全面建成小康社会、全面深化改革、全面依法治国、全面从严治党等，都在我们的工作实践里得到了反映。《习近平谈治国理政》（第一卷、第二卷、第三卷）、《习近平讲故事》等已出版，所以 MPA 研究生们要结合理论联系实际，把习近平新时代中国特色社会主义思想在我们工作中得到体现和运用。

“洋为中用”“古为今用”，有中国特色。推进国家治理体系和治理能力的现代化，中国的 MPA 研究生在各自的岗位上推动着国家治理能力的提升、国家的进步与发展。如“三公支出”改革、大部制改革、部队改革、违建土地整改等等，这些难啃的硬骨头，都大刀阔斧地进行着，国家正向“公共支出最小化，公共福利最大化”的高效政府目标迈进，他们正在用学习到的公共知识与公共理念，改变着中国的未来。

人在历史的长河中都是沧海一粟，但人可以选择不同的《活法》。臧克家说：有的人活着，他已经死了；有的人死了，他还活着！人活着的意义与价值到底是什么？稻盛和夫的书《活法》里面有一个观点：当你离开这个世界的时候，你的灵魂要比出生时更加的纯洁、高贵。也就是说，我们活着要做更加有价值的事，影响与帮助到更多的人。在哲学中，人有物理时空与价值时空。人的价值时空在未来。如邓小平的物理时空已不存在了，但是他的价值时空仍在，他的改革开放政策至今仍然影响着我们的生活。我在工作了 23 年、做了 20 年的中学校长后，义无反顾地辞去了校长的公职，很多人不理解，为什么校长做得好好的要离开？因为我立志要影响更多的校长、教师、家长与学生！还是《活法》那句话：做更有价值的事情，影响更多的人！

记得我们毕业典礼的时候，夏老引用了孙中山先生的话：“立志为大事，而非为大官。”

东大三年求学，遇见明师益友，收获学识修养，校训“止于至善”始终指引我成长，在通往至善的道路上，不断完善自我。

——余　江（东南大学 2014 级 MPA，中国交建）

如何为大事？刚开始的时候，我一直以为做大官就是为大事。其实并不是，做大官却还在做坏事的人有，在其位不谋其政的人也有。突然想起海兄的教导：走上 MPA 学习与实践的过程，我总的感觉像是踏上了一条朝圣的路，经历着心灵的震撼与灵魂的洗涤！在现实生活中，人大约可以分为不同的三类。人数最多的一类是普罗大众，芸芸众生，他们渴望自己幸福，同时也能顾及他人幸福；他们懂得大家幸福才是真的幸福！我把这类人称为常人、凡人！还有一类，他们只顾自己，不顾他人，他们把自己的幸福建立在众人不幸福的基础上，我把这类人称为坏人或者人渣。再有一类，他们的灵魂，他们的境界已经超凡脱俗，他们有崇高的价值追求与献身精神，为了众人，他们宁愿承受常人无法承受的痛苦与苦难，我把这类人称为圣人！ MPA 引进国外的公共治理理论，是治理国家之"道"，为的是"民族的复兴，国家的未来，人民的幸福"。中国 MPA 们实践的过程，就是在追求中国公共管理、国家治理的现代化，追求中国梦与人类命运共同体的价值追求。

我在想：一个人的力量是渺小的，但是一群人的力量是巨大的，有共同的价值追求，每个人改变一点，每个人推动一点，这个社会的未来就更加美好！我用伦敦威斯敏斯特大教堂的碑文，与全体 MPA 共勉：当我年轻的时候，我的想象力从没有受过限制，我梦想改变这个世界。当我成熟以后，我发现我不能够改变这个世界，我将目光缩短了些，决定只改变我的国家。当我进入暮年以后，我发现我不能够改变我的国家，我的最后愿望仅仅是改变一下我的家庭。但是，这也不可能。当我现在躺在床上，行将就木时，我突然意识到：如果一开始我仅仅去改变我自己，然后作为一个榜样，我可能改变我的家庭；在家人的帮助和鼓励下，我可能为国家做一些事情。然而，谁知道呢？我甚至可能改变这个世界。

木棉花，英雄花！ 20 年后再次来到中山大学熟悉的校园，又见木棉花开的时候，感慨万千！从每个人的改变开始，从每天的改变开始，把公共理念与公共责任、公共精神与公共情怀带到我们生活工作的方方面面，中国梦一定会实现！

是一段宝贵的学习经历、一段难忘的同窗之情，更是一段开启新知之征途。恰同学少年，风华正茂，向大公至正，上下求索，薪火相传。

——吕少波（东南大学 2016 级 MPA，英国谢菲尔德大学政治系）

让每个孩子都能享有公平而有质量的教育

南京大学 2001 级 MPA 骆 敏

教育是最大的民生。党的十九大报告中，强调要优先发展教育，“要全面贯彻党的教育方针，落实立德树人根本任务，发展素质教育，推进教育公平，培养德智体美全面发展的社会主义建设者和接班人”。教育，作为政府公共管理的基本构成，而公平性又是教育的首要问题。

作为教育主管部门的负责同志，如何将公共管理精神融入教育实践之中，政府如何履行教育职责才能保证教育公平，是我作为一个 MPA 学员常常会思考的问题。在实际工作中，深深体会到，保证教育公平、增进民生福祉应成为各级政府履行教育职责的基本要求和首要任务。

制度是推进教育公平最根本的保障。教育事业的发展离不开经费投入。近年来，国家财政性教育经费支出占国内生产总值比例达到并持续保持在 4% 以上，同时要求确保一般公共预算教育支出逐年只增不减，在校生人均一般公共预算教育支出逐年只增不减，各地落实力度持续加大，教育优先发展执政理念不断强化。随着经济社会的发展，公共服务属性必须作为教育发展思考原点，各学段教育应该坚持公办为主，民办学校以普惠为主，要纠正有的地方把政府该承担的职责推向市场的做法。如宿迁明文规定，新举办的义务教育学校一律为公办学校，增加优质学位供给，不断增加教育资源总量，城市（镇）

人文之熏陶，公管之授业，让我们再次成为“后浪”。三年东大情，聚是一团火，散时满天星。而立之年的我们，依旧能乘风破浪，用奋斗书写时代担当。

——钱 程（东南大学 2016 级 MPA，中华医学会南京分会）

新建小区配套园举办为公办园，充分发挥公办幼儿园保基本、兜底线、引领方向、平抑收费的主渠道作用，体现出不同发展阶段的地方教育政策制度在完善。当前，“六保六稳”压力加大的背景下，教育民生投入考验政府的制度执行力。

教师是推进教育公平最宝贵的资源。质量均衡是衡量教育公平的最有说服力的指标，教师配备起到关键作用。目前，在教师总量普遍不足情况下，一些地方特别是经济薄弱区域，存在教师待遇偏低、优秀教师流失加剧等问题。区域内优秀教师相对集中于热点学校，是教育均衡的主要障碍。必须不断完善体制机制，从省域层面着眼，拿出有力措施，按照“统筹兼顾、因地制宜、以人为本、科学规范、均衡发展”的原则，着力构建科学、规范、有序的义务教育学校校长、教师交流机制，优化教师资源配置，提升教师队伍整体素质，增强教师队伍内在活力，缩小城乡、区域、校际师资差距，促进教育公平，提升教育质量。各级政府要整合编制、人社、教育部门职责，合理配备区域内教师资源，同时要切实为教师“减负”，提高教师待遇和社会地位，让教师潜心教书育人。当前，各级政府要把教师工资待遇不低于公务员的要求尽快刚性落实到位。

改革是推进教育公平最有力的举措。改革可以激发巨大的潜能，释放最大的公平红利。当年从恢复高考入手抓教育，就是一项改变千百万人命运、深刻影响国运的重大改革举措。当前深化教育领域改革，仍然要抓住牵一发动全身的突破口和切入点，抓紧推出既利当前更利长远的重要改革举措。如招生公平是群众最关注、最直接的利益诉求问题。施教区就近入学以往作为义务教育学校保公平的一项招生制度，随着各地大量新校投入使用，打破了原有的招生格局，倒逼出满足家长意愿的“双选区”“多选区”。随着公民同招的实施，家长对传统热点学校的青睐，刺激了这些区域房价，普通家庭望“房”兴叹，有的地方出了一房对多所学校的服务区，通过摇号来保障不同家庭的选择权。教育事业发展始终伴随着问题，政府应始终站稳人民立场，勇于靶向发力，深化改革，促进教育优质、均衡、公平发展。

兜底是推进教育公平最基本的属性。教育无类，应是兜底思维的原始属性，但有些地方存在教育“市场化”“功利化”的认知偏差，对一些特殊群体、残疾儿童关注关爱

愿你可以熬过学习的孤独，藏于学术的星辰大海。愿你能够内心坚定而温柔，自信而谦逊，阳光而透彻。带着梦想跨过人生的重重高山，去努力迎接更好的自己。

——钱　景（东南大学 2016 级 MPA，南京市江北新区税务局）

不够，这些孩子在起跑线上就落了“一个身位”。幼小衔接、校外培训、特长培养成为家境好的孩子的专属权利。学校作为孩子教育的主阵地，存在失位缺位现象，解决这一问题的关键是全面准确地执行党和国家的教育方针，让“适合的教育才是最好的教育”理念真正入脑入心，大力实施素质教育，让特殊孩子得到全面发展。政府应投入更多的人财物资源，切实把教育资助、控辍保学、残疾儿童融合教育落到实处，给特殊学生群体创设一个健康和谐的良好成长环境。同时，要健全学生综合素质评价体系、师德师风评价干预机制、校外培训机构综合治理机制，遵循教育规律和人才成长规律，让所有孩子都能享有公平而有质量的教育。

理解原先不能理解的是学习，承认原先不能承认的是接纳，忘记原先不能忘记的是放下。人生宛如浩瀚星空、无际海洋，万千事物、穿梭而过，只有不断去学习、懂接纳、会放下，方能真正领略到沧海之壮阔，星辰之璀璨。

——卢海松（东南大学 2016 级 MPA，南京市住房保障和房产局）

MPA二十周年、毕业十五周年杂感

南京大学2002级MPA 许嘉明

MPA办学已届20周年，我辈毕业亦倏忽15载。时光如水，洗去浮尘，留下厚重。当此庚子，疫情起伏，中美交恶，风云交汇，心潮逐浪，回顾远眺之际，有所感思。

MPA理论上应该有所超越。作为一种管理理念和管理技术，20年内已从课堂书斋走向广阔的实践领域，伴随国家治理体系和治理能力现代化进程，显示出巨大的价值，积累了更加丰富多彩、更具中国特色的案例，可以适时作一些鉴昔知今、继往开来的总结和升华，形成MPA的中国学派和各名校的特色学派，并向国际社会讲好“中国MPA故事”。

MPA必须紧扣新时代的现实需求。执政党关于国家治理体系和治理能力现代化的要求提供了思想指引，也提出了丰富多样的时代课题。要认真思考在新时代的坐标下，把握正确方向，适应新时代主要矛盾的变化，不断完善相关制度机制。在当前中国与西方关系微妙、双方核心价值观对立更加突出的情况下，要保持战略定力，对起源于西方的MPA学科持开放心态，吸取其积极的价值为我所用，学习不停止，交流不中断，以持续的改革开放精神迎击小家子气的“脱钩”。

MPA要把握“善治”核心价值。“善治”是“治理”概念的最佳实践结果和标杆。以问题为导向，尊重历史规律、实践认知和公众常识，理性对待东方或西方现实模式或理论框架，超越“姓社姓资”、“威权—民主”、“文化多元—文明冲突”、“国家—社会”等叙事模式，不沉迷于过度的理想主义（“圣母”或“乌托邦”），不屈从于泛

文枢江左，梧桐树下，六朝松前，感恩在繁花似锦的年龄邂逅最美的你。感恩先生，感恩同窗，遇见你，一辈子。

——饶朝鹏（东南大学2016级MPA，徐州市人民政府驻上海联络处）

滥的民粹主义，务实解决问题，努力实现与国家发展阶段相适应的最佳治理效果。

MPA 要聚合力量传承精神。“聚是一团火，散作满天星”曾是 MPA 的口号，但实际上大部分毕业生早已星散，在公共管理机构内部从未形成醒目标签，仅有少量积极分子时有返校相聚，略显传承之意。应以 20 年为起点，以就读高校（往往是金字招牌）为号召，从班级、年级入手，以班级微信群、班级返校日、定期论坛、校友沙龙等形式，实现适于网络时代扁平化结构的 MPA 群体聚合，成为代代传承、永不闭幕的 MPA 课堂。大型聚会陈义不必过高，以情感联谊、信息交流为主，小型专题关注组则可深入钻研，并形成一定成果。德高位重者应发挥更积极作用。积以时日，同气相应，声势渐长，成为国家放心、公众认可的维护国家主权安全发展利益的正能量。

MPA 的学习，不仅在于获得知识，更在于认识一群同样有上进心、有事业心、有社会心的 MPA 们，共同学习交流，携手服务公共事业的发展。

——张亦驰（河海大学 2012 级 MPA，南京市秦淮生态环境局）

与 MPA 同行

南京大学 2002 级 MPA 黄 煦

时光荏苒，日月如梭。中国 MPA（公共管理硕士）教育自 2000 年启动以来，以奋进的姿态走过了 20 年，经历了从无到有、从弱到强、从单证到双证、从摸着石头过河到百花齐放、特色鲜明的过程，取得了长足发展，展现出蓬勃生机。我很庆幸成为其中的一名参与者、见证者、推动者和受益者。

人生的起点和终点，我们没有办法去选择，但两点之间的道路可以去选择。每个人的一生，关键的选择只有几步。我想当年报考南京大学 MPA 便是我人生的重要选择。初识 MPA，正值中国 MPA 教育开创之时，还依稀记得 2000 年下半年参加江苏省委党校第四期青年公务员培训班的时候，听一位老师介绍，中国即将推出 MPA 教育，主要面向公共管理部门人员招生。然后通过互联网对 MPA 教育作了进一步了解，第一次知道了 MPA 是 Master of Public Administration 的缩写，是为适应社会公共管理现代化、科学化和专业化的要求而设立的，其培养目标是为政府部门及公共机构培养德才兼备、适应社会主义现代化建设需要的高层次、应用型、复合型的管理人才。要求毕业生成为掌握先进分析方法及技术，熟悉具体公共管理或政策领域的领导者、管理者以及其他公共服务人才。中国从 2001 年开始，有南京大学等 24 所首批 MPA 培养单位开始招生。当年的报考条件很严格，可以说是到了苛刻的地步，招生对象为国民教育序列大学本科毕业（一般应有学士学位），有 4 年以上实际工作经历的政府部门及非政府公共管理机构在职的工作人员以及其他行业有志于从事公务员职业的人员，80% 左右的名额面向政府部门。我当时在

学海浮沉，宝剑磨砺苦寒来。春华秋实，大浪淘沙尽名士。回望眼，二十年弹指一挥间，看前路，桃李满园遍地芳华。

——韩姗珊（河海大学 2012 级 MPA，南京大学环境规划设计研究院）

扬中市工作，准备报考第一届，但由于大学毕业未满 4 年，报考条件不符合被挡在了门外。次年，很晚才获悉江苏省人事部门关于报考 MPA 的通知，根据要求匆忙填写报名表，准备有关材料，差点错过最后报名时间，直到报名截止前一天，才盖完县、市、省三级人事部门的公章。

为理想而拼搏的青春最美丽，为梦想而坚持的人生不遗憾。说起考研的经历，也许是一生中最难忘的一件事，大家或有同感，对边工作边备考的同学来说，确实不是一件容易的事情。当时我刚被提拔为共青团扬中市委副书记不久，负责的工作比较多，白天比较忙，几乎没有时间复习，主要靠晚上、周末挤出时间自学。当地没有培训班，也不可能请假到南京参加培训，更不可能像现在足不出户就可以在家上网课。只有偶尔在周末跑一趟南京大学附近汉口路上的书店，买些辅导资料回去刷刷题，遇到不懂的题目也没办法请教他人，主要得靠自己反复琢磨解决。考前一周，在单位领导的关心下，才得以静下心来，全身心投入复习冲刺，持续一周熬到三更半夜。临考前一天，和扬中考友一起到南京大学附近找了一家宾馆，为了节约一点费用，两个人同吃同住，想不到考友晚上睡觉的时候呼噜打得震天响，再加上我临考前的心里有点紧张以及平时睡眠不好的缘故，几乎是彻夜未眠，次日在迷迷糊糊中勉强完成了考试，感觉整天考试都没发挥好，于是一出考场就直奔宾馆一个人开了一间房，晚上美美地补了一觉，第二天考试状态有明显好转。功夫不负有心人，2002 年顺利考上了南京大学第二届 MPA，也是全国第二届 MPA。南京大学 2002 级 MPA 共有 4 个班 290 名同学。我被分到 4 班，全班 82 人，来自省级机关及南京、常州、镇江、扬州等地。

刚入校的时候，大家常在一起交流，回避不了的一个问题就是为什么读 MPA。不同的人会有不同的答案，有的会说想多学一点知识、改善知识结构，有的会说因工作岗位需要、想自己进步快一点，有的会说想多认识结交几个志同道合的同学，有的会说是单位领导软硬兼施动员来考的，等等。但我想，有一点是可以肯定的，那就是大家都有一种求变的积极心态，希望自己通过学习有所进步。变是绝对的，不变是相对的。随着入学第一天开始，变就悄悄开始了，变的起点是公平的，但三年之后变的结果却是不公平的。

河流山川情深意长，海角天涯盛举共襄，一片丹心三载同窗，生于草莽志向高扬，情怀依旧念念不忘。

——杨海波（河海大学 2014 级 MPA，江苏省人社厅）

南京大学对 MPA 学生培养、教育教学都高度重视，有整套比较完备的制度和方案。在培养方式上积极探索，大胆创新，充分依托课堂教学、现场教学、社会实践、MPA 论坛、实地参观考察等方式。在课程设置上务求实效，精心安排，突出针对性、实践性、实用性，一些课程还令人记忆犹新，比如社会主义理论与实践、公共管理、公共政策、政治学、公共经济学、定量分析方法、组织行为学、行政思想与公共伦理、信息技术与电子政府、行政法学、比较公共行政、英语等。在师资配备上好中选优，优中选强，一些名师大咖的精彩授课还历历在目，余音绕梁，如张永桃老师的《政治经济学》、童星老师的《科学社会主义》、张凤阳老师的《西方政治思想史》、闾小波老师的《当代中国政府与政治》、严强老师的《公共事务和政策研究》、王云骏老师的《非政府组织发展研究》、翟学伟老师的《中国人的脸面观》，等等。南京大学政府管理学院不仅是藏龙卧虎的大平台，更是龙腾虎跃的大舞台，他们思想深邃、造诣深厚，治学严谨、为人师表，在各自的研究领域都占有一席之地。每堂课总有不少知识使我们醍醐灌顶、受益匪浅，对后来同学们的进步发展都起到积极促进作用。2004 年底，我被组织推荐参加镇江市委组织部组织的公开遴选，需要笔试面试。笔试内容是看图自拟题目，写一篇申论，在审题构思中突然记起了闾小波老师讲授的有关制度层面存在的制度失灵、制度困境、制度缺失等知识点，刹那灵光乍现，巧妙运用于答题之中，结果取得了比较理想的成绩。2008 年，经过同样的方式，有幸遴选到江苏省委组织部工作。回想起每点进步，都离不开组织的关心和培养，离不开南京大学政府管理学院三年系统学习，离不开公共精神的树立、思维层次的提升和知识结构的改善。

自 2000 年中国 MPA 教育开创以来，MPA 论坛作为推动学术研究交流的重要平台，作为 MPA 教学的有效补充，发挥了积极作用。先后涌现出全国 MPA 论坛、长三角 MPA 论坛、江苏 MPA 论坛、上海 MPA 论坛、南京大学 MPA 论坛等以地域或学校命名的论坛。2003 年 12 月 27 日至 28 日，首届全国 MPA 论坛在北京大学如期举行。之后每年举办一次，依次在复旦大学、武汉大学、中山大学、南京大学、西北大学、山东师范大学、重庆大学等高校举办。随着全国 MPA 办学单位越来越多，全国 MPA 论坛面临参加单位广、人员多、

防疫一级响应的日与夜，令我在变化中学习和预见底线，在底线上坚守和盘桓人心，在人心里聚集和观照变化——点滴认识，已成财富。

——周键森（河海大学 2014 级 MPA，南京市雨花台区西善桥街道福润社区居民委员会）

组织难度大等实际困难。到 2010 年，举办了 8 届的全国 MPA 论坛经全国 MPA 教育指导委员会同意，按下了休止符。在南京大学 MPA 教育中心的推荐下，我有机会参加了第三届、第五届全国 MPA 论坛，每一次参加 MPA 论坛，都是一次思想的交流、观点的碰撞，收获了知识、收获了友谊。2005 年 12 月，在严新明老师的带领下，杨忠民、许嘉明、黄贤明、吴志祥和我五位同学，代表南京大学参加了在武汉大学举办的第三届全国 MPA 论坛，杨忠民担任第三分论坛的主持人，我参加第二分论坛作主题发言，内容围绕社会保障与公共经济管理，恰好把撰写的硕士论文有效地结合运用起来。这次论坛的精心策划组织和专家学者的高水平主题报告至今仍给我们留下深刻印象。格外幸运的是，我们拜见了中国 MPA 之父——夏书章老前辈，近距离向他作了汇报交流，他一听到我们来自南京大学，就很热情地说，那我和你们是校友啊，这话让我们感觉到一下子拉近了距离，想不到年逾 86 岁高龄的夏老还是那么精神矍铄、思维敏捷、记忆力超群。交流中夏老还不忘勉励我们要珍惜学习机会，勤奋学习公共管理知识，把理论和实践结合起来，学有所思，学有所获，学以致用。后来进一步了解到，夏老 1919 年出生于江苏高邮，高中就读于南京市第一中学，早年毕业于原国立中央大学（1949 年改名南京大学）法学院政治学系和美国哈佛大学管理学院（今肯尼迪政治学院），1947 年起任中山大学教授至今。在夏老 100 岁寿辰的时候，未能前往中山大学祝寿，甚是遗憾，但得知中山大学 MPA 好友曹柏生等同学都在庆祝现场，还有南京市第一中学党委书记、南京大学 2007 级 MPA 同学张苏皖专程前往广州，送上最诚挚的祝福，带上南京大学 MPA 的衷心祝福，我心中感到了些许慰藉。如今离第一次见面已经过去 16 年，但那时的情景还历历在目。夏老为中国 MPA 事业发展作出的丰功伟绩，以及终身秉承的公共精神和公共情怀，一直激励着我们投身公共管理研究、探索和实践。

2011 年在江苏 MPA 发展史上注定是不平凡的一年。随着全国 MPA 论坛的停办，江苏 MPA 论坛应运而生，开始以昂扬的姿态登上 MPA 的历史舞台，这也是策应全国 MPA 教育指导委员会提倡举办区域性 MPA 论坛发出的最强音，为江苏 MPA 事业发展注入了新的动力，揭开了崭新的一页。2011 年初，我就开始与部分骨干同学商量谋划，向南京

工作后重回校园是一种奇妙的际遇。一路看大家阳光下像个孩子，风雨里像个大人，始终怀揣梦想、保持热爱，奔赴下一场山海，我好幸运。

——张　珺（河海大学 2014 级 MPA，南京禄口机场海关）

大学政府管理学院、MPA 教育中心建议，能否在南京大学 MPA 教育十周年之际，举行一次庆典活动，同时创办首届江苏 MPA 论坛。院长张凤阳、党委书记闾小波、MPA 教育中心主任周建国等老师认真听取并同意了我们的建议。在政府管理学院、MPA 教育中心领导、老师和各位同仁的共同努力下，通过我穿针引线，首届江苏 MPA 论坛暨南京大学 MPA 十周年庆典活动得到南京航空航天大学金城学院董事长黄飞建先生及其南京无国界传媒文化公司的大力支持，2011 年 11 月 27 日在江苏第一高楼——紫峰大厦隆重举行。论坛上授予张永桃老师“南京大学 MPA 特别贡献奖”，授予南京无国界文化传媒公司“组织贡献奖”，授予福中集团有限公司等 15 家单位“企业公民奖”，表彰了 21 名“南京大学 MPA 杰出代表”、95 名“南京大学 MPA 优秀代表”，受表彰的同学中，有一人已经走上省部级领导岗位、30 多人担任厅局级领导干部。从首届江苏 MPA 论坛举办开始，我们就注重制度设计，设立论坛组委会，其主任、秘书长由举办高校相关院系领导担任，副主任由全省各有关高校院系领导担任，委员由具体负责 MPA 工作的老师和热心的同学担任，充分调动在校学生的积极性和主动性，规定论坛每年举办一次，通过竞办决定举办权，在每届论坛上投票产生下下届举办学校，做到公平公正公开，这些规定得到各高校的充分认可和大力支持。截至2019年底，江苏MPA论坛依次在南京大学、南京农业大学、苏州大学、中国矿业大学、扬州大学、南京理工大学、东南大学、河海大学、江苏大学等 9 所大学举办，第十届、十一届论坛将陆续在江苏师范大学、江苏海洋大学举办。

MPA 学术沙龙是南京大学 MPA 的一项品牌活动，深受广大同学欢迎。一般每月举行一次，事先确定一名主持人和几位主题发言人，内容由主持人围绕社会上的热点焦点难点等问题而确定，从中国医疗体制改革到中国粮食安全现状及走势，从校园安全和公共治理到倡议设立国家公祭日，无不体现 MPA 学子“先天下之忧而忧”的责任意识和担当精神。通常利用周末的晚上，约上几位、十几位或更多的同学，到南京大学政府管理学院、鼓楼 OCC 茶餐厅或两江茶坊等地方，开展交流讨论，大家畅所欲言，气氛异常活跃。每位同学在发言中充分体现 MPA 的探索、质疑精神，积极营造理性、自由、民主、平等的氛围。每次沙龙结束后，发言内容都会由专人负责形成电子材料，通过邮件、QQ

Memorable 母校是回忆的摇篮，留下我难忘的美好；Possibility 母校是攀登的阶梯，创造我无限的可能；Ablaze 母校是燃烧的火焰，点亮我闪耀的青春。

——陈 智（河海大学 2015 级 MPA，河海大学）

群和微信群等方式供更多的同学讨论交流、共同学习、相互启发。

MPA 教育催生了 MPA 团体。2004 年 12 月，首届南京大学 MPA 研究生会成立，杨忠民当选为研究生会主席。2005 年 4 月，南京大学 MPA 研究生会创办内部交流刊物《管见——公共管理探索》，刊名既含有公共管理之见，也有一管之见。张永桃教授为刊物题写刊名，时任南京大学公共管理学院院长童星教授撰写创刊词。创刊号在第三届全国 MPA 论坛上，深受全国与会代表的青睐，得到广泛好评。在每届研究生会的坚持努力下，《管见》逐渐成为 MPA 固定的学术家园，持续每年编辑出版。2007 年 10 月 18 日，南京大学 MPA 协会成立，2001 级王永安同学担任协会首任理事长。2011 年 11 月 27 日，江苏 MPA 论坛组委会成立，南京大学 MPA 教育中心主任周建国担任组委会首任主任。

一个国家需要一种精神，一个民族需要一种精神，一个群体也需要一种精神。MPA 群体作为公共管理的研究者、探索者和实践者，是公共精神的弘扬者、继承者和践行者。何为公共精神？自从我们考上南京大学 MPA 以来，一直在思考，一直在探索，最终基于多数同学的认可，凝聚众人的智慧，体现大家的意志，概括为“公共视野、人文情怀、法治理念、和谐大道”。每位公共管理者唯有带头践行，才不辜求学之初心，不负立心之使命，坚持以公共视野洞察社会问题，立足公共立场，维护公共利益。秉承人文情怀，尊重人的理性思考，关怀人的精神生活，促进人的全面发展。以法治理念治理社会，维护法律权威，坚持公平正义，倡导自由平等。以和谐大道为价值目标，坚持以人为本，增进人民福祉，肩负民族复兴的重任。

二十年不忘初心，二十年砥砺前行。江苏 MPA 各项事业之所以持续健康发展，呈现出一片欣欣向荣的景象，究其原因，我的体会有以下几点：一是始终坚持正确的政治方向。坚持以习近平新时代中国特色社会主义思想为指导，突出马克思主义基本原理和方法，科学合理设置课程，紧紧围绕国家治理体系和治理能力现代化的需要而大力培养高素质、复合型公共管理人才。二是各级领导高度重视。MPA 论坛、毕业典礼等一些重大活动，都得到省领导、省公务员主管部门、省教育主管部门或举办高校领导的大力支持，他们莅临指导并讲话。三是全国 MPA 教育指导委员会悉心指导。全国 MPA 教育指导委员会

河海学子阔步江湖，应不驰于空想，不骛于虚声，勤思考，善变通，朝乾夕惕，克尽厥职。大哉之道，踏踏实实做事，小心翼翼做人而已。

——黄苏晋（河海大学 2016 级 MPA，中国民生银行南京分行）

朱立言、杨开峰两任秘书长以及其他委员多次莅临指导江苏 MPA 论坛等有关工作，多次作主题报告，高度评价江苏 MPA 各项品牌工作和文化建设。四是全省 MPA 高校团结一致、精诚合作。充分体现在一大批 MPA 教育中心领导老师，热爱 MPA 教育教学，兢兢业业，勤勤恳恳，相互配合，共同推进。如南京大学张永桃、童星、冒荣、张凤阳、闾小波、孔繁斌、孔令文、林闽钢、周建国、严新明、许爱军老师，南京农业大学于水、刘晓光、裴蓓老师，苏州大学金太军、潘晓珍、陈进华老师，中国矿业大学段星星、王超、宋协武老师，扬州大学李庆钧、刘伟忠、张亚维老师，南京理工大学况志华、吴文华、范炜烽老师，东南大学季玉群老师，河海大学黄涛珍、曹海林老师，江苏大学周绿林、许远旺老师，江苏师范大学郝其宏、徐元善、祝天智老师，江苏海洋大学吴价宝、李义良、魏范青老师，江苏科技大学郭昭昭、吴雨才老师，南京财经大学巩世广老师，南京医科大学姚俊、刘璇老师，中国药科大学茅宁莹老师，南京信息工程大学叶芬梅、苏向荣老师，南京师范大学陈辉老师，南京航空航天大学鲁兴虎老师，等等。五是有一股热心 MPA 事业的硬核力量。他们以 MPA 发展为己任，秉承公共精神，不计个人得失，团结拼搏，积极投身各项活动。如南京大学杨忠民、许嘉明、黄贤明、林霆、吴志祥、柳成城、祝正宇、曹卫秋、孙安、薛菲、胡晋梅、余传勋、戴蓉、孙义、顾潮、林莉、毛建平、索琰、陆健健、张士永、毛瑞平、徐龙、方正、魏艳鸣、张苏皖、戴文斯、王巍峰、孙尊超、张继路、蒋凯渊、承明华、田野、黄向莹、高纬、徐炜、周小川、蔡慧江、唐曙亮、詹奎、谢静、陆远、胡娴、孙立、张鹏、张佳佳、张涛，南京农业大学钟关虎、陈宏亮，苏州大学刘椰斐、江一平、万育明、吴文龙，中国矿业大学苏卫哲、郝志强，扬州大学刘庄，南京理工大学马志奇、葛坤斌、祁青、李云涛，东南大学马杰、汪义娟，河海大学李瑞兵、梁华、高婧宇，江苏大学胡元威，南京师范大学张叶兴、童智文，等等。同时也离不开省外兄弟高校 MPA 同仁的大力支持和积极参与，如北京大学的洪波、刘昌浩，复旦大学的沈夏珠、鲁兵、董贤祥、徐英铭，中山大学的曹柏生，武汉大学的陈艳兵，东北大学的杨旭，青岛海洋大学的扈现奎，内蒙古大学的王国企，同济大学的丁常亮、唐艳燕，中央财经大学的曹渊，等等。六是注重机制建设。制定出台《江苏 MPA 论坛竞办办法》

曾经的我因为河海而改变，热情的老师、亲爱的同学、严谨的治学精神让我受益终生。

——丁　放（河海大学 2018 级 MPA，国家税务总局南京江北新区税务局）

《企业公民奖评选办法》《MPA 学术沙龙暂行规定》等，并抓好执行落实，积极推动各项工作走上制度化、规范化轨道。

回顾过去，是为了更好地展望未来。二十年弦歌，一首首有了回音；二十年寻梦，一个个变成了现实。过去的二十年在历史的长河中只是一瞬间，但对江苏 MPA 乃至全国 MPA 事业的发展来说，是梦想起航的二十年，是铸就辉煌的二十年，是值得铭记的二十年。我坚信，经过时间沉淀和洗礼的中国 MPA，必将以更加稳健的步伐迈进新时代，共同谱写更加璀璨的明天。

河润万物，海纳百川。有幸进入河海 MPA，成为水之子，向水学习，至柔至坚至灵至性，而水的智慧，成为母校为我打造的独一无二的佩剑。

——夏春颖（河海大学 2018 级 MPA，南京市体育局）

以诚朴之心树雄伟之姿
以励学之志敦兴邦之行
——纪念南京大学MPA办学二十周年

南京大学2003级MPA　吴志祥

未敢忘，“诚朴雄伟，励学敦行”之校训仍在耳侧回响；未敢忘，“今日我以南大为荣，明日南大以我为荣”的叮嘱犹在眼前，只是时间飞逝，已辗转二十载矣。

世纪之初，时值青春，踌躇满志，怀崇敬之心得入南大校门，高大之门楣、古老之牌坊、画栋与雕梁让我神往；两旁参天大树，中间巨鼎耸立，蝉鸣其间，书声琅琅让我肃穆；教授纵论天下、学者深剖浅析，滋养于我。球场上，矫健之身姿；实验室，精细之比对；黑板上，笔墨飞舞；论坛中，舌剑唇枪；美好的校园美好的日子，短暂而精彩，润育于我。

为南大自豪。百年老校源远流长，自张之洞创三江师范学堂，经国立东南大学、国立第四中山大学、国立中央大学、国立南京大学，至定名南京大学，百二十年育才无数。南大校区涵盖鼓楼、仙林、浦口、苏州等，直属院系31个，本科专业88个，“双一流”建设学科15个，博士后流动站38个，一级学科博士点40个，雄厚实力不允许太过低调。百年老校精神常青，“嚼得菜根，做得大事”，倡科技、弘国学、扬艺术，首开体育、并设商科，誉为中国自然科学之发祥地；竺可桢曰“东南学府，为国之光，男女同校，惟此首创；外御强敌，内抑豺狼，天下有道，黉舍乃昌”。

亦师亦友整三年，增知增智拓眼界。求知责任源自生民立命，勤学巧思善美社会顽疾。出河海入江湖惠众生，昌华夏益黎民水之子。

——朱传云（河海大学2018级MPA，南京五十中）

为南大骄傲。南大领风气之先，率先实行选科制与学分制，首建科学研究实验室，首创大学自治、学术自由、文理齐备、农工商学研集于一体之现代大学，创新之精神让人不得不钦佩。南大担当改革先锋，教师胡福明发表《实践是检验真理的唯一标准》，拉开当代中国思想解放之大幕，连续入选“211”“985”，跻身全国首批重点建设高水平大学行列，入选首批高校与科研院所双创示范，入选“双一流”世界一流大学，入选首批中华优秀传统文化传承基地，一张张靓丽的成绩单让人不得不感动。南大师资雄厚师德高尚，拥科学院院士 29 人、工程院院士 4 人，长江学者特聘教授 100 人，国家科技重大专项首席科学家 98 人次，享盛名者有江谦、朱家骅、李四光、罗家伦、吴有训、梁希、匡亚明、蒋树声、洪银兴等，不可不谓人才济济。

为南大讴歌。百年老校底蕴深厚，盾形校徽大气典雅，八字校训言简意赅，“博闻强识而让，敦善行而不怠，谓之君子”。校歌磅礴悠扬，“大哉一诚天下动，如鼎三足兮，曰知、曰仁、曰勇。千圣会归兮，集成于孔。下开万代旁万方兮，一趋兮同。踵海西上兮，江东；巍峨北极兮，金城之中。天开教泽兮，吾道无穷；吾愿无穷兮，如日方暾。”校色为紫，典雅庄穆高贵浪漫；校象为松，坚韧光明纯朴智慧。

为南大赞叹。杰出校友不可胜数，两弹一星功勋（共23人）中有任新民、黄纬禄、钱骥、朱光亚、程开甲、赵九章（占 6 人）；国家最高科技奖得主有闵恩泽、吴良镛、刘东生、张存浩、程开甲，国家自然科学奖一等奖得主中有闵乃本、王德宝、秦仁昌、冯康、侯先光，国旗图案设计者曾联松，享盛名者有张闻天、李四光、茅以升、童第周、陈德铭、陈焕友、张奚若、杨洁篪、郭金龙等，可谓群星闪耀。南大始终关怀和关注着每一位校友的成长，序长不序爵，正如伟大的母亲始终关心着每一位孩子的成长一样，她博爱、宽厚、温暖、隽永，始终让人如沐春风。

身处南大，山川形胜之势，前辈大德之言，身心沉浸其中，闭目遐思，祥和之气氤氲其间、博爱之情熏染其间、上进之心油然而生，厚德载万物，地灵育人杰，南大就是这样的地方。为学三年，课程知识多淡忘了，但师者之精神风貌永难相忘，张永桃、童星、闾小波、王云骏、张凤阳、范春晖、孔令文、孔繁斌、严强、冒荣、严新明、周建

本科毕业十数载，几回梦校园。幸入河海，求新知，习公管，一偿夙愿。人生，上半场不多一分不少一分，下半场增学识怀远志绘新篇！

——贺　俊（河海大学 2019 级 MPA，民盟南京市委）

国等老师的印象都深深地镌刻在脑海之中；学友之深情厚谊永难相忘，探究之公共管理之道永难相忘，并于毕业后多年中，始终保持着联系，成为终生挚友，黄煦、杨忠明、许嘉明、曹卫秋、孙安、陆健健、朱玫、孙尊超、柳成城、周强军、李贞强、沈志栋……这些学友名字是想忘也忘不了了。一起办过的活动、一起参加的论坛、一起爬过的山坡、一起打过的球、一起唱过的歌、一起喝过的酒、一起欢呼的夜……这些点点滴滴也真正融入了生命里，成为此生最精彩的部分，是怎么洗也洗不去了。

回顾二十载，往昔历历在目，回想起来总是美好的；二十载来，娶妻生子，打拼事业，以微薄之力服务地方，从不敢苟且，约己以诚朴、修身以诚朴、齐家以诚朴，寻孔颜乐处，养浩然正气，以静修身、以俭养德，淡泊明志、宁静致远，以树雄伟之姿；不敢以善小而不为，不敢以恶小而为之，不敢以卑微置事外，而敢于以小处谱华章、敢于平凡中建奇功，积极参与国家重大战略布局，全力推进长三角生态绿色一体化示范区建设，志以成学，学以广才，励精图治，求道不辍，以敦兴邦之行。

叹曰：得遇南大兮，幸甚至哉！诚朴其心，雄伟其身，励学图治，敦行兴邦！得遇明师兮，幸甚至哉！求真唯美，明德累善，自光明兮于内，得大道兮不远！得遇良友兮，幸甚至哉！互帮互助，互启共进，共参齐悟，虽天涯而知音。

曾梦想仗剑走天涯，于而立之年相遇河海大学公管院，我辈学子当继先贤之绝学，怀开万世太平之志，扎根书香之地，长成学海骄子。

——赵乔沐（河海大学 2019 级 MPA，泰州市场监督管理局海陵分局）

结缘 MPA 的如歌岁月

南京大学 2004 级 MPA 曹卫秋

我大学毕业时参加江苏省委组织部选调，2001 年 7 月分配到了常州市委宣传部工作。一次偶然的机会，在媒体上看到我国首批 24 所高校开始试点 MPA 教育，并获悉某市级机关朋友考上了南大 2001 级 MPA，于是憧憬有一天能考入南大攻读 MPA。

2003 年初，机会来了。2000 年新组建的江苏省药品监督管理局的人事处面向基层要选调录用 1 名干部，通过省委组织部青干处获得一批毕业两三年有工作经验的选调生名单，委托各市药监局与当地的选调生接触鼓励参加基层遴选。有一天，我突然接到常州市药监局人教处处长的电话，邀请我去面谈。后来见到了江苏省药监局人事处李继处长，经过几次考核面试，我调到了江苏省药监局。

到新单位仅一周，我工作的单位就搬到了鼓楼公园附近，离南大仅隔一条马路，对南大的向往之情更强烈了。半年后，有一次看到南大与省人事厅联合下发的招考通知，我怀着忐忑不安的心情跟领导提出想报考南大 MPA，没想到领导大力支持，说年轻人求上进是好事。

在复习迎考的半年多时间里，白天上班，晚上看书学习，说实话比较辛苦。但我觉得自己比别的同学更加幸运，因为我们单位离南大仅隔一条马路，我经常下班后到南大的食堂里吃晚饭，然后找个教室专心上自习，那时感觉又回到了大学时代。

经过半年多的复习，2004 年 10 月参加全国统一联考，后来收到南大的录取通知书，兴奋之情油然而生。2005 年 3 月，我们作为新生参加了迎新典礼，顺利开始了硕士研究

作为江大 MPA 的第一届学生，我深切感谢母校的栽培。学校的学习有始有终，而人生的追求永无止境，我将继续秉承校训，踏实学习工作，不断提升服务社会的能力，也祝愿我们的江大蒸蒸日上，桃李满天下，再创新辉煌！

——单楚飞（江苏大学 2015 级 MPA，江苏省药品监督管理局）

生的学习，那几年比较辛苦，但也过得很充实。学习之余，我还参与了首届研究生会的工作，做一做协助打杂的活。首届研究生会以杨忠民主席、黄煦秘书长、吴志祥副主席、祝正宇、许嘉明、黄贤明、柳成城等一大批正直、热心、有思想、有激情、有担当的研会干部为核心，他们建章立制、拓展资源、树立形象，为南大 MPA 长期坚持开展学生活动打下了良好的基础，所谓“德不孤，必有邻”，大家的战斗友谊一直保持到今天。

那时我们单位处室里买了一个单反相机，于是经常应研会邀请把相机借出来给研会活动拍照。2005 年 11 月的某一天，吴志祥通知我研会组织了一个学术沙龙请我去拍照，讨论建议 12 月 13 日作为“国家公祭日”，于是我下班后拎上相机到教室里拍了照片，后来研会把学术沙龙信息发布上网。2014 年 2 月 27 日，十二届全国人大常委会第七次会议将 12 月 13 日设立为南京大屠杀死难者国家公祭日。这说明我们南大 MPA 学员是很有思想前瞻力的。

2005 年 12 月，我参加第二届研会主席的竞选并成功当选。我们那一届研会开展了丰富多彩的活动，尤其是成功举办了首届长三角 MPA 论坛。那时恰逢吴江区发改委的吴志祥、连云港市政府办的刘坚被借调到国家开发银行南京分行，单位给他俩租的宿舍恰好紧邻南大，于是他俩的宿舍成了我们论坛的指挥部，我们经常一边看足球赛，一边加班干活。

正所谓得道多助，在宿迁市委组织部李启旺、泗洪检察院王利军同学的大力帮助下，我们争取到了双沟酒业 5 万元赞助，其中 4 万元现金、1 万元双沟珍宝坊酒（按出厂价）。论坛组委会给所有与会代表赠送了一瓶，给大家一个意外的惊喜，剩下的酒每次搞活动聚餐时喝，大家笑称这个酒为“南大 MPA 指定用酒”，我们喝了三年才喝完。我们还得到江苏教育出版社支持，为民工子弟学校募集了一批图书，存放在学院办公室里，但可能是院里和老师们没协调好，有天晚上突然通知我们必须把书搬走。晚上 10 点多，我和吴志祥借了拖车一车一车地从南大 MPA 办公室把成捆的书搬运到 500 米外的宿舍，把书搬完都 12 点多了。在童星院长、周建国主任、严新明老师等大力支持下，2006 年 6 月 17 日，首届长三角 MPA 论坛在南大举行，来自复旦、浙大、中科大、苏大等 13 所长三角高校

怀念那些日子，青春做伴，欢歌向前。如今我们像一朵朵浪花奔涌向远方，但母校教给我们的精神品质终将成为每个人一生最闪亮的底色。

——史文娇（江苏大学 2015 级 MPA，中共江苏省委组织部）

的公共管理学院院长、MPA 教育中心主任和 MPA 学员代表参加了论坛。

2006 年 11 月 4 日，中山大学举办第四届全国 MPA 论坛，我们南大组织了庞大的代表团参加论坛，也是为了竞办第五届论坛。此前院里组织了辩论队，研会秘书长、我们班的孙安与几位在校学生在院里老师们的指导下强化训练，在论坛辩论赛中取得了很好的成绩，孙安被评为“最佳辩手”。我代表南大作竞办演讲，童星院长随后表态院里一定会大力支持举办论坛，获得了会议代表们的大力支持，南大以绝对优势一举拿下第五届全国论坛的承办权。

2007 年，我们协助第三届研究生会主席顾潮及新一届研会，在公共管理学院、MPA 教育中心的领导下做好论坛筹备工作。时任班长的陆健健同学做了大贡献，为论坛争取到了江苏省供销合作总社、苏食集团的一大笔赞助。论坛召开前，他还组织大家到镇江供销系统参观交流，给大家留下了深刻印象。2007 年 11 月 14 日，以“公共管理创新与新农村建设”为主题的“苏农”杯第五届全国 MPA 论坛在南京大学举行，来自北京大学、清华大学、南京大学等国内 95 所高校和科研所的 MPA 负责人、学员代表近 300 人参加了论坛，办出了南大承办论坛的高水平。

那时为了筹办全国论坛，我们还搞了个小创新——在鼓楼公园 OCC 茶社挂牌“南京大学 MPA 学术文化沙龙”，以方便大家定期聚会交流思想、布置工作。这块牌子到现在还挂在该茶社门口的柱子上，虽然已经生锈，每次走进那个茶社，就想起当年我们聚在茶社包间畅所欲言、交流分享思想的情景。那些年，南大 MPA 的学生活动丰富多彩，在全国高校影响很大，也给全国 MPA 教指委留下深刻印象，时任秘书长朱立言率队来对南大 MPA 作教学评估时透露，学生活动及社会影响力这一块南大是全国领先的，是给南大大大加分的。我们 MPA 的活动也离不开学院的大力支持，近二十年来，得到了张永桃、童星、张凤阳、孔繁斌、周建国、孔令文、闾小波、严新明等一大批亦师亦友的学院领导和老师们的无私鼎力相助。

那些年，还结识了一大批其他名校的 MPA 朋友，如北京大学的洪波、刘昌浩，复旦大学的沈夏珠、刘月华，中山大学的曹柏生，东北大学杨旭，内蒙古大学王国企，苏州

所谓大学，教书育人之所，正如江苏大学博学、求是、明德的校训，三年虽短，获益一生。在这里我坚定了求学的信仰，获得了珍贵的友谊，激励我勇攀高峰，不断向前！

——朱　选（江苏大学 2015 级 MPA，兴业银行句容支行）

大学刘椰斐，南京理工大学葛坤斌，上海财经大学曹渊，等等。每次我们南大搞大活动或举办江苏 MPA 论坛，往往能见到这些老朋友，尤其是内蒙古大学的王国企经常乘飞机千里迢迢过来参会予以支持，让大家都很感动。有朋自远方来不亦乐乎！

一花独放不是春，百花齐放春满园。2011 年，是南京大学 MPA 办学十周年。作为江苏 MPA 高校的领头羊，我们以此为契机协助院里和中心举办了首届江苏 MPA 论坛，以此来推动江苏 MPA 教育事业的发展。黄煦师兄动员热心公益的南航金城学院、江苏无国界控股集团黄飞建董事长赞助了 50 万元，这也是迄今为止南大 MPA 接收到的最大一笔赞助。此外，我们班的朱玫同学联系到吴江市伟江纺织纺机有限公司捐赠了 10 万元，其中 5 万元用于拍摄一部南大 MPA 专题片，另外 5 万元用于赞助 MPA 活动。吴伟江董事长坦言，他们公司每年都要拿出大笔资金用于社会公益，他没想到还有这么一群公务员毕业后还热心社会公益活动，是大家的公益之心打动了他。2017 年，我在吴江太湖湖畔老太庙参加朱玫同学组织的“碧水蓝天环保沙龙”，遇到吴伟江董事长，再次感谢他当年的赞助。2011 年 12 月 27 日，首届江苏 MPA 论坛在江苏第一高楼——紫峰大厦隆重举行，高朋满座，盛况一时，国家和省内多家媒体做了报道，会后编印了精美的会刊。黄煦师兄还带领我们编写了《南大 MPA 十年》一书，收录了南大 MPA 办学十年来的点点滴滴，并在江苏教育出版社出版。

自 2012 年起，江苏 MPA 论坛在省内各高校轮流举办，每年还要举办竞办仪式，好不热闹。一大批在校或毕业的 MPA 学员受惠于江苏 MPA 论坛，在全国 MPA 高校广受好评，形成了江苏 MPA 教育的一大特色。但惭愧的是，我自从 2014 年 8 月作为科技镇长团成员到江阴高新区挂职以来，因为异地工作原因，学校活动就参与得不多了，但幸好有黄煦、杨忠民、黄贤明、吴志祥、柳成城、许嘉明、胡晋梅、朱玫、顾潮、陆健健、蒋凯渊、周强军、张士永、魏艳鸣、毛瑞平等一大批早已毕业、依然热心的 MPA 学员，大家利用业余时间和在校 MPA 学员们一起，每年协助承办院校精心组织举办江苏 MPA 论坛。尤其是黄煦师兄，二十年如一日，为江苏 MPA 事业发展多方奔走，经常加班操劳尽心尽力，促成了每一届论坛的成功举办。

聚是一团火，散是满天星。三江楼、五棵松、三食堂见证着我们的汗水与青春，博学、求是、明德精神指引我们继续书写奋斗的青春篇章。江苏大学，我们永远的骄傲！

——陈　健（江苏大学 2016 级 MPA，共青团江苏省扬中市委）

聚是一团火，散作满天星。在校时，大家勤奋学习，积极参加校内活动；毕业后，MPA 学员们在各自的岗位上发光发热，把 MPA 精神在社会上发扬光大，帮助、影响更多的人。如吴志祥师兄在吴江倡议发起成立吴江开心义工联合会，每年暑假举办国学启蒙、科技发明夏令营，我俩每年也坚持到夏令营给孩子们上公益课。朱玫同学工作之余发起“碧水蓝天环保沙龙”，开通微信公众号，组织起一大帮环保事业爱好者研讨环保话题并身体力行环境保护。

“忆往昔峥嵘岁月稠。恰同学少年，风华正茂，书生意气，挥斥方遒。”感恩南大 MPA，感恩江苏 MPA，感恩生命中遇到一大批优秀的老师、真诚而热心的同学。人的每一次学习、工作、生活经历，都是一笔宝贵的财富。自从与 MPA 结缘以来，我庆幸自己除了学习书本课堂知识，还通过参加研会、协会、江苏 MPA 联谊会开阔眼界、增长见识、广交朋友，学到了许多书本上学不到的东西。如今，我已离开政府机关辞职下海，加盟赴美留学海归创办的高科技企业担任高管。受 MPA 教育影响，我把本科学的工商管理与硕士读的公共管理有机结合，尝试着把东西方管理融会贯通，挖掘中华优秀传统文化、中共党史和党建理论中的优秀管理思想，探索总结中国式企业管理之道。最近，我运用《道德经》“曲则全，枉则直”的思想，统筹思考高科技企业融资难和化解房地产库存，为我所在的无锡贝塔医药科技有限公司尝试了一个融资方面的金融创新——“股权换产权”，为公司换来了两套别墅，缓解了公司资金短缺的难题，促进了公司的发展，新华社旗下《经济参考报》及人民网、新浪网、《无锡日报》等媒体做了报道。

天下兴亡，匹夫有责。家事国事天下事，事事关心。二十年来，江苏 MPA 教育培养了近万名 MPA 学员，大家都在各自的岗位上，把自己在 MPA 教育中所学的知识、理念与思维方式方法运用到工作实践之中，不忘初心，不负韶华，无愧于中国崛起、中华民族伟大复兴的波澜壮阔的时代。

公共管理的水平并不会随着从业年限增长而自然提高，工作中更要持续学习、付诸实践，做到以知促行、以行促知，不断追求知行合一。

——杜　赟（江苏大学 2016 级 MPA，中共江苏省丹阳市委组织部）

底板思维之我见

南京大学2004级MPA 薛 菲

基层班组建设是企业最底层的基础管理。有道是，树高千尺有其根，高楼万丈底板起。底板不牢，地动山摇。一个企业的改革发展，相当于建设高楼，筑牢夯实基层班组这块“底板”才能稳如泰山、行稳致远。

然而在实际工作中存在着一种不良倾向，往往比较重于“高楼”的顶层设计，专于“面子工程”，自觉不自觉疏于“底板”的基础作用。这其中一个根本原因，是缺乏“底板”思维，即对“底板”的深刻内涵及其重要性、迫切性缺乏全面而深入的思考。我现担任江苏省港口集团工会副主席、群众工作部部长，基于在南大MPA所学所思，结合实际工作所作所为，确有所得所悟。我以为，首先应该从政治考量、战略考量和现实考量的视角，深刻认识筑牢夯实“底板”的重要意义。

就政治考量而言，筑牢夯实“底板”有利于巩固党执政的阶段基础。班组是企业一线职工的基本群体单元，若干个单元构成一个庞大的职工群体。特别是广大产业工人群体是工人阶级的主体力量。我们党自成立之日起，就把工人阶级作为自己的阶级基础和依靠力量，全心全意依靠工人阶级始终是党的一贯方针。因此，要从讲政治的高度加强和改进班组建设，最大限度地把广大职工凝聚在党的周围，不断扩大党的群众基础，巩固党的执政地位。

就战略考量而言，筑牢夯实“底板”有助于推进实施江苏港口一体化高质量发展战略。江苏省港口集团党委与时俱进，以党建为引领，以“练内功、打基础”为基调，以

经历过MPA更懂得学习是一项需要终身习得的技能，人生中不断地成长和进步来自多听多看多思考，保持感性更要多些强有力的行动。

——朱晨榕（江苏大学2016级MPA，镇江市军休一所）

提升企业核心竞争力为目标，建立健全加强基层基础工作长效机制，推进班组建设与集团发展战略深度融合，努力开创班组建设管理新局面，为实现集团战略目标注入新动能，为助推江苏港口高质量发展提供新支撑。

就现实考量而言，筑牢夯实“底板”有益于始终保持产业工人队伍生机活力。面对江苏港口高质量发展的新要求、经济社会发展的新变化和基层工作出现的新情况、新问题，班组建设管理还存在一些短板。同时，现在产业工人队伍结构和就业方式也发生了深刻变化，80 后、90 后已成为主力军，以高学历、高职称、高收入为特征的“三高”群体，与在新技术、新业态、新模式就业的“三新”群体并存，他们在价值取向、收入分配、利益诉求等方面呈现出多样化、差异化特点。这就要求我们积极顺应职工群众的新期盼，采取一系列改革创新举措，不断提升班组建设管理水平和职工综合素质，以适应高质量发展的现实要求。

思维决定思路，新思维出新思路。全面深刻的“底板”思维，构建了新时代班组建设管理新路径。江苏省港口集团党委坚持新发展理念，研究出台班组建设三年行动计划（2019—2021）。我作为工会工作者，职责所使，责任担当，参与其中，引入现代公共管理理念，紧密结合江苏港口实际，开拓筑牢夯实“底板”的新路数。

潜心绘就一张目标蓝图。按照“一年基础管理见成效，二年突破提升上台阶，三年巩固深化创品牌”的总体目标。通过三年持续建设，实现“党建文化在班组、安全质量在班组、绿色环保在班组、效率效益在班组、人才培养在班组、优质服务在班组”的“六位一体”港口班组建设目标，培树 30 名“金牌班组长”，打造 30 个示范性“卓越班组”，选树 2–3 个省部级以上“工人先锋号”，培养 100 名左右讲政治、懂管理、钻业务、有能力的青年班组长，形成具有江苏港口特色的班组建设品牌。

大力实施四大建设工程。（1）体系建设工程。包括责任体系、组织体系、激励体系、考评体系。（2）基础建设工程。建设“班组设置科学化、现场作业标准化、班组例会可视化、运行记录信息化、服务优质品牌化和自主管理模块化”“六化”班组。（3）队伍建设工程。包括员工素质提升、班组长选拔培养、内训师专家库队伍建设。（4）机制建

《菩萨蛮 · 忆江大求学三载》三江楼前云帆挂，五棵松下趁年华。博学从先哲，求是可明德。良师持戒尺，益友共鸿志。乘风逐青云，梅园再逢君。

——张一玄（江苏大学 2016 级 MPA，镇江市润州区官塘桥街道）

设工程。包括经费保障、激励晋升和共享交流。

充分发挥抓点带面效能。四大建设工程实施以来，抓试点、树典型，以点带面，现已初见成效。

先进经验得到复制推广。镇江港作为全省产业工人队伍建设改革试点单位，在班组建设方面，结合本单位实际，精心打造“推进体系化、参与全员化、管理自主化、创建品牌化”的“卓越班组”建设管理品牌。特别是在建立健全员工个人绩效管理体系方面，积极倡导和实施按劳、按能、按智、按绩分配原则，树立“技高者多得、多劳者多得”的鲜明导向，坚持重奖有突出贡献者，大力营造了收入按贡献分配的激励氛围，从而进一步调动广大员工的积极性、主动性和创造性。其创建经验和管理模式在全省港口系统交流推广，有力带动和提升了全系统班组建设管理水平。

劳模精神得到宣传弘扬。省港口集团党委高度重视在班组建设中抓典型、树标杆，充分发挥劳模工匠的引领作用。2019 年，省港口集团党委发出向“全国十大最美港口人”黄强同志学习的决定。黄强同志是苏州港张家港港埠分公司起重操作部的门机司机、“黄强组”组长，在党的多年教导培养下，黄强同志作为省港口集团 80 后的年轻班组长的优秀代表，以身作则，带领一班人，在平凡的岗位上干出不平凡的业绩，展示了新时代江苏港口产业工人和江苏港口“卓越班组”品牌的独特风采，先后荣获江苏工匠、江苏省有突出贡献中青年专家、全国交通技术能手、全国劳动模范等荣誉称号。他有理想守信念，成为一流的门机司机。独创“黄强门机操作法”，将班组作业效率大幅提升 50% 以上；他懂技术会创新，练就新时代港口工匠。带领“黄强工作室”推出 53 项技术革新和科技攻关，成功申报国家专利，累计为企业降本增效 1000 多万；他敢担当讲奉献，彰显奋斗者的精神风貌。在“一带一路”“长江经济带”等国家战略中，黄强团队突破港口装卸工艺瓶颈，发挥江苏港口品牌效应，赢得国内外专家和厂商的高度赞许，助力“中国制造”向全球远航；他战疫情保畅通，发挥突击队的先锋作用。勇当突击队旗手，连续奋战在抗疫和生产一线，一天仅休息 4 个小时，工作效率比平时提高 20% 以上，为全力保障援鄂生产生活和防疫物质及时到达作出了非凡的贡献。党委的号召、标杆的效应，有力推

岁月荏苒，光阴如梭，凤凰花开，毕业时至。三年求学路，探索真知，一时师生情，终身感念。五棵松旁，闻晨钟而开卷，三江楼畔，迎日暮而评说。博学、求是、明德之校训铭记于心，敬业、诚信、友善之准则秉持一生。

——戴　昱（江苏大学 2017 级 MPA，国家税务总局扬中市税务局）

进全系统班组建设和劳模先进培树再上新台阶。

近年来，江苏省港口集团贯彻落实省委、省政府决策部署，深入推进江苏港口一体化改革发展，坚定不移用新发展理念统筹各项工作，突出在提升基层班组建设和员工综合素质上下功夫，确立更高定位、树立更高标杆、坚持更高标准，把“底板”筑得更牢更实。2019 年，集团全年实现营收 124 亿元，同比增长 12.3%，实现利润总额 3.98 亿元，实现集团效益和职工收入双增长，政治生态和职工综合素养双向好，为加快推进江苏港口一体化高质量发展，建设“强富美高”新江苏作出新的贡献。

难忘，清晨林荫间的阳光、图书馆前静谧的小塘、二食堂飘散的饭香，还有三江楼地板嘎吱作响的课堂。三年时光不老，青春梦想常新。

——解 颖（江苏大学 2017 级 MPA，镇江市京口区谏壁街道）

秉承MPA精神　践行民生理想

南京大学2005级MPA　林　莉

康德说过："这个世界上有两样东西，我对它们的思考越是深沉和持久，就越让我感到惊奇和敬畏，这就是我头上的星空和心中的道德法则。"这是人类思想史上最气势磅礴的名言之一。星空是物质的，亘古不变，道德法则是意识的，不断变迁，物质与意识构成我们所处的世界。MPA所追寻、所秉持的公共理想、思辨精神与普世情怀，正是在这种明德格物的学习与实践中不断发扬和传承。

回想在南大政府管理学院学习的三年光阴，彼时青春年少，飞扬的是对修身齐家治国的感性理想；而此时年近不惑，积淀的是对干事创业从政的理性思考。我在民政部门从事社会救助工作，很幸运，所学专业与从事工作相对口，能够学以致用。

社会救助是兜底性、基础性的民生制度安排，是社会保障体系的"最后一道安全网"。经过多年不懈努力，可以说，目前基本构建起了对象准确、标准适度、统筹衔接、兜底有力的社会救助体系，为保障基本民生、打赢脱贫攻坚战、全面建成小康社会发挥了重要作用。但是，社会救助发展不平衡、不充分的问题仍然比较突出，面临不少困难和挑战。比如一些救助政策往往聚焦绝对贫困对象，对低保边缘家庭、支出型贫困家庭关注不够，容易形成"低保捆绑"和"悬崖效应"；比如救助方式和供给主体单一，难以满足困难群众日益增长的多样化需求；比如救助流程比较繁琐，响应不够及时，制度的可及性和时效性不足。这些问题影响了困难群众的获得感、幸福感、安全感，要以问题为导向，深化改革创新，按照兜底线、织密网、建机制的要求，切实把困难群众基本生活保障的

历经MPA的淬炼，人生的底色已然别样：星辰大海虽依旧，胸中丘壑已万千，雄关漫道欣然越，回眸你我仍少年。致敬MPA，做最好的自己！

——尹　庄（江苏大学2017级MPA，镇江市第四人民医院）

底兜牢兜好。

谈到兜底，木桶理论告诉我们，一只木桶能装多少水取决于最短的那块木板，但如果木桶底部的木板破了，则不是能装多少水的问题，而是能不能盛住水的漏底问题。社会救助就是木桶底部的那块木板，是底中之底。那么，如何兜好底？我想，前提是准确理解“底”的内涵。

“底”是刚性的。“底”不同于“低”，“低”代表水平与程度，“底”则体现界限与责任，这是政府履行基本法定职责的底线，是不可推卸的刚性要求，在这条底线面前人人平等，拥有生存和发展的公民权利。

“底”是网状的。“底”的建构依赖于政策体系，要达到良好的兜底效果，就必须把网编密、织牢，使之有弹性、抗冲击。在底线公平基础上构建和完善社会保障体系，必然涉及社会救助、社会保险、社会福利政策的衔接与整合。

“底”是动态的。任何一项公共政策，都有不断发展、完善的过程，“底”的范围、水平、结构，要与当地的社会经济、政治、文化背景相适应，要随着经济发展和公众需求进行动态优化和调整。

党的十九届四中全会强调，必须健全“七有”基本公共服务制度体系，特别是弱有所扶，进一步拓展了民生兜底的内涵。“弱”，不仅仅是指绝对贫困对象，也涵盖了各类处于生活窘迫和发展困境的相对贫困对象。“相对贫困”的概念首次在中央全会公报中提及，这释放了一个信号，我国反贫困战略即将转换，2020 年消除绝对贫困后，我国贫困治理的重心将转向“相对贫困”。社会救助要为解决相对贫困兜底，要把制度建设放在突出位置，形成更加成熟、更加定型的社会救助制度体系，架起兜底保障的“四梁八柱”，建立具有江苏特色的新时代贫困治理长效机制，把制度优势更好地转化为兜底保障效能。

做好民生兜底，还要充分结合江苏实际。江苏以占全国 1% 的土地、6% 的人口，创造了约占全国 10% 的经济总量。作为东部沿海发达省份，江苏为全国发展探路，不仅是中央一贯要求，也是自身发展使命。民生工作要与经济社会发展水平相适应，在高质量发展中对标一流，走在前列，并要用国际化视野、现代化理念超前谋划。展望后扶贫时代，

重拾书本，重回校园。续师生之情，结同窗之谊。归零，空杯，初心不忘；求是，明德，终身谨记。故土春秋峥嵘稠，学子风华脊梁立！

——吕　芬（江苏大学 2018 级 MPA，镇江市信访局）

着眼我省开启探索基本实现现代化新征程，立足高质量发展大局，做好民生兜底保障工作，我认为，要解决好四个基本问题。

第一，兜底兜什么。要以弱有所扶为目标，推动从保障绝对贫困对象为基础向相对贫困对象拓展，从特定群体的基本生活保障向关注城乡居民生活质量延伸，积极构建有梯度、有温度的基本民生保障格局。

第二，兜底兜多少。要坚持保基本、托底线、可持续，坚持城乡统筹、区域协调，形成特困供养、最低生活保障、低收入家庭救助、困难残疾人补贴、困境儿童救助等各类标准相互衔接、协调有序的基本民生保障标准体系，合理引导社会预期，维护底线公平。

第三，兜底谁来兜。公共价值的创造是政府与公民、社会组织、企业等共同的责任。要积极发挥我省政社互动、三社联动的特长，引导多元化主体参与民生保障和社会服务，民政部门担当履责当好“主力”，统筹部门资源形成“合力”，促进社会参与发挥“助力”，激发群众潜能增加“动力”，实现政府兜底保基本、社会参与助提升和个体增能促发展的良好互动。

第四，兜底怎么兜。要构建更加积极的社会政策，提升服务能力，增加服务供给，从单一的物质帮扶转向多样化的社会服务，更加注重服务对象的个性化需求和社会功能的修复发展。创新现代信息化工作手段，实现救助申请“触手可及”，救助对象“主动发现”，急难情形“一键预警”，审核审批“快速便捷”，不断提升困难群众的获得感、幸福感。

2019 年 9 月，一期名为“温情救助——一场有温度的社会救助改革”的专题节目在江苏电视台《黄金时间 – 改革政策 E 解读》播出，引发热烈讨论和一致好评。“温情救助”是目前我省致力打造的江苏社会救助品牌。社会救助关系民生，连着民心，既要刚性约束，又要柔性关爱，既要严守规矩，又要温暖人心。省民政厅加大培育指导，打造了泗阳“急诊救助”、张家港“弱有所扶”、苏州相城区“相帮扶城温暖”、江阴“集成救助”、镇江“温情家访”、盐城“托底救助”等一系列可操作、可借鉴、可复制的改革典型，以有温度的制度创新纾解民生急难，兜牢民生底线。这些典型经验各具特色，亮点纷呈，

奋斗的激情会燃烧我们求索的岁月，最美的时光我选择了江苏大学，这里见证了我的进步，博学、求是、明德精神让我铭记于心，在以梦为马的路上，愿我们只争朝夕，不负韶华。

——华 进（江苏大学 2018 级 MPA，江苏大学附属医院）

“温情救助”的星星之火，在江苏大地蔚然燎原，为江苏在推进国家治理体系和治理能力现代化中走在前列拉响了奏鸣曲。

在推进“温情救助”改革的过程中，我有几点深刻体会：一是顶层设计和基层首创相结合。处理好最先一公里和最后一公里的关系，把省级机关顶层设计站位高、理念新、信息量大、专业性强的优势和基层直接联系群众、直面具体问题、善于处理复杂矛盾的经验相结合，使出台的政策措施插天线、接地气、服水土。二是理论引领和探索实践相印证。实践是理论的基础，理论对实践有反作用。需要以社会保障、公共管理的前沿理论和专业视角指导引领社会救助工作，也需要在社会救助工作实践中修正和完善理论。正如我们 MPA，老师们是知名专家学者，学子们往往分布在各个工作岗位，教与学相长，学界与业界共鸣，理论与实务互动，正所谓，各美其美，美人之美，美美与共，公共大同。三是要主动拥抱改革。社会救助本质上是政府公共治理的工具，是一项重要的政治任务，而非单纯的业务工作技术工作，要主动服从服务于国家治理需要，往往没有非黑即白的标准答案，不能本本主义、教条主义，要以开放的心态革故鼎新，与时俱进。当前改革已进入深水区，可以预见，“轻舟已过万重山”的轻快少了，“一山更有一山拦”的难关多了，剩下的都是难啃的硬骨头，需要我们深化解放思想，满怀温情敬意，推动救助工作持续发力，为民生兜好底，让民心更温暖。

一个进步的社会需要一把梯子和一张安全网，梯子用来供人们努力攀登改善生活，安全网则用来防止人们不慎坠落跌入深渊。生活不是面朝大海就能春暖花开，日子周而复始，总有一些微弱的声音，需要我们用心聆听。社会救助就是一张安全网，牢牢托住困境中人们延续生活的希望。我庆幸，从事的是这样一份有温度的事业，我珍惜，有这样一个平台让我践行南大 MPA 的初心和理想。MPA 是我们共同的名字，聚是一团火，散作满天星，愿我们每一个 MPA 都能在各自岗位上秉持公共精神，担当公共责任，不忘初心践使命，不负光阴不负卿！

三江楼畔求学路　探究公管索真知　五棵松下话人生　建功立业仍少年

——王亦珩（江苏大学 2019 级 MPA，江苏省靖江市财政局）

我是一名“公管”人

南京大学 2014 级 MPA　顾席位

2014 年上半年，我从一名教师转变为一名公务员。刚刚走上新工作岗位的我，为了调整原有的知识结构以适应新的要求，到南京大学政府管理学院，系统学习公共管理专业知识，以提升服务能力。三年来，收获很大、获益匪浅。

端正了读书态度。成年后，很多人读书的功利性较强，大多为了评职称、升职加薪、混文凭镀金，开学时，几个老师就提醒我们，不要忘记读书的初心，时刻牢记自己是个读书人，尤其是王云骏老师的一番话，犹如一阵清风吹醒了我们：“你们读书是为了什么？为什么要读公共管理？读书没有显性的功能，不会说因为你读了书，回去立刻就给你提拔，马上给你加工资，这一点，MPA 是做不到的。但是，你读过以后，你的思维方式可能会或者一定会潜移默化地发生一些改变，你工作的时候，在某一些事情上的想法就会区别于其他人，一两件事情可能看不出来，但多件事情以后，你思考、处理问题的方式就会表现得与众不同，你就会在众人当中脱颖而出。”王老师的话不仅提升了我在校期间的学习，对以后的终生学习也起到永恒的指导作用。

学会了敬业精神。每一门学科、每一节课、每一位老师都认认真真给我们备课上课，用真才实学教育我们，老师们丝毫不因为我们是成人班而有一丝马虎，敷衍了事，有个老师还明确说过：“你想不付出努力，糊弄个毕业证书回去，是不可能的。”英语学科顾露雯老师因材施教，根据我们的英语基础，如给中学生上课一样细致；周建国老师不但在课堂上教授理论知识、还自己参与业主委员会进行公共管理实践活动。让我记忆深

三年学海领公管之魅，千日寻梦结友人无数。望明天，思将来，学府研讨兴国策。

——耿　静（江苏大学 2019 级 MPA，江苏省丹阳市界牌镇卫生院）

刻的是，2017 年底参加第三届上海 MPA 论坛，我们几个同学先于周老师到达复旦大学，等周老师到达的时候，已经是晚上 9 点多钟，他刚从四川飞过来，一到宾馆，就喊我过去关心我们的食宿情况，我到他的房间时，他桌子上的笔记本电脑已经打开，桌面上是一篇论文的样式，等我离开后，他不顾旅途劳顿，又立刻投入工作中去。老师们严谨的治学态度和敬业精神深深地影响着我的工作态度。

用理论指导实践。把公共管理理论运用到工作实践中，才是真正实现公共管理专业的价值。江苏 MPA 论坛，是公共管理理论和工作实践相结合的平台，也是公共管理大师们思想交流和碰撞产生火花的“圣地”。孔繁斌老师提出的“前台去专业化和后台的专业化加强”理论，认为行政审批大厅窗口单位的前台工作人员，可以从繁重的业务办理工作中脱离出来，专门进行来人接待、材料收取，用专业化的接待能力和办事群众接触，提高群众的满意度；同时，后台工作人员加强业务集成，可以避免和办事群众直接接触，减少人情和情绪干扰，专心办理业务，提高办事效率。在窗口工作的我，深受启发，工作中的困扰茅塞顿开，撰写文章《让服务窗口智能化》在《淮安日报》《江苏政务服务管理通讯》上发表。

此事拓宽了我的工作思路，树立了创新意识。积极利用所学公共管理理论知识运用到工作实践中，提高工作水平和服务能力。灵活运用窗口服务“效率、时间、速度”三大价值理论于平时的工作中，面对窗口的办事企业和群众，正常为他们办理业务的同时，还针对来人的年龄和经办的业务，提供个性化服务，提高了办事企业和群众的满意率，积极践行市委提出的“101%”服务精神，营造优秀的营商环境，撰写的总结性文章《服务溢出一点　满意度提高 1%》在《淮海晚报》上发表。

树立公共思维。东北大学杨平教授提倡“学会越位思考，然后回归本位工作”，不论是管理者还是被管理者，不管是机关还是企事业单位，都需要这种思维。只有越位思考，站在高一级别——科员站在科长的角度、科长站在分管领导的角度、分管领导站在一把手的角度——的位置上去考虑问题，“越位”以后，才能够认清所在岗位的地位，认识其重要性，更好地完成自己的任务，也是大局意识、系统思维的重要体现。理解并

MPA 学习机会弥足珍贵，所学知识在基层工作受益匪浅。MPA 学习提升了学历，更新了理念，开阔了眼界，让我更自信、笃实地拥抱未来！

——梁松歌（江苏师范大学 2015 级 MPA，江苏省邳州市戴庄镇党委）

消化了杨教授的理论后，工作中的许多问题迎刃而解：站在全局高度认识接受工作任务，积极性和主动性快速提高；安排工作时，先行动员阐明工作意义，管理能力和效率大大提升；还密切了科室、部门之间的多维关联，解决了职能交叉、管理真空的现实问题。

在校学习时间是短暂的，理论知识也具有一定的局限性和时效性，但老师们和他们传授的公共管理精神将永远影响着我，继续指导我们安身立命、做一名优秀的“公管”人。凡是过往，皆是序章，毕业仅是一个开始，我们要牢记自己是MPA的学生，拥有专业的公共管理知识，要把建设公共治理现代化作为己任，为建立公共治理体系、提高公共治理能力奉献自己的力量。

用全新的理念打开固化的思维，用丰富的知识开阔有限的视野，用典型的事例解释枯燥的原理。比传授知识更可贵的是传授方法。

——田　平（江苏师范大学2015级MPA，山东省枣庄市公安局）

从 MPA 就读感悟继续学习

南京农业大学 2019 级 MPA 吴嘉颖

过去，能够有机会学习的人，在社会之中只是少数，原因是多方面的，与生产率有很大关系，人们不得不把大量的时间投入解决“生存”这个问题中，时间、精力受限，当然还有学习的方法也很重要，直到教科书能够出现。之前印刷术只是解决了知识分子读书学习的载体问题，而系统化的教科书则可以让大部分人有机会，在老师的指导下系统学习，而且对老师的要求也不是很高。

再后来学校和大学的发展，使得学习变得简单和规模化，更多的人汇聚在一起共同学习，老师也形成了一种“联盟”，共同帮助学生学习成长。随着社会的发展，社会对教育的投入以及对学习的重视不断成熟，教育逐渐成为最大的行业和产业，而且基础教育以国家投入为重点，也成为解决社会公平的一个有效方式。大学以后的教育以人们的自主选择为主，注重各自优势天赋的发挥，尊重个人的喜好偏好。工作以后，有组织地学习减少，但随着社会的快速发展，新的知识不断产生，人们发现学校里学习的知识有很多已经过时，或者必须学习与新知识融合，否则无法适应新的挑战，于是继续教育又广泛兴起。成人学习过去以自学、阅读为主，随着社会发展，各种培训机构兴起，各种培训班、短课程、强化班以各种形式百家争鸣。互联网的便捷，使得视频学习、在线教育、学习平台、混合式学习、双师教育、知识付费、社群学习等等又广泛出现，学习变得更加多元化和多样化。

身处在这个知识社会，我们如何面对、如何思考：发生了什么不是所有人都知道的

三年 MPA 的学习，对公共管理的认知更加清晰、系统和全面，从实践到理论再到实践的过程，让我在前进道路上更加坚定从容，行稳致远。

——鲁 露（江苏师范大学 2015 级 MPA，江苏省审计厅）

变化？哪些是根本性的变化？哪些会给我们带来机会？从2019年开始MPA学习，结合自己的实践和体会，分享继续学习的几个体会：

终身学习的时代已经开始

直到现在，很多人特别是成年人，大学毕业开始工作之后，就把有系统、有计划地学习放下，每年零零星星的学习大多是单位组织的，其他就是看看那些热点新闻、花边信息，增加一些谈资。好像是学习，其实是消遣，自娱自乐。然而，社会进入知识社会，生产率的关键不再是更努力地工作，而是创新和创业。创新和创业不断引进新的知识和技术，不断将本行业的知识与其他行业的知识融合，创造出新的知识，这种迭代和融合在互联网的推动下更快速，于是原本领先的知识很快就不再领先。德鲁克说过，企业经营的是知识，是知识让我们与众不同，获得领先，然而，知识的快速迭代和融合，需要我们的不断学习，否则，我们很快就会被淘汰。

参与互动，分享是最好的学习

当我们分享的时候，我们就会思考，这个就是参与，而且当我们思考了以后，我们就会对比：我想到了什么？别人的看法是什么？他为什么这样看？我的盲点是什么？……这是一个相互启发和触动的过程。然而，一开始，特别是圈子不够熟悉的时候，人们因为害怕说错，保护自己，要么是不说不分享，要么分享的都是太正确的废话，达不到效果。但当经过一段时间后，例如与一起参与学习的MPA同学逐渐熟悉，这种方式就可以实现相互触动和链接，是非常好的学习方式。

创建学习型组织，加入学习型社群

任何一个组织都应该成为一个学习型的组织，不断推动组织的发展，管理必须考虑现在和未来的平衡，要在现在就经营和创造未来。创造未来最好的方式就是有组织、有系统地学习。与MPA小组同学一起完成作业、一起分享书单，让我感受到学习型组织的好处很多，最直接的是不断更新我们的知识，提升我们的效率；其实团队学习还比较好，

MPA是架起公共管理理论与实践的高速通道，是公共管理实务与理念的双向互通枢纽，是公共管理学者与从业者思维碰撞的知识乐园。

——任东东（江苏师范大学2016级MPA，中共淮安市委市级机关工作委员会）

一方面容易沟通，大家在一起学习交流，建立彼此能够理解的语境和文化，进而更加容易理解对方想法和意图，提升沟通效果；另外团队学习还可以拓宽视野，相互启发。更重要的是，还可以实现相互鼓励、扶持成功，学习的过程通常是一种“破茧成蝶”的过程，这是痛并快乐的过程，团队一起更容易实现目标。

人生永远没有太晚的开始。读 MPA 的经历使我懂得了追求就有希望，努力就有可能。感谢各位恩师的教诲，使我成为更好的自己。

——杨雪翔（江苏师范大学 2016 级 MPA，徐州市铜山区科学技术局）

源深流自远，行健天同功

——2017 矿大 MPA 入学教育心得

中国矿业大学 2017 级 MPA　李梦影

2017 年 9 月 8 日，在刚过完 30 岁生日的第 3 天，我与一同考入矿大 MPA 专业的同窗们一起来到矿大参加开学典礼，这也许是最好的生日礼物。感谢拥有百年历史的矿大的接纳，感谢公管学院悉心的安排，感谢同行伙伴的帮助，感谢那个为了矿大 MPA 拼了命努力的自己。在而立之年，有机会再入校园读书，有机会重新选择行业，感恩命运的安排，以后的日子唯有更加努力，且行且珍惜。

美丽的矿大创办于 1909 年，是一所拥有百年办学历史的著名高校，坐落在五省通衢的国家历史文化名城——徐州。去往矿大路上的三个小时，看着车窗外逐渐变化的景色，备战考研的一幕幕又浮现在眼前。整个 2016 年，“苦学”是我生活的主旋律，做了七年中学教师的我终于想明白这不是我想要的生活，想要改变，必须通过艰苦卓绝的努力。准备考研与准备考省直事业单位同时进行，整整一年，每晚我都在一个小书房学习、刷题。我听着窗外的广场舞声音从开始到结束，看着窗外的景色从日落到皓月或者繁星，感受着气温从冷到暖再到冷的转变。我做过的题目、看过的书、整理过的笔记，随着时间的推移越摞越高。从一开始只盼望自己能过国家线，把矿大作为远大的梦想，到后来相信自己努力就能成功，期待着自己真正走进矿大校园，这一切都是用备考每一个晚上的苦学换来的。说来辛苦，但是当一个人有了坚定的理想和信念，苦亦是甜。正是这份辛苦，

三年很短，入学到毕业；三年很长，吴韵楼已斑驳。遗憾，毕业离别；庆幸，收获满满。崇德厚学，励志敏行。祝华彩依旧，再创辉煌！

——李家芹（江苏师范大学 2016 级 MPA，国家税务总局新沂市税务局）

让我在一年之中实现了自己的两个梦想，也正是这份辛苦，让我在今天能以一个 MPA 新生的身份来到矿大。

就像矿大的校歌中所唱：“山葱葱，水溶溶，行健天同功。”所谓“源深流自远，行健天同功”，努力，是我认可的生命的信条，努力亦是百年矿大对每一个莘莘学子的基本要求。“好学力行、求是创新、艰苦奋斗、自强不息”的校园精神；“学而优则用、学而优则创”的办学理念；“勤奋、求实、进取、奉献”的优良校风，这一切都让我深感认同，以后的日子，必然要用实际行动去践行这一切，通过努力不断完善自己。

百家讲坛、大师云集，尽显高校风采

从热烈温馨的开学典礼到内容充实的入学教育，矿大公管学院的老师们用一场场精彩的讲座帮我们拓宽了眼界，开启了研究生学习生活的精彩第一课。各位老师都是各自研究领域中的大师,但是在给我们上课时却平易近人,窗外的风雨丝毫没有影响他们上课，抖落身上的雨滴便迫不及待地给我们展开自己研究领域的宏大画卷。让我们收获知识的同时，也领略着他们高尚的人格魅力。

正所谓“三尺讲台,三寸舌,三寸笔,三千桃李;十年树木,十载风,十载雨,十万栋梁”。虽然窗外风雨大作，但是坐在教室里面的我们却如沐春风。金大军教授的《关于当下腐败及其治理的思考》，让我们更加理性地思考中国发展中遇到的问题和解决办法；王义保院长的《决策失误及其应对》，通过一系列生动的案例，让我们转换角度，思考科学决策的方法与途径；李金齐教授的《MPA 学生学习研究的问题意识》让我们明白，问题是探究的先导、资源和推动力，永远带着问题去做研究才能把问题研究好；米加宁教授的《“互联网 +”与政府治理现代化》让我们深切感受到与时俱进的重要性，以及如何对待新生事物、如何让科技的革新成为我们处理问题的有效助力；尹保华教授的《当代中国的民生建设》让我们着眼于现实生活，从制度层面思考民生问题的有效解决；王成礼教授的《制度管理的当代价值》让我们重新思考我国当代顶层设计的意图和深意；段鑫星院长的《青年领导力的提升》让我们思考自己的职业生涯规划发展，她不仅联系实

我们需要努力，但不能着急，既不停在平原，也无须登上高山。美好的时光，进入 MPA 课堂，静静体会，翩翩起舞，方不辜负。

——刘　奔（江苏师范大学 2017 级 MPA，徐州市工业和信息化局）

际工作为我们举例，在讲座中更是金句不断，赢得一次次掌声。

你方唱罢我登场，短短两天，却是学术的盛宴，原来这才是做学问的方法，原来这才是做学问的气质，原来这才是做学问的快乐。每一个 MPA 新生都被深深震撼和感染，我们对即将开始的研究生课程充满了憧憬和期待，我们对即将进行的论文开题更有思考与想法。再次感谢公管学院的每一位老师，你们向我们展示了什么是真正的“学高为师，身正为范”。

拓展训练、团结一致，彰显合作魅力

最开始听说开学阶段有室外的素质拓展训练，大家都特别害怕，但是当为期半天的拓展真正结束之后，每一个人都庆幸自己没有错过。社会性是人的本质属性，没有人能够脱离社会存在，身为社会中的一员必然产生与其他社会成员的联系。素质拓展训练就是用一种特别的方式让我们真切体会到人与人之间的联系，通过建立更加稳固的联系达到 $1+1>2$ 的效果。书籍是人类进步的阶梯，合作亦是。训练当天下午，天气阴沉，但是有趣的项目、紧凑的节奏以及通过团队建设得到的信任与快乐，让每一个学生的内心阳光明媚。活动伊始是一个自我介绍与相互认识的环节，不仅仅要介绍自己，还要连同身边的人一起介绍，短短时间，大家从陌生变成熟悉，一下子拉近了彼此的距离。确定分组、组名、口号，大家是竞争的对手，更是合作的队友。

每一个团队活动大家都群策群力，发挥所长，凝聚力量，只有更加充分地准备才能更好地应对比赛过程中的问题；胜不骄败不馁，顺利完成依靠的是集体的智慧，出现问题不能相互指责而需要应急处理、及时弥补；团队中相互照应，扬长避短，让每一个人都发挥力量，让每一个人都有归属感和幸福感；活动后及时总结，竞争对手之间也可以相互学习，交流经验，共同成长；团队之间不管什么时候都要相互信任、相互尊重、彼此扶持、共同成长……反思一下，工作中、生活中不也应该时时处处都如此吗？短短一下午的拓展训练，用团队游戏的方式让我们深刻体会到生活中的规则和智慧，让我们真正对团结合作产生深刻的认识，把深刻的人生哲理通过一次次团建活动深入浅出地展示

上师大 MPA，每位同学都可以享受到丰富的教育资源。当然，这也伴随了许多挑战，但挑战使我们创新，使我们成长。

——刘　腾（江苏师范大学 2017 级 MPA，中共江苏省新沂市委办公室）

在学生面前。这正是拓展训练的深意，也让每一个参与者收获良多。

着眼三年、规划一生，不负青春韶华

毕业七载、而立之年，能有幸重新成为一名学生是莫大的幸运。人们往往最怀念学生时代，因为那不仅仅代表着青春，还代表着拥有更多的可能性。但并不是所有人都有再回到学校的机会。既然命运如此眷顾我，那么必不能辜负与矿大的这三年缘分。太多人毕业了、工作了就按部就班地沿着既定的路线走，诚然，有少部分人很幸运，他当下的生活就是自己梦想的样子，但是绝大多数人很痛苦，因为生活并不是他想要的模样，想改变，却无计可施。我也经历过同样的痛苦与挣扎，是继续自己不想要的生活，浑浑噩噩，用“现世安稳、岁月静好”来麻醉自己？还是顶着压力，直面痛苦，用努力和破釜沉舟搏一个更好的未来？我庆幸自己选择了后者。我用努力赢得了矿大的垂青，用努力换了工作，转了行业，开启了更好的人生。妙就妙在，当我踏入矿大校园的那一刻，我突然清醒地认识到，这一切并不是努力的结束，恰恰是下一场征程的开始，这种充满力量即将启程的感觉，真好！生活不是电视剧，从来没有什么大结局，生活永远在变化，也正因为未知，所以显得迷人。对我来说最幸福的就是，我永远可以尝试，永远可以改变，永远有推倒重来的勇气和决定自己生命的自由。

感谢矿大给我的勇气加了码，接下来的三年首先要做一个合格的学生，珍惜来之不易的学习机会。不仅认真对待上课、作业和论文，更要主动探究老师给我们展开的宏大社会画卷，用更新的思维方式，更多的思考角度去尝试、去体验、去探索。尽一切可能多读书，减少碎片化的浅阅读，增加有深度的思考。及早确定自己论文的研究方向，与导师沟通，尽快动笔，争取写一篇让自己满意、让导师满意的研究生论文。

其次要加强沟通交流。克服自己胆小的弱点，多与老师沟通联系，以此加深对知识的理解、对问题的认识。同时要向同学们多学习，复试和入学两次短短的交流，让我认识了那么多优秀的同窗。他们来自各行各业，有着不同的工作背景，但是他们都积极向上、奋发进取、追求卓越。他们都对自己严格要求，对工作和生活有着更高的期待。他们丰

MPA 学习是我人生最宝贵的一段时光，有幸结识了良师益友，收获了自信与坚强！面对未来，重燃梦想与渴望，重新找寻自己新的坐标！

——叶权兴（江苏师范大学 2017 级 MPA，安徽省宿州市埇桥区市场监督管理局）

富了我对生活的理解，为我展开了许多幅别开生面的人生画卷。未来三年能与这样出类拔萃、志同道合的小伙伴们一起度过，委实是我三生有幸。每一个人就是一本书，我要向所有优秀的同学学习，让自己不断进步、不断完善。

最后要平衡好学习、工作和生活。作为在职研究生，这些矛盾每一个人都会遇到，工作是为了更好地学习，学习亦是为了更好地工作，这两者并不是严格对立、有你无我的排他性关系，而是奇妙地融合交织在一起的。学会平衡、处理好这两者的关系，让学习与工作相得益彰，齐头并进。研究生学习不仅仅是知识水平的提升，还有人格的完善、综合素质的提高，处理好学习、工作和生活之间的关系亦是我们研究生阶段的必修课。

《经济之声》中有这样一句话："人生不是赛场，理想不容退场。"希望我们每一个人都能相信自己、相信努力、相信我们终究会实现理想，活出想要的自己。用接下来三年为自己充电加油、积蓄能量。"源深流自远，行健天同功"，让努力成为习惯，砥砺三载，为一生铺垫。在追逐梦想的人生之路上，让我们以梦为马、策马扬鞭，活出自己的快意人生。望与各位同窗一路同行，不负青春韶华！

2018 年 6 月 3 日，双喜临门，我步入婚姻的殿堂，收到 MPA 录取通知书。备考的决心、学习的恒心，选择了远方，风雨兼程。为母则刚！

——王广婷（江苏师范大学 2018 级 MPA，江苏省徐州监狱）

坚守公管精神 凝练服务三股气

中国矿业大学 2019 级 MPA 陈 鸣

公共管理精神是指政府秉持的一种关怀公共事务和实现社会公共利益的责任意识与行为态度。常言道，“大道之行也，天下为公”。我们的政府是为人民而存在、为人民而执政的，当今时代公共管理精神恰恰蕴涵中国文化自古以来最为推崇的“天下为公”的精神特质。作为现代公务员追求的文化价值，公共管理精神不仅是服务型政府管理理念内涵实质的彰显，更是对公共管理者的价值塑造和服务品质的内在要求。

对于公共管理者而言，坚守公共管理精神，深入践行公共管理要求，意义在于集中民智、维护民利、凝聚民心，为国家治理提供理性共识和价值引领，从而奠定国家治理能力和治理体系现代化的精神基础。精神的传承践行远大于知识的传授研习。公共管理精神的构建和生成，须在人格修养、服务意识和法治思维上狠下功夫，着力锤炼公共管理“精气神”。

锤炼独立人格精神硬“骨气”

公共管理者首先应具有健全的人格，公共管理事务的有序开展才会具备有力支撑和有效支持。健全的人格更多表现为一个人在思想和行动上的独立自主意识，这种意识对一个现代公共管理者不可或缺。具备独立人格意味着保持自己独立思考、自主行动的自觉和德性，意味着对自我、外部环境以及他人作出客观理性分析的认知能力。独立人格的生成使人在对待自我问题时通过思想、情感和行为的有节有制而实现自尊，在面对艰

“择善人而交，择善书而读，择善言而听，择善行而从。”不负韶华，勇担新时代国家发展、民族复兴之责，用奋斗书写无悔人生！

——栗 源（江苏师范大学 2018 级 MPA，国家税务总局南京市江宁区税务局）

难困苦时激发出敢于担当、坚忍不拔的勇气而提振信心，在为人处事中做到平和友善、诚实守信而赢得尊重。塑造独立人格就是要不断提升公共管理者人格魅力。一是做到心底无私。公共管理者的基本道德准则就是公道正派。杜甫诗云“丈夫立世，独对八荒”，所谓独立人格，即不依附、不隶属，不被个人私心和利害所左右，对上不畏强权、不卑不亢，对下不盛气凌人、颐指气使，不唯上、只唯实，求真务实、敢于担当、敢于反思，时刻保持自尊自重。二是做到以身作则。作为公共管理者，服务于公共利益，就要以身作则、严于律己，用良好的行为正面影响公众，传播正能量，树立好风尚，以踏实作风、专业水平和精品意识，让公众信服，增强政府公信力。三是做到敏于观察。出色的公共管理者善于关注事物细节，善于留意观察身边细微，不是人云亦云、模棱两可，而是独立思考、明辨是非，透过现象看本质，抓住问题要害，并纵观全局、立足长远，对利益逻辑关系准确判断，把握正确发展规律。

锤炼公共服务精神固“元气”

政府是公共服务的生产机关，公共管理最重要的性质也在于服务。公共服务精神是在公共管理活动中，出于对公共事务、事业和利益负责的理念，以追求公共幸福为目标，为公共提供优质服务而努力贡献的精神。这是服务型政府须臾不可缺的价值向度，也为公共管理者的存在价值提供根本的精神导向。公共服务精神对打造服务型政府的重要价值，决定了公共管理者必须重视这种精神的自我养成。从具体路径看，一是要涵养为民服务的情怀。坚持人民至上、以人民为中心是公共服务精神的核心内涵。公共服务精神要求政府和公共管理者的一切活动都是在为谋求民众的幸福而服务。公共管理者要解决角色定位、人民观、利益观和权力观等问题，只有真正把服务落实到满足人民群众的需要上，充分体现和代表人民的意愿，不断追求公共服务的高质量，提高社会公共对政府公共服务的满意度，才能实现社会公共利益最大化，实现政府公共治理效能的最大化。二是要提升干事创业的本领。公共管理者必须要具备实实在在的能力本事和较高的业务素养，面对新形势、新情况、新问题，有针对性地加强学习和研究，保持工作的责任心、

上大学想要赶紧毕业去工作，工作了之后又在感叹没有珍惜校园生活。MPA 是这么一台不可多得的时光机，让你工作之余，重温校园。

——李传辉（江苏师范大学 2019 级 MPA，徐州市环境监察支队）

主动性和创造性，力争学深学透，掌握解决问题的办法和招数，切实提高干事创业的本领，努力成为工作领域的行家里手。三是要常修廉洁自律的身心。对政府而言，廉洁自律常常外化为政府的形象和信誉，公共管理者的身份意味着所肩负的社会责任。公共服务精神的养成归根到底要靠个人的主观努力，靠加强自身廉洁修为和个人自律自制，这本身就是一项修德修己工程，需要从小事做起、在细微处着力，时刻自警自省自励，牢固服务意识，把服务理念落到实处、化成行动，规范自身行为，成为公共服务精神的忠实践行者，更好为民众服务。

锤炼法治精神壮“底气”

任何一个有效的政府都是充满法治精神的政府。法治政府是现代政府治理的基石，只有自觉遵照法治精神，遵行法治原则，运用法治方式，在法治轨道上行使各项公共管理权力，才能成功转变成有限、有为、有力的服务型政府，进而推动各项公共事业科学发展。法治精神始终维护任何人在法律范围内享有平等的权利，没有谁拥有超越法律之外的特权。“有法可依、有法必依”的依法治理理念是法治精神的内存要求，也是公共管理者在日常事务管理中应当坚持的不变信念和执着追求。其一，深入学习法治理念，增进对法治精神的认知。把学习作为基础环节，努力学习宪法法律和党章等党内法规制度，既熟悉掌握具体法律制度规定，又深刻领会公平、正义等深藏于宪法和法律背后的精神实质，从内心深处提升对法治的认知。其二，带头运用法律规范，深化对法治精神的实践。时刻思考如何运用宪法法律去更好开展公共事务，要牢记红线、坚守底线，恪守“法无授权不可为”，作决策、抓落实按照规范程序，广泛征求多方意见，坚决防止违法用权、以言代法、徇私枉法。其三，自觉树立法治思维，坚持对法律精神的弘扬。正确处理公共权力和公民权利的关系、处理权力行使的合法性和合理性关系，强化法律在化解矛盾中的权威地位与关键作用，维护法律政策的连续性，维护政府诚信，保护人民群众的合法利益，让法治精神深入人心。

学无止境，唯有不断学习、夯实基础、提升能力、充实阅历，坚定初心、追寻梦想，斗志昂扬、奋力拼搏，才能遇见更好的自己。

——王天歌（江苏师范大学 2019 级 MPA，江苏省丰县凤城街道办事处）

坚定文化自信　弘扬中国治理

南京理工大学 2011 级 MPA　邵期静

马克思说过:“理论一经掌握群众,也会变成物质力量。”意思就是理论能够指导实践。毛泽东指出：“实践、认识、再实践、再认识，这种形式，循环往复以至无穷，而实践和认识之每一循环的内容，都比较地进到了高一级的程度。”意思就是理论源于实践并在实践中检验提升。从理论指导实践到实践认识再实践再认识，是马克思的理论与中国具体实践的结合，是马克思主义的中国化、实体化。作为社会科学之一的公共管理理论，也要遵循唯物论、认识论的逻辑，始终要回到社会治理实践，接受检验、得到升华才会显示理论活力。在中国治理的恢宏背景中，带着实践导向来学理论，掌握理论再回到实践中运用、检验、提升，这是我们攻读公共管理专业的目的所在，也是公共管理专业的魅力所在。作为 2011 级南理工的公共管理硕士研究生，我为此欣慰，也为之努力!

入学时，我是一个县的审计局局长，边学习公共管理边在政府绩效管理实践中创新审计方法、健全审计机制。毕业时，已成功把审计局创建成全国审计先进集体，荣获国务院表彰，这是五年评一次一个省（区）一个名额的殊荣。这期间，在南理工学所学的理论知识，帮助我有能力研究思考财政绩效管理审计、投资绩效管理审计、领导干部履职绩效管理审计，促成我有底气在这些领域大胆改革、审慎实施了一系列审计方法创新，形成了示范性影响力。

近几年,我是一个县党校的常务副校长,既从事行政事业管理又从事理论研究与教学。6年来,从扭转断档困局建成新生力量超群的师资队伍,到建立跟进当代中国马克思主义、

公共管理就是要担公义，促公正，达共治，成共赢，管自己，忧秩序，理虚势，建和谐，重实践，定人心，方成我辈风流。

——马皓远（江苏师范大学 2019 级 MPA，安徽省泗县市场监督管理局）

21 世纪马克思主义前沿理论的课程体系，再到筹建完成一流环境的党校新校区和一流影响力的社会主义核心价值观教学基地，接近了创建长三角一流县级党校的目标构想。这期间，在南理工所学的理论知识，帮助我有能力思考理论阵地建设、科研队伍建设等一系列管理难题，促成我在教研咨一体化改革、"用学术讲政治"办学立校改革上系统布局坚韧前行，形成了注重对重大理论与实践问题开展学理研究的教风学风，开创了教学质量评估历年位列全市优秀的局面。

我曾在农村出生成长又到县城、乡镇长期工作，经历过人民公社化时期高度计划下的治理、"社改乡（镇）"以后特别是改革开放 42 年来逐步放活的治理，体会过期间从夜不闭户但权势恣行、到经济搞活但斗殴流行，再到经济发展但黑恶暗行的治理状态流变，这样就有历史机遇可以纵向思考基层治理的利害得失。20 世纪 90 年代中期，我曾在两个乡镇担任党委政府主要负责人，在一线开展乡（镇）村治理工作，也有历史机遇可以研究基层治理的困难与对策、国家治理政策的绩效与不足、老百姓迫切的愿望需求而治理制度机制构建却迟滞不前的矛盾与无奈。21 世纪初以来，则一直在县直部门担任党政主要负责人，直接或间接从事政府管理与基层治理工作，有机会深刻思考公共管理事务与困惑挑战。这些治理实践的观察体验和面对的众多困难问题，是我开始系统学习公共管理理论的直接动因和问题导向。在课堂上，老师们说学好公共管理一定要多读几本理论专著，其实我想读但确实没有时间，只能囫囵吞枣浏览速观划重点，因此并没有学好，一直心怀愧疚，所幸即使这样读书对工作也还是大有裨益的。在讲座上，专家们说研究公共管理一定要掌握分析工具、理论工具，于是就开始死磕这些工具，但却并没有丝毫建树，一直心存不甘，所幸这种经验让调查研究、数据分析、公共决策等方法时不时用在我的工作中，提升了决策的科学性、管理的效益性。在班级里，同学们说应用公共管理一定要联系实际、服务百姓、提升满意度，于是我就在想学好公共管理是为了更好地为人民服务，因此不仅要善于掌握理论，更要善于研究实践、深入实践，还要善于把实践经验转化成治理理论，这一思路成功帮助我解决了许多爬坡过坎、树标立杆的问题。在单位里，同事们说基层治理真难、问题错综复杂、矛盾相互掣肘、感觉寸步难行，于

学习使人进步，吾辈将活到老学到老。

——杨柳青（江苏师范大学 2019 级 MPA，安徽省泗县市场监督管理局）

是我就在想，如何用公共管理的理论工具来分析梳理这些问题矛盾，找准问题症结，揪住主要矛盾和矛盾主要方面，进而提出解决问题的咨政方案，这一思路成功帮助我在家训治理、县（区）级融媒体建设等方面研究提出了多个咨政报告，《大力挖掘和弘扬传统家风家训》还得到当时市委书记的批示并在全市各县区推行了家训建设。回顾起来，公共管理的学习经历堪称珍贵重要，对工作、对事业提供了及时帮助。如果说，10 年来有一些成效、有一点贡献，那就应该归功于公共管理学。公共管理是面向实践、面向未来的社会科学，是当下公共行政管理者必须掌握的科学理论。

理论的力量是无穷的，因为理论根基于实践。中国治理理论，必然要产生于中国治理实践。因此，建立中国特色社会主义的公共管理科学体系，是公共管理研究与实践者的光荣使命。党的十八大以来，中国治理披荆斩棘、破浪前行，国家治理体系和治理能力现代化的实践造就出中国善治的生动模式和广阔前景，也为公共管理事业提供了恢宏的发展舞台，这是理论研究与实践创新者的历史际遇！习近平指出，我国国家制度和治理体系是在中国的社会土壤中生长起来的，是经过长期实践形成的，是理论、实践、制度相统一的创新成果和智慧结晶，具有深刻的历史逻辑、理论逻辑、实践逻辑。所以，我们对于中国治理的伟大实践务须抱有坚定的文化自信。所有的研究既要深入实践，以正在进行的实践为师，致力把实践成果、创新成果上升为理论成果；也要不忘本来、吸收外来，致力实践经验与创新成果的历史逻辑、学理逻辑挖掘提炼。我们务必保持这样的信念，坚定高举起中国特色社会主义公共管理科学的大旗，用生动的理论体系震撼人、用深刻的历史逻辑感染人、用缜密的学理逻辑信服人，共同创造中国特色社会主义公共管理事业的未来。

好风凭借力，扬帆正当时。只要秉承习近平“立足中国、借鉴国外，挖掘历史、把握当代，关怀人类、面向未来”的思路，撸起袖子加油干，就一定能建成世界领先的公共管理科学的学科体系、学术体系、话语体系，提升公共管理实践的中国特色、中国风格、中国气派。

公共管理学者的本质，是肩负“沉舟侧畔千帆过”的勇气、“任尔东西南北风”的韧性及“亦余心之所善兮，虽九死其犹未悔”的坚持。

——陈美琼（江苏海洋大学 2020 级 MPA，中交路建南方工程有限公司）

与孩子一起读书·成长

东南大学 2015 级 MPA　孔　杰

美国诗人史斯克兰·吉利兰在《阅读的妈妈》一书中写道："你或幸运，发现宝藏；黄金成堆，珠宝满堂；你我比来，仍是我富；因有慈母，为我读书。"虽然我非慈母，却是货真价实"阅读的爸爸"。印象中，孩子呱呱坠地好像还只是昨天的事情，转眼间已到了上学的年纪，来不及感叹"时间都去哪儿了"，我工作之余不得不在孩子身上花去相当的时间，特别是陪她一起读书，这成了我工作之外至为重要的任务。

在陪孩子一起读书、一起成长的过程中，渐渐地发现孩子并不那么容易引领，电视、手机等这些对孩子的吸引力要大得多。我暗忖：言传不如身教。为了给孩子树立学习样子，在大学毕业 15 年后，出于"陪孩子一起读书"的简单想法，我考到东南大学攻读 MPA。虽然从一开始我就非出于个人积极意愿，而是当下为人父母者大抵都是这样，当属无奈之举，所谓"不能让孩子输在起跑线上"使然。虽然我的 MPA 不是那么情愿开始的，但是几年读下来，我积极的举动给孩子带来了极大的促动，慢慢地孩子竟真的扎进了书海，从童话故事、中外名著、知识大全到 N 本值得读的好书，当然还有课本学习。浸润着墨香，就这样，不知不觉中我毕业了，孩子也一天天成长起来。如今，孩子已上中学了，每想起我通过攻读 MPA 陪孩子读书这事儿颇有几分感触，很想用笔记录下这段时期的书香生活。以自己读 MPA 来陪孩子读书，这"疯狂的事"都有些什么呢？我想，主要应该就是通过自身引导，为孩子当好"三员"：学习上的辅导员、生活上的服务员、心理上的疏导员。

陪孩子读书，当好学习上的辅导员是基本要求。回首初始，从幼儿园升到小学，孩

如此庆幸，毕业七年再次拥抱校园美景；多么荣幸，录取通知是 MPA 的神圣使命；尤为憧憬，三年之内公共管理将添新的印记！

——江文婧（江苏海洋大学 2020 级 MPA，连云港港口公共资产管理有限公司）

子初拾课本时显得有些慌乱，这没有出乎我的预料。因为总感觉自己当初就是这样一步步上学过来的，也就没送孩子去幼小衔接培训班，但是以防万一，我还是找了一年级的书来，以孩子为主，适当辅导了几下，也算是做了些基础工作，所以最初孩子虽有一时慌乱，但很快也就适应了。对于学习辅导，相比老师要求家长在孩子作业本上签字以监督，我更重视孩子自主学习、自我学习、自觉学习，所以平时孩子的预习、复习、作业都由她自行落实，我只适度抽查。小学的学习更多是个记忆、复述的过程，没有过多的运用，关键是要树立正确的学习态度、掌握必要的学习方法，基于这样的认识，我和孩子就怎样提高文化课的学习成效一起总结出三个要点：一是要“看得明”，对于一个生字，是左右结构，还是上下结构，要看得明明白白，不能模棱两可；二是要“记得清”，读音相同、写法不同的语文字，每个英语单词字母的顺序，都要记得清清楚楚，不能糊里糊涂；三是要“写得准”，有了前两点，这一条基本上得到保障了，但是孩子由于年幼有时往往难免有些粗枝大叶，所以会读、会背之外，必要的时候还要抽查孩子默写、做一些算术题目。几年下来，孩子虽不算那么优秀，但是树立了端正的学习态度、养成了良好的学习习惯，学习成绩也还算过得去。为此，自我感觉这个“编外辅导员”也算合格了。

陪孩子读书，当好生活上的服务员是重要任务。服务孩子需要“与龄俱进”。为什么要“与龄俱进”？比如说，孩子才上幼儿园，因为小，洗脸当然大人就要帮忙，到了小学了，这个时候就要尝试由孩子自己来完成，所谓“自己的事情自己做”。我从来不认为孩子的任务只有读书一样，只把书读好了不是孩子的全部。有报道说，“神童”魏永康 13 岁时考上了大学，17 岁到中科院硕博连读，学习不可谓不成功，但是由于永康妈妈的过于溺爱，求学阶段问题暴露出来了，永康除了学习成绩好以外，他不懂得如何照料自己，不懂得如何与周围的人交往，读研究生后，因为生活长期不能自理，知识结构不适应中科院的研究模式，被学校劝退。这则新闻报道，从一个侧面证明了我的观点和做法：学习能力要培养，生活能力也要培养。为了当好孩子生活上的服务员，我给她买来《给孩子自由》《小布迪熊系列》《让孩子作主》《窗边的小豆豆》等书籍，用书本里的知识启发引导孩子学会独立自主生活，适当时候还让她尝试做一些家务，并且时

目前看到的、听到的 MPA 专业知识对于我来说都是极其新鲜的，希望入学后置身于学习中的我，可以像一只漂流瓶，装得很多、走得很远。

——曹筱玉（江苏海洋大学 2020 级 MPA，上海吉祥航空股份有限公司）

时提醒孩子要树立生活安全意识：过马路遵守红绿灯，利器、水电等均不得碰……服务孩子，不仅仅局限于让她吃好穿暖，我更看重的是教会她一种生活的能力。

陪孩子读书，当好心理上的疏导员是必要举措。现代社会竞争加剧、信息传播迅速，给教育孩子带来了很多副作用力，一点点星火都可能惹出很大的事，“养不教，父之过；教不严，师之惰”已非定律，形势在很多时候是两难。所以，学习掌握一点心理咨询辅导方面的知识和技巧是当下为人父母的必备之技，这样才可以在与孩子交流中学会倾听、善于分析、甘于接受、乐于共享，这样教育、管理才能既注重心平气和，又讲究方式方法，也才能给孩子以源源不断的正能量，帮助孩子养成健康心理和健全人格，使之以良好的精神状态勇敢地迎接和面对生活、学习带来的压力与挑战，快乐度过精彩的每一天。生活中，每个父母都可能遇到过孩子发个无名之火、生个闲气一类的事情。我一直认为，孩子毕竟是孩子，生起气来发点无名之火也是在所难免，但这时切忌不闻不问、听之任之，也不能一味呵斥、强制灭火，更不能火上浇油、助推点火，要做得更多的应该是弄清缘由、耐心倾听、仔细分析，可以放一放进行“冷处理”，待孩子冷静后再慢慢“降温熄火”，也可以晓之以理、动之以情，在惠风和畅、润物无声中轻松解决问题。毕竟，孩子年幼心智尚未成熟，心灵容易受到各种因素的影响，特别当受到批评后，老师的、家长的，都容易产生抵触情绪，这时我都每每注意从细微中捕捉、耐心听取倾诉、有针对性疏导，及时排解孩子的不良情绪，努力让孩子保持一个健康的心理，并在这样的环境下学习成长。

转眼间，从东南大学 MPA 毕业已过去几年了，正是给孩子树好了样子，现在不管是暑假还是寒假，孩子虽然是自己一个人在家，但从不上网、看电视，父母不在家期间除了阅读、学习、练字，不会做这以外出格的事情，甚至中午、晚上父母回到家中，让看一会电视休息，孩子却仍然会帮助做点家务，刨个丝瓜、剥个蒜头……因为孩子知道，父母都还要去上班，特别是中午时间有限，回来弄饭主要是为了她……记得有一首著名的读书诗——《冬夜读书示子聿》，是陆游写给儿子的：“古人学问无遗力，少壮工夫老始成。纸上得来终觉浅，绝知此事要躬行。”这是陆游作为父亲一生的体会呀！谁能说，这与史斯克兰·吉利兰的“因有慈母，为我读书”不是一样让人感动呢？这正是天下作

十年饮冰难凉热血，十年工作知学习不可间断。很开心迎来了在江苏海洋大学的充实而充满挑战的学习生活。

——顾珂璠（江苏海洋大学 2020 级 MPA，连云港市海州区司法局）

为父母者给予孩子最可贵的文化力量！非常感谢东南大学赋予的MPA生涯，让我可以直视孩子的眼睛对她说：孩子，让我们一起读书、一起成长吧！

除自己之外，没有人可以决定你的人生。坚定自己的选择，驰而不息，久久为功，终会繁花锦簇，收获一路芬芳。

——缪永丽（江苏海洋大学2020级MPA，连云港经济技术开发区行政审批局）

二十年后目睹之好现象

——见证 MPA20 周年发展成就

东南大学 2015 级 MPA 沈晓敏

公共管理诞生之初就是为了优化政府管理，经过 20 年的理论发展与实践考验，对于“公共善”的追求已经深入到了政府活动的方方面面，使政府在行政决策时更以民为本、为民着想；对于多元价值的追求，使公共管理方式更贴近民生、符合民意。单单就今年而言，一些网络热搜和成功抗疫就多维度地印证了我国公共管理的方式创新和制度优化。

那些走出办公室，进入直播间的“带货市长”。一直以来，市长作为地方行政大员，在老百姓印象中应该是常坐办公室或会议室的，除了能在一些考察典礼和电视新闻中窥得其容之外，很难想象有一天他们会学着网红或明星在网络平台的直播间里“不顾形象”地卖力为地方特产或农产品带货。据商业网站不完全统计，仅 2020 年的上半年，就有超过 150 位市长（县级市以上，含副市长）走进直播间为当地产品代言。例如，5 月份海口市市长丁晖为了公益助农——推销海口火山荔枝，更是力邀了著名主持人汪涵和吉杰来一起“实力带货”；618 电商大促中，大连市委书记、市长、副市长三人齐上阵，市长陈绍旺为了吆喝“大连樱桃最好吃”更是秀起了英文，三位副省级城市党政首脑联袂进行直播带货也可谓“盛况空前”，让人倍感诚意。若不是公共管理中的服务精神与网络时代的契合，或许市长们在我们脑海中可能还是一个个正襟危坐、不苟言笑的形象吧！而网红市长们的带货不仅使他们更接地气，也着实为发展地方经济和解决民生做出了

路虽远，行则至；事虽难，做则成！碗中餐，眼中景，身边人，手中书，值得就好！

——唐洪香（江苏海洋大学 2020 级 MPA，山东省莒南县第一小学）

实打实的贡献。

暖心城管让人们抛开了偏见，破除了芥蒂。曾几何时，只要一提到城管，便会浮现出一幅摊贩落荒而逃、市民冷眼相向的场景。一方面，作为城市管理中的重要一分子，他们肩负着管治城市的日常秩序，在有些地区警察管不了、工商也不管的好多事都成了城管的管辖范围，难免会吃力不讨好，甚至“讨人嫌”；另一方面，那些走街串巷挣钱养家的小商、小贩认为城管是他们养家糊口的终结者，对城管的工作也难以理解和接受，于是因冲突导致的暴力执法新闻也时有发生，久而久之累积的负面新闻让其成为一个里外不是人的“贬义词”。但今年6月，河南汝州的一位城管却被誉为“最暖心城管”，改变了人们对城管这一职业的偏见。原来他在巡查时发现一个贴膜摊位没人，不仅帮忙看摊，还顺手做了几单生意，被网友热赞“文武双全”，而去医院迎接孩子出生的摊主也感动地表示“打算让孩子认他做干爹”。这位被千万网友围观、获赞十万加的城管的一个小举动，不仅展现了人间的温暖情谊，而且也用这一“公共善”行为化解了城市管理中的一个症结。

成功阻击疫情更是体现出了坚实高效的公共管理水平。从武汉封城、村镇封路到包机接同胞回国，再到援助他国，中国政府本着对国内民众和国际社会负责任的态度，未曾放弃救助，也未幻想过“群体免疫”，而是制定了严格的抗疫政策，上下同心携手抗疫。现在国内的疫情已被控制住，零星偶发的输入型疫情也被严防死守着。回顾半年多的抗疫历程，不得不感慨中国人民以巨大牺牲遏制了病毒传播，为其他国家抗击疫情赢得了宝贵时间，特别是火神山、雷神山医院在十天内接连建成，更令国际舆论纷纷盛赞中国速度并完成了不可能完成的任务。正如世卫组织官员所言：“中国采取了历史上最勇敢、最灵活、最积极的防控措施。”疫情防控更体现了我国公共管理的温度：除了给全国奋战在疫情防控一线的医务工作者和广大人民群众送去关怀和慰问，还制定免费检查和收治确诊病例、减免小微企业贷款利息和税费负担、鼓励地摊经济等惠民利民举措。现在，村头的喇叭里不再有村长的花式规劝，街市也恢复了往日的热闹，而这无疑要归功于我国的制度优势和良好的公共关系基础。正因如此，这才有了那么多舍生忘我的医护人员，

青春是一段美好的回忆，再回校园感受再一次的激情，这是贯穿整个生命的美好。梦是帆，心是桨，拼搏的生命是奔腾的骏马，以梦想为动力，我们终将冲过更高的终点。

——李　丹（江苏海洋大学2020级MPA，中国建设银行股份有限公司连云港分行）

不辞辛劳的基层干部、社区工作者、公安民警和志愿者，以及不断攻关的科研团队，我们不仅能战胜疫情，也更将屹立于世界民族之林！

市长成主播这一新鲜事儿，城管帮看摊这一暖心事儿，成功控制疫情这一国家大事儿，不仅生动诠释了我国 MPA20 年来的发展成果所带来的公共管理进步，同时也让我们 MPA 人更坚信祖国会更加美好富强！

伟大的事业不是靠力气、速度和身体的敏捷完成的，而是靠性格、意志和知识的力量完成的。

——蒋玉凤（江苏海洋大学 2020 级 MPA）

以不断学习进步的姿态
拥抱每一个明天

河海大学 2011 级 MPA　李瑞兵

我是河海大学第一届公共管理硕士（MPA）的毕业生。2011 年秋天我入学的第一节课就是在河海大学西康路校区闻天楼的一间教室上的。从那天开始，我和班里的其他 12 位同学得以从纷繁芜杂的工作中暂时抽身，回归熟悉又陌生的校园节奏，一边静心读书，一边梳理、总结和反思工作实践中的种种得失、感触和困惑。在老师的指导帮助下，我们开始尝试着去重新认识和剖析现象，进而去探求现象背后的规律，并逐渐学会了理性判断和独立思考，并把这样的理性思考逐渐内化为一种习惯和自觉。MPA 学习所给予的理性思考能力，正在并将在未来继续令我们受益，这也是我在河海大学参加 MPA 学习的最大收获。

学，然后知不足。参加 MPA 学习的第二个收获是开阔了视野，见到了更加广阔的天空，真切感受到学无止境、学海无涯。正是因为意识到了自己所学所知的有限，才让我们迸发出了奋发努力和坚持学习的激情，让每一天都更加充实、更有意义。金庸先生说：侠之大者，为国为民。一方面，我们心怀天下，努力学习公共管理和政府治理的方法和政策；另一方面，我们又扎根大地，在各自岗位上检验并不断修正和丰富自己的理论知识，奋力探寻更加高效精准的济世良方。不积跬步无以至千里，不积细流无以成江河。正是

怀揣求知的梦想，历经艰辛，学术之笔已紧握于手，新的篇章需要我们去奋笔疾书。愿我们眼眸有星辰，心中有大海，只争朝夕，不负韶华！

——王　慧（江苏海洋大学 2020 级 MPA）

MPA 的学习，让我们把少年时代仗剑走天涯的梦想，化为现实生活中的求真务实、勤勉敬业，在日积月累的学习中让自己的实践更有价值，让努力的目标更加清晰，让前进的脚步更加扎实有力。

在通往梦想的路上，一个人可能走得更快，但是一群人会走得更远。令我们倍感幸福的第三个收获，是在参加 MPA 学习的过程中，结识了许多志同道合的伙伴。通过各个高校的 MPA 研究生联合会、联谊会，通过每年一届的江苏高校 MPA 论坛以及“读书分享会”“公共管理热点话题研讨”“越野徒步旅行”“羽毛球对抗赛”等一系列形式多样、色彩纷呈的活动，我们结识了更多 MPA 在读和已经毕业的同学和校友。大家以诚朴雄伟的气度和海纳百川的开放态度,以止于至善的求索精神和博学求是明德的治学为人之道，互相砥砺，携手前行，激扬青春，共同分享，结下了深厚的友谊，成为我们生命中最值得骄傲的精神财富和灿烂记忆。

MPA 课程的学习固然有形、有限，但带给我们的影响却无形而深远。正因为 MPA 学习经历留下的深刻烙印，我们才会在人群中相视而笑、精神一振，因为确认过眼神，你是读过 MPA 的人。作为江苏 MPA 研究生的一员，我们和千千万万个曾经或者正在江苏的 17 所高校读书的 MPA 研究生一样，对 MPA 的教育理念有着高度的认同，对母校有着真挚的情感。我们深知各位师长期冀的厚重，也明白这段学习经历之宝贵，我们亦请母校放心，虽然岁月悠长，但我们一定会努力保持学习的习惯和独立思考的能力，保持对真理探究的胆量和拥抱新知识的勇气，保持对母校和 MPA 的朴素情怀、对国计民生的深沉思考，以自己的不断学习进步去推动国家和社会的日日新、又日新。

提升公共管理理论水平，加强公务员队伍整体素质，提高政府决策水平，为建成富强民主文明和谐美丽的社会主义现代化强国添砖加瓦！

——陈宁宁（江苏海洋大学 2020 级 MPA，连云港信富稀土有限公司）

不一般的研学之路

江苏大学 2017 级 MPA　于　波

暑去寒来，季度往返，在江苏大学的求学之路上，留下了我辛勤奔波的足迹，也充满了我不断收获的喜悦。江苏大学 MPA，我心中的梦幻之地，是她给了我知识收获的天地，给了我广交好友的平台，同时也给了我成长的乐园，在这里我能向学识渊博的教授探讨新的研究方法，能同激情四射的同窗好友一起研究热点案例。虽然两年半的研究生学习已经落下帷幕，但留下的是我求学路上最美的回忆，忘不了 30 名同窗认真听课的时光，忘不了学富五车的导师们的谆谆教诲。

未雨绸缪

谈起读江苏大学 MPA 的感受，首先要从备考开始。2016 年某天一觉醒来，觉得自己虚度了太多的光阴，而这两年单位招进来的新人，大多是研究生学历，如果不抓住青春的尾巴，努力一下，可能就要被后浪拍上沙滩，于是下定决心考研。由于本科毕业就参加了工作，脱产读全日制变成一种奢望，在职读研成为仅有的选择，而在职能获得双证的无外乎 MBA、MPA 少数几个，于是与朋友交流、权衡之后，觉得与工作关联更大，更加实惠、可行的方案就是读 MPA。在学校的选择上，当然就读镇江市最具实力的江苏大学，在江苏省，江苏大学也是名列前茅，加之工作在江苏大学附属医院，对其有天然的亲切感，于是江苏大学成为当仁不让的选择。选择了好的学校，当然备考压力比普通学校大，但是为了理想的目标，多大的代价也是值得的。于是从 2016 年 4 月开始，散步

实际工作中的疑问需要理论知识的解答，理论基础的夯实帮助能力的提升，基层工作繁杂琐碎，只希望自己初心不变，全力以赴问心无愧。

——王雪滢（江苏海洋大学 2020 级 MPA，连云港市海州区路南街道葵花社区）

时间少了，聚会时间少了，闲逛时间少了，待家里时间多了，图书馆去得多了，看书时间多了，从 10 年没看的英文单词开始，到数学、逻辑、写作，一遍遍地看，一遍遍地记，真题、模拟来者不拒，对了就开心笑，错了就找原因。就这样坚持到 2016 年 10 月，到了报名的时候了，看着电脑屏幕，有种高考报考时的紧张。报名后，由于到年终岁尾，工作、生活的事情陡然增多，没办法，只能缩减自己闲暇的时间复习，好在各种事情没有耽误考试，在 12 月份圣诞节结束了考试。幸运的是，成绩出来后还比较满意，2017 年 5 月份也如愿收到了江苏大学的录取通知书，总算辛苦没有白费。

砥砺前行

有家有室，工作繁重，学习的困难是不言而喻的，但每一次的上课学习，都使我对工作充满信心。理论联系实际，立足解决实际问题，周绿林教授的话让我们进一步明确了学习的目标与任务，也给我们注入了 MPA 学习的强大动力。MPA 的学习，除了收获知识，也收获了很多友谊，在课堂的学习中，老师把我们分成若干小组，于是小组就成了我们的小团体、小圈子，在与老师考勤上斗智斗勇的同时，私下联系多了起来，一起上课、完成课堂作业，一起吃饭，一起参加活动，一起交流学习、生活乐事趣事以及分享生活经验等，学习上相互帮助，生活上相互照顾，小组成了在校期间的小家。QQ 群里、微信群里老师分享了什么文章，布置了什么作业，小组很快就有人转发出来，提醒大家按时完成，考试时候各种复习资料在小组群出现，大家相互学习，相互提高，赶走了来回奔波的疲劳，带来了交流后的欢声笑语。

知行合一

学习、研究、实践，是一个循环往复的过程，将实践经验加以概括总结使之上升到理论，从而更好地指导实践，需要我们不断地学习、不断地研究。在其位，谋其政，怎样将学到的公管知识运用到实际工作中，是我一直深入思考的问题，每一次课堂的学习，这一问题都萦绕在我的脑海之中。还记得学院第一次给我们安排的课题讲座是在 2017 年的 11 月，麻宝斌教授给我们讲授了行政管理方面的课程，是我第一次接触到管理中理论

重返校园，感受青春，憧憬未来，家国安康。以所学，为所用，为卫生健康事业贡献自己的一份力。

——周晶晶（江苏海洋大学 2020 级 MPA，连云港市卫生健康委员会）

与实践、学习与工作相结合的知识，并教导我们怎样与本职工作相结合选择研究课题。通过学习，在工作中我也尝试着去做一些卫生经济方面的课题。为此，我请教了我的导师江苏大学管理学院党委书记周绿林教授，他以医疗保障研究方面的深厚知识，朴实、严谨、耐心、认真地帮助我分析分级诊疗政策实施的现状和需要解决的主要问题，以及怎样有针对性地查阅资料。积累了一定的素材，并以此为基础，在全市展开了分级诊疗政策相关的调研，并对各层级医疗机构的利益诉求做了详细的分析。结合不同的医疗市场定位，对分级诊疗政策进行剖析并从政策层面上提出有效的政策建议。由于该研究具有较强的现实意义和针对性，在江苏省卫生财务课题评比中获得三等奖。

似水年华

转眼间，两年半的研究生学习已经落下帷幕，依稀记得余秋雨的《天涯故事》里有一句话："嫣然一笑，天涯便成家乡。"虽然江苏大学已成为我心目中的第二故乡，可这"嫣然一笑"却长达两年。如今，我已学有小成再次回到我的工作单位，开始自己全新的征程，克服艰难带来的逃避，希望能尽快将自己所学到的知识运用到实际工作中。也许新的征程会跌宕起伏甚至困难重重，也希望自己能够对得起"江大学子"的美名，做到"嫣然一笑，天涯便成家乡"。因为江大已经融入我们的血液中，我们也成了江大人。

把思想内化于心，将行动外化于行。切实提高公共组织管理水平，在"两个一百年"交汇之际，为建设社会主义现代化强国而努力奋进。

——吴英南（江苏海洋大学2020级MPA，连云港市海州区锦屏镇农村经济和农业技术服务中心）

与公管的“三相”之路

南京师范大学 2020 级 MPA 王洪艳

大学毕业三年，一直在高校从事行政管理工作，以前对公共管理没有概念，浅显地认为管理工作比较简单，不需要专业知识。但是随着工作的不断深入，管理方面的知识就显得捉襟见肘，也越发觉得管理是一门学问，是需要系统的知识来保养和维护的。今年有幸成为一名即将入学的 MPA，又赶上江苏省 MPA 教育开展 20 周年，现结合自己备考 MPA 的过程，谈谈自己与公共管理的“三相”之路。

相识——初识公共管理

学习中的管理认知。第一次比较系统地学习管理学的相关知识是通过本科必修课中的管理学基础，对管理有了初步的概念认知。管理学是在自然科学和社会科学两大领域的交叉点上建立起来的一门综合性交叉学科，是系统研究管理活动的基本规律和一般方法的科学。管理学下设管理科学与工程、工商管理、农林经济管理、公共管理四个学科，因本科所学的会计学专业属于工商管理，与公共管理同属管理大学科，所以本科阶段学习的管理基础知识为公共管理知识的学习打下了良好的基础。

工作中的管理认知。毕业以后，进入高校从事行政管理工作，对管理的认识从纸上到了纸下，在熟悉和处理工作的时候多多少少运用到了管理的知识，比如说沟通的技巧、协调的能力等。但是这些认知相对比较浅显，不足以支撑日渐繁杂的行政管理工作，所以也是出于这个原因，想要进一步研究学习管理方面的知识，从而能更好地提升自我、

追求心中所想，或许能力有限，但时间永远不会迟到，更不是放弃的借口。

——于子又（江苏海洋大学 2020 级 MPA，江苏省灌南县财政局田楼财政所）

完善自我。

生活中的管理认知。常听说自律的人一定很优秀，那什么是自律呢？我认为自律就是对自我的严格管理，身边的朋友有说想要减肥，有说想要考证，有说想要深造等等，结果最后会发现那些实现目标的人都有一个共同点，就是善于管理自己并付诸一定的行动。生活中处处充满着管理的智慧，大到一个国家、一个社会，小到一个单位、一个部门，甚至是个体本身，也需要良好的管理。

相知——走进公共管理

实践中运用管理理论。目前我在高校纪委办公室负责综合管理工作，这办公室综合管理工作属于典型的机关管理性质。在工作过程中，我一般通过杂志、期刊、网络等积累机关管理的知识和原理，比如说以办公室为核心的机关管理具有综合性、事务性、时效性和服务性的特点，机关管理要遵循政治忠诚、服务、相互协作、效率、厉行节约、反对浪费等原则。通过积累沉淀，把学到的知识运用到工作实践中，往往取得事半功倍的效果。

备考中学到管理知识。在备考 MPA 的过程中，自己对管理又有了进一步的认识，学到了一些之前未接触过的知识。印象最深的是沙因提出的四种人性假设及管理理论，即“经济人”假设与“X”理论，“社会人”“自我实现人”假设与“Y”理论，“复杂人”假设与超“Y”理论。我认为这四种人性假设和管理理论，为管理者的管理提供了方向和基础，尤其对于领导者层面来说，熟知并恰到好处地运用这四种管理理论显得特别重要。

交流中获得管理技巧。不论是在工作和学习中，还是在与他人分享交流经验的过程中，也收获了不少管理的技巧。比如说与同事或者同行人员交流纪检工作文书档案和会议的管理，文书管理可分为收文管理和发文管理，档案管理要遵循集中管理、维护档案的完整性并确保其安全以及方便利用的原则，会议管理一般由会前准备、会议组织及搞好会后工作三方面组成。通过交流学习，自身负责综合管理工作的效率大大提升，在工作岗位上取得一定的成绩，并得到领导和同事的认可。

公共管理学科如同一片大海，而 MPA 学子就如同点滴流水汇于江河，我辈应投身研学，以多方面专业素养武装自己，不负韶华，砥砺前行！

——王　焱（江苏海洋大学 2020 级 MPA，江苏省灌云县人力资源和社会保障局）

相处——展望 MPA 生活

夯实基础，学以致用。有幸成为南京师范大学的一名 MPA，我会倍加珍惜此次学习机会，协调处理好学习和工作之间的矛盾。通过系统专业的学习，对照 MPA 培养目标的要求，掌握牢固的管理理论知识，结合工作实践，在学中干，在干中学，遵循理论联系实际的原则，将理论与实践熔于一炉。充实丰富自己的同时，不断提升扎实的工作技能和出色的工作水平，真正做到学以致用、举一反三。

拓宽眼界，开阔视野。南京师范大学有着浓厚的学术氛围和雄厚的师资力量，我相信三年的 MPA 学习生活，通过导师的传道授业解惑，同学的交流学习分享，积极参加一些案例讨论、听取学术报告、实习、素质拓展、创新实践等活动，会不断拓宽自己的眼界，开阔自己的视野。

丰富生活，充实自我。三年 MPA 生活即将开始，我会主动树立良好的学习观念，积极参加有关 MPA 的竞赛活动，主动认识来自各行各业的班级同学，不断充实提升自己；作为 2020 级 MPA 的班委成员之一，我会积极组织并参加班级的各种活动，协调处理好班级内的各项事务，为同学们做好服务工作的同时，不断丰富自己的 MPA 生活；结合学习和工作实际，积极参与或发起有意义的素质拓展活动，真正将书本上的知识转化到实践过程中，拿出一份出色且令人满意的报告，为学位论文提供一定的现实基础。

总之，我会以饱满的热情迎接 MPA 生活的到来，并且也充满着期待，相信自己通过三年的学习，能够掌握公共管理相关学科坚实的基础理论和系统的专门知识，具备 MPA 应该具备的基本素质和基本能力，能够在自己的研究领域方面有所收获。通过系统的专业学习，掌握常用的研究方法和研究手段，不断提升自己解决实际问题的能力，不断提升自身理论专业精神和创新意识，锻炼严谨的逻辑思维能力，并能将它熟练运用到工作实践中，从而成为一名合格的公共管理硕士！

时光荏苒，工作多年，才发现，书到用时方恨少。而如今，再回校园，定不负韶华，只争朝夕。

——朱星宇（江苏海洋大学 2020 级 MPA，中共连云港市赣榆区委宣传部）

关于提升博物馆公共服务水平的思考

南京师范大学 2017 级 MPA　罗小力

不知不觉我就读 MPA 专业已经有 3 年了，转眼就到了毕业的时间，心中不禁无限感慨。当初报考 MPA 专业的想法比较简单，希望在空闲时间学点知识并能对工作有所帮助。在就读时自己也与很多想要就读或者已经就读 MPA 的学生一样，有过彷徨，也有过疑问：在职学习能否有时间和精力完成学业？在职的学历是否被社会认可？花费了这么多的时间和精力真的值得吗？等等。而在完成学业之际，当时的犹豫都烟消云散了，回顾往昔却倍感珍惜在学校的时光。上课、做 PPT、演讲、分组讨论等等，我也感受到了久违的班级氛围，知识渊博的老师、认真负责的班委、五湖四海的同学，总的来说得到的远比我想象的要多得多。

回想就读 MPA 的初心是希望能够学以致用，将本职工作做好。随着我国经济水平的提升，对精神文化的需求也与日俱增，党的十九大报告也提出目前我国社会的主要矛盾已经转化为人民日益增长的美好生活需要和不平衡不充分的发展之间的矛盾。博物馆作为精神文化的重要代表之一，公众对博物馆行业的公共服务水平要求也越来越高，那我作为一名普通的博物馆工作人员，MPA 就读的经历也让我对博物馆的工作有了一些思考。

上天总是会眷顾不停努力的人。人到中年，有幸能重回象牙塔，寻找内心深处的那份宁静，重拾逝去的宝贵青春。珍惜吧！努力吧！奋斗吧！

——刘娅娅（江苏海洋大学 2020 级 MPA，江苏海洋大学）

始终保持学习的动力

博物馆从业人员的素质对提高博物馆公共服务水平具有至关重要的作用。尤其面对不断变化的外部环境，博物馆也需要与时俱进，不能闭门造车。2015 年，博物馆行业首个《博物馆条例》颁发，允许博物馆在保持公益性的同时进行文创产品的开发，给博物馆藏品提供另外一种展示方式，让观众在参观完博物馆后还可以将“博物馆”带回家。2019 年在文旅融合的趋势背景下，国务院办公厅颁发的《关于进一步激发文化和旅游消费潜力的意见》中就提出博物馆应顺应文化和旅游提质转型升级的新趋势，借助旅游的力量与需求，打造博物馆参观新亮点，发展文化旅游新体验，提升博物馆的参观质量水平等，这些都对博物馆公共服务水平提出了新的要求，同时也对博物馆从业人员提出了更高的要求。以往博物馆的从业人员都是以历史、中文、考古为主要专业背景的，这与博物馆本身所要承担的研究职能是相匹配的。但是如今博物馆的发展也需要文创设计、旅游管理及微信、微博等新媒体运营管理等方面的知识储备，这是博物馆从业人员普遍存在的短板，那就要不断地学习，不断去汲取新的知识为博物馆的发展助力。而就读 MPA 期间，让我发现了自主学习的益处，在利用休息日每周来上课学习的过程中也发现原来在工作之余还是有很多的时间可以利用起来的，利用空闲时间来提升自己，这样日积月累对自己、对工作都有很大的帮助。

拥有开放与包容的眼光

2020 年国际博物馆日的主题定为：“致力于平等的博物馆：多元和包容”，旨在让博物馆与公众之间建立平等的关系，让博物馆以更加开放与包容的视角去看待公众在博物馆服务中起到的作用，这与我在就读 MPA 时学习的“共同生产”的概念不谋而合。共同生产是指通过公众作为生产的一方参与公共服务中，最终使得公共服务的价值得以增加。在共同生产的过程中公众可以利用自己的专业知识以及资源参与政府主导的各个项目中，弥补项目本身的不足，甚至提供一些政府无法提供的服务，这样既能解决项目中存在的实际问题，提高观众参与度，又能减少政府的投入。同样地，博物馆作为公益机

入公共管理之门，公行天下、心怀天下，为推进中国基层治理体系和治理能力现代化贡献自己的微薄之力。

——魏 巍（南京师范大学 2016 级 MPA，中共南京市高淳区委组织部）

构在举办各式展览和活动中也会遇到资金困难、人手不足等诸多问题，因此共同生产的概念在新时代更加契合博物馆开放和包容的要求，也可以应用到博物馆的实践中。通过博物馆的共同生产，博物馆一方能够集合到热爱公益事业并且有能力为博物馆贡献力量的社会人士，以不同的角度、不同的形式参与博物馆的公共服务中，弥补博物馆单一的视角。公众一方也不单单是公共服务的使用者和消费者，同时也是重要的参与者，给博物馆带来新鲜活力，博物馆与公众处在一种相对和谐和平等的地位，对提高博物馆的公共服务水平有一定的益处。

提高博物馆的公共性

在读 MPA 时老师曾经讲过公共产品一词，公共产品具有非排他性和非竞争性的特征，正是由于这两个特性能够让所有公众都能享受经济飞速发展所带来的设施、场地等物质文明的福利。博物馆是向公众开放并为社会及其发展服务的非营利性常设机构，承担着教育、研究和宣传的职能，因此博物馆也具有公共产品的某些特征，提高博物馆公共服务水平的重要方面也在于提供博物馆的公共性。2008 年《关于全国博物馆、纪念馆免费开放的通知》中提出对我国的公共博物馆、纪念馆及爱国主义教育基地均施行免费参观的政策。截至 2019 年底，我国博物馆中免费的博物馆为 4929 家，占到全国博物馆数量的 89.05%。在我国大量博物馆免费开放后，博物馆不可避免地面临观众量激增的压力和运营管理的压力，其承担的职能也越加广泛，责任也更加重大。那么对博物馆来说，提高公共性不仅在于要实施场所的免费开放，提供更加完备的参观设施，让不同年龄层、不同地区的观众都能够免费进入博物馆参观与学习，更重要的是利用博物馆的资源举办一些高质量的展览及社教活动，以不同的形式和视角更加生动地去传播博物馆的知识，同时不断推出跟随时代潮流变化的栏目，例如“云展览”、手机 App、线上活动等，让公众将博物馆当做源源不断汲取知识的课堂，让公众更加具有参与性与互动性去感受博物馆文化，将博物馆文化真正传播到人们的心中。

在 3 年的 MPA 的学习中，我确实受益良多。虽然 MPA 在校的学习暂时告一段落了，

百年师大的精神是“正德厚生，笃学敏行”，她接纳、包容、锻造着我们，这里有太多弥足珍贵的回忆与留恋，都将铭刻在我们心灵深处。

——张　倩（南京师范大学 2016 级 MPA，南京市公安局）

但是正如我前文所说，人生处处是课堂，今后我也要将 MPA 学习的经验和收获带到生活与工作中，不断督促自己，继续在本职岗位上努力耕耘，也祝愿所有曾经有过迷惘和彷徨的学子们都能坚定信念，有所收获！

路漫漫其修远兮，吾将上下而求索。

——李昊昱（南京师范大学 2016 级 MPA，江苏华博在线传媒有限公司）

迟到的曙光

南京师范大学 2020 级 MPA 黄牡丹

这天是个星期天，上午 10:30，丹的手机突然响了，是姐姐的电话，丹立马就有一种不祥的预感，电话那头传来姐姐的声音："你在哪边？爸爸快不行了，赶紧回来！"

天旋地转，手在不断颤抖。

丹浑身筛糠似的拼命往 30 公里外的老家赶，推开堂屋后门，丹看到一些陌生的面孔。丹习惯性地往西房间去，可是，床上已经空了。赶紧往外走："我爸爸呢？"一屋子的人都盯着丹，好像是二姑夫搭腔："丹，你爸爸已经走了。"瞬间，泪水控制不住地涌了出来，丹大脑一片空白：怎么会这样？我连爸爸最后一面都没有见到，这是小说和影视剧里的情节，怎么就真的在我身上上演了？

爸爸走了，为她撑着的那片天也塌了……

处理完爸爸的后事，强忍着巨大的悲痛，丹报考了南京师范大学的硕士研究生，当天刚好是报名的截止日期。姐姐说，爸爸临走前说的最后一句话是："希望丹能去南师大读研，保持终生学习。"

南师大是爸爸心目中一直向往的高等学府，然而，因为家庭出身等历史原因，当年成绩优异的爸爸最终未能如愿。所以，从丹小时候起，爸爸便一直督促她努力求学。阴差阳错的是，十年寒窗苦读后，丹考上的却是外省的一所 211 大学。

大四那年，因为思量着早点毕业工作，以减轻爸爸的经济负担，丹最终放弃了考研。

十多年前，大学毕业的丹走上工作岗位，一下子无法适应快节奏的采编任务。丹一

潋滟金樽邀月饮，同学情深盼归来。

——薛　天（南京师范大学 2016 级 MPA，南京京晶光电科技有限公司）

度想退出这个行业，可是爸爸说，工作总有各种各样的苦，永远有人比你更难。于是，丹咬紧牙关坚持了下来，几年之后，成为单位里最年轻的节目制片人。

丹和丈夫军毕业于同一所211大学，虽然当年都是学霸，但是，因为都出生于普通的农村家庭，所以奋斗得格外不容易。这些年来，房子、车子，拉扯两个孩子，丹和丈夫一个目标一个目标地往前努力。无论承担多大的压力，丹总在努力奔跑，唯一支撑她的就是爸爸的话：当你努力奔跑时，全世界都会给你让路。

一直在奔跑，一直在忙碌。当全世界开始为丹让路时，爸爸的生命之路却被堵住了。那是前年的冬天，突然晕倒后的爸爸被查出白血病。爸爸是丹生命中对她影响最为重要的人，得到消息后，她的精神世界几乎坍塌。

为了救治爸爸，家人想尽了各种办法，四处求医。就像徐峥主演的电影《我不是药神》中那样，丹甚至托人从印度买回了靶向药。是的，只要有一线希望，哪怕就是卖房子，哪怕走遍天涯海角，哪怕倾尽全部，她也要为爸爸进行治疗。可是，丹并没有迎来峰回路转的美好结局，爸爸终究还是走了。就像朴树在《那些花儿》里唱着：已经被风吹走，散落在天涯……

人的感情闸门并不受控制，做不到说开就开、让关就关。虽然已经报名考研，但是，丹难以冷静地进行复习。

最疼爱自己的人走后，只要听到“爸爸”这个词，不管旁边有人还是无人，丹总会不自觉地掉泪，有时会忽然心痛如绞，有时会失神，有时会突然之间坠入一个生命的空谷，可是，这个空间的上下左右总是没有爸爸的身影。

爸爸到底去了哪儿？

丹感觉自己已经抑郁成疾，惧怕重疾袭击她的其他至亲，惧怕各种意外，恐惧死亡，她每天都被各种恐惧裹挟着，一度对生活失去信心。

当她去给儿子买面包时，当她坐在家里冰箱旁吃饭时，她都听到制冷器的震动声，特别害怕这个声音，因为爸爸装在水晶棺材里时，发出的也是这个声音。

丹变得躁动不安，情绪一触即发。有时，情绪会低落到极点。备战考研让她抓狂，

MPA 教育让我秉持“公行天下”初心不断奋进，母校南师激励我在“正德厚生，笃学敏行”中砥砺前行。感恩老师谆谆教导，愿 MPA 学子学有所成，绘就精彩人生。

——郑　璐（南京师范大学 2016 级 MPA，中国驻厄瓜多尔大使馆）

小学数学上的相遇问题、初中几何中的勾股定理、高中时的概率排列、大学时要记忆的大量英语词汇，还有各种逻辑推理、言语理解、论述写作，丹发现自己的脑容量根本不够用，最遥远的知识点还是小学时所学。她时常接近崩溃的临界点，觉得自己变成了一只阴晴不定的可怕怪物……

丹怀疑自己得了重病。那天，送完孩子上学，她突然决定去医院做一个全面体检。冲到医院门口后，突然止步，她太害怕走进医院，爸爸住院时的各种悲苦画面一幅幅在眼前晃动：一个漂亮的 8 岁女孩被查出白血病，她的爸妈抱着她痛哭不止；一位 78 岁高龄的大爷坐着轮椅被推进抽血室，只有他的中性粒细胞能救治 53 岁的儿子……所谓无可奈何，万箭穿心，叫天天不应，叫地地不灵，都无法描述这种悲恸。而在爸爸治病的血液病医院，每天都会上演一串悲剧。它们带着痛苦，带着病毒，带着超强感染性，从摧毁免疫细胞开始，到摧毁整个家庭，最可怕的是，人实在无能为力。爸爸去世后，丹一直不愿提及那所医院，触摸那一段不堪回首的往事。

丹不知自己如何走到医院化验室门口，当医生让她卷起袖管准备抽血时，她浑身筛糠一般打起了冷战，当时陪爸爸看病时的场景再次浮现在眼前：爸爸从查出白血病到离世，历经九个半月，住院 3 次，总共是 150 天。爸爸平均每天都要被抽 4 管血，大概被抽血 600 管，临走前，爸爸身上被扎得体无完肤，受尽病魔的折磨。

丹在众人惊愕不解的目光中逃离出医院。

从医院逃离的这个夜晚，丹在黑暗中睁着眼，突然，看见爸爸站在床头慈祥地看着她，她把手够向爸爸，起身拥抱着爸爸。从料理完爸爸后事以来，丹第一次哭得这么撕心裂肺，先在黑暗中啜泣，再到泣不成声，她向爸爸忏悔着心中的愧疚："爸爸，你生前的最后一个月，有时我会不耐烦你催促血小板的电话，也厌烦过一趟又一趟地去医院，甚至有几天觉得爸爸是'累赘'。爸爸，我怎会有那样邪恶的想法？请原谅我，事实上，我是那么爱你……"

凌晨 4 点，丹醒了，这是爸爸当时住院时开始抽血的时间。哪怕前一天输液到半夜，在这个节点，护士也会准时出现在爸爸病床旁开始抽血。日复一日，爸爸的皮肤简直被

三年的 MPA 学习，让我受益匪浅、感慨颇深。在这里，我们敞开心扉，于忙碌中寻得安宁、收获友情；在这里，我们解放思想，于书海中增长才干、收获智慧；在这里，我们放开手脚，于践行中练就本领、收获成长。

——沈　彤（南京师范大学 2016 级 MPA，国家税务总局南京市税务局）

戳烂了。“不，统统打住！”丹对着散发着橘黄色灯光的台灯说：“从今天开始，一个全新的 4 点模式即将诞生，我要让凌晨 4 点的痛苦记忆清零。”

丹开始书写备战考研的复习计划。此时距离考试只有 1 个月，而一般来说，考研至少需要提前半年准备，但是，此时丹不再惧怕。她在考研的本子上写下这样的话：当我无路可逃、弃械投降时，让它一点一滴地吞噬我、烧尽我，之后一只重生的凤凰便逐渐成形。

爸爸病情曾出现一段时间的好转。那天，阳光柔和地照射进病房，照在爸爸脸上，爸爸对正在端饭的女儿说：“丹，你今年一定能考上南师大的研究生！”当时，丹并没有太在意，而在爸爸离世后，这句话成了最大的备考动力。就从这一天起，丹将悲痛锁住藏在心底，她一定要完成爸爸的遗愿。

一个月中，爸爸的这句话在丹心中回响了上千遍，丹用这句话打败了各种狰狞的心魔，碾压了无数困难，摆脱了各种低落情绪。备战考研，负重前行……

考研结果公布的那天，是丈夫军查询的分数：“丹，你被南师大录取了。”听到丈夫那激动亢奋的声音，丹喜极而泣，这是丹人生中第 3 次喜极而泣，前 2 次分别是一双儿女出世啼哭的那一瞬间。

即将走进南师大，丹会带着爸爸的美好祝愿，去细细观赏南师大的湖泊、花园、图书馆，去用心感受并尽快融入那里的人文氛围。因为她每做一件开心的事，爸爸都会笑着在天上看。开学前，丹特地赶回老家，她把南师大的鲜红录取通知书放在爸爸灵位前，虔诚地磕了 3 个响头，“爸爸，你安息吧！”丹想起爸爸生前说过的话：“你所受过的苦，担过的责，扛过的罪，忍过的痛，最后都会变成光，照亮你前行的路，影响着周围的人。”

在每一丝曙光破晓之前，一定是快要窒息的漫长黑夜；在每一次荣光到来之前，一定有太多狼狈绝望；在每一阵掌声到来之前，总有太多唏嘘和冷眼。穿过石罅后，别有山重重。没有人能在嗟叹、幽怨中改变命运，唯有放手一搏，才能知道自己的能量。尽管这束曙光有些姗姗来迟，但是，终究没有缺席。

感谢师大，是你见证了我们 MPA 人最好的相遇；感谢老师们，是你们带给我们勇往直前的勇气；感谢同学们，是你们与我一起以梦为马，不负青春不负卿。

——范　博（南京师范大学 2016 级 MPA，中软国际科技服务有限公司南京分公司）

MPA 之学习感悟

江苏科技大学 2019 级 MPA　刘南希

庄子云:"吾生也有涯，而知也无涯。以有涯随无涯，殆已！已而为知者，殆而已矣！"大学毕业十年之后，当工作、生活都已步入正轨，保持学习充电的状态却从未停止。随着年龄的增长，对于学习最大的心得，是如何用自己有限的精力去学习于自己有用的知识。除了学习自己本职相关税收业务知识，作为一名政府机关公务员，学习政府公共管理方面的知识也迫在眉睫。为了能够成体系地学习政府公共管理知识，也因为国家对非全日制的研究生也实行了双证管理，更为规范，而自己所在的城市也有高校开设 MPA 课程，再加上自己目前健康状态和生活情形还有余力参加在职研究生课程，正所谓天时地利人和，2018 年我报名参加了全国硕士研究生统一招生考试，经过笔试、复试，2019 年 9 月我再次踏入校园，成为一名 MPA 在读学生，开启了三年的非全日制 MPA 学习之路。

时光荏苒，转眼已完成一学年的课程学习，在这一学年里，我和一群可爱的同学们一起，经历了打卡上课，重温了课堂老师点名签到，期末考试前秉烛夜战临时抱佛脚，也跟着导师进行了论文写作思路探讨，还由于 2020 开年新冠疫情黑天鹅，体验了一学期高强度线上直播网课学习，正是收获颇多，体验满满，诸多感悟总结为三个字：累、实、乐。

感悟一・累

备考前的英语复习、综合能力练习，这些都需要时间，而时间就如海绵里的水，挤挤总会有的。比如下班后，收拾完家务和陪孩子玩好睡觉后，抽一个小时学习综合能力里

知而不行，是为不知，行而不知，可以致知。通过 MPA 课程的系统学习后，有了更深的感悟，教育体系的完善，是政策导向与文化发展的催化剂。政策导向可治标，是为知；文化发展能治本，是为行。知行合一，才能良性发展！感谢在 MPA 的学习，让我以后能更好地指导工作！

——何芙蓉（南京师范大学 2017 级 MPA，MogooPlus 蘑菇优加高端托教中心）

的数学、逻辑；早上起床，边洗漱边背单词；中午午休时，抽空做做历年考试真题。再稳的数学逻辑思维，再好的英语老底，也架不住毕业后十来年的荒废，最基本的复习还是需要的。

非全日制的学生，都是单位的年轻人，工作内容基本上都是满负荷运转，家庭里也是上有老下有小，参加 MPA 课程学习也是抱着虔诚的学习态度，想要学习到知识全面提升自己。因此利用休息时间，牺牲陪伴家人的时间来上课，从早上 8 点到晚上 9 点半，连续两天的上课学习，让人眼睛累、耳朵累、脑袋累、身体累。

期末考试，不管是开卷还是闭卷，还是有点犯怵，虽然每堂课都认真听，也仔细做笔记，但是对于考试，这种过关型的考试，还是不能没有准备，毕竟还是考试，过关后才能拿学分绩点，才能论文开题，才能顺利毕业，因此逢期末考试，又是一番鸡飞狗跳，既兼顾工作又要忙于准备考试，累得身心俱疲。

感悟二・实

江科大的老师们很实在，每堂课都经过精心准备，课程内容很扎实，授课的 PPT 既翔实又精美，讲述的也是实实在在的内容，一学年下来，还是能学到很多公共管理、公共经济方面的知识，自己对于公共管理也有了系统地认识。

安排在周末节假日的课程，排列得也很紧实，除了吃饭睡觉上厕所，几乎没有休息时间，整个半天全是一门课，有时候课程进度较快时，半天能学两个大章节的内容。还有课后布置的作业，让我们下课后时间、工作外时间都在做作业，消化前阶段的学习内容，甚至需要预习下一阶段的学习内容。这样紧实的安排，让我刷手机逛淘宝的时间都少了很多，提高了自己管理时间的水平。

准备毕业论文也要脚踏实地，一步一个脚印。第一学年，我的导师汤院长语重心长地告诫我们、教导我们这些跟着他的研究生，搞学术要勤勉认真，提早准备，容不得半点马虎，除了正常的课程学习外，要考虑自己的论文方向、题目，还需要找专业优秀的文献资料研读，需要提早准备论文需要的数据等资料。

作为一名社区工作者，身处基层，工作内容纷繁复杂。通过 MPA 三年理论结合实际的专业培养，使我提升了对公共管理的认识，增强了处理社区事务的能力。回望中国 MPA 的过去，生于毫末，砥砺奋进；展望中国 MPA 的未来，薪火相传，止于至善！

——周海宁（南京师范大学 2018 级 MPA，南京市建邺区沙洲街道中城社区居民委员会）

感悟三·乐

北宋大家欧阳修告诉我们：立身以立学为先，立学以读书为本。修身养性的最好的方法就是读书学习，而系统地学习书本上的知识，有专业的老师们来为自己答疑解惑，讲授一些自己本来不懂的知识，能起到事半功倍的学习效果。而 MPA 学习过程，就是这么一个从一窍不通到豁然开朗的过程，这是一次让自己很快乐的经历，不仅仅收获到知识，更是精神上的愉悦。

回想起当时得知自己笔试过复试分数线，复试后被录取，拿到录取通知书，欢呼雀跃的心态现在还能再次感受；在学习中每当钻研一个知识点，多懂得一个道理，多理解一个理论点，都会欣然一笑；期末考试经过努力准备，最终顺利过关，有长吁一口气的释然。

MPA 学习也给自己带来了实实在在的欢乐！

问渠那得清如许，为有源头活水来。MPA 学习之旅，今后还有一学期的课程学习，还有近两年的毕业论文准备时间，选题、开题报告、论文成型，查重、送审、答辩等，一个一个排着队等待着自己去一一攻克，但我相信，只要自己勤奋好学，足够努力，保持钻研精神，一步一个脚印，就一定能顺利完成每一个环节，一定能在自己的 MPA 学习中满载收获，一定会无悔自己这段宝贵的学习生涯！

现代化社会治理金陵网格出实招，放管服体制改革江苏探索不见面。

——顾　馨（南京师范大学 2018 级 MPA，南京市江宁区行政审批局）

读江科大MPA感受

江苏科技大学2019级MPA　宗　啸

江苏科技大学的MPA教育以启发式教育为主，教师不会强行灌输个人观点，而是积极引导，让学生独立思考，发表各自的见解。会经常邀请名校大师来进行学术交流，以定期讲座的方式进行拓展学习。

在一次公共伦理课上，教授给大家做了一个题目："如果你是区财政局的一位局长，小周是你们单位的办公室主任，市财政局的局长让你撤掉这个主任，但是小周跟省里面的财政厅厅长有关系，知道市里面局长的意思后，省财政厅厅长联系你不准撤掉这个主任。这个时候，你要怎么做呢？"当时，作为一名区级部门的小科员，我真是不知该如何是好，毕竟，这种事情我没有见过，更没有处理过。同学们也大多跟我一样的情况，身为小小科员哪里见过这种情况，大家各抒己见，大多数学员认为应该听上级部门的。后来教授说：在我们当前的体制中，无论做什么事，都要按规章制度来，按流程来，不是领导一拍板子就可以了。我听了以后感觉有些羞愧，什么时候开始，自己已经习惯性地为领导马首是瞻了呢，我觉得应该是大环境的影响，大家都认为，领导能做成领导，一定有自己的过人之处，专业突出，人际关系处理得当才能当领导，所以要听领导的话，听领导的话总没错，这几乎已经成了每一位公务人员的想法了。

我们班的MPA研究生全是来自江苏各地的公务员、事业单位人员，通过与他们的接触，我对江苏各地的风土人情、风俗文化也有了更多的了解。虽然大家同处一个省份，但是各地公务员的工作时间、工资报酬、办公文化都不相同，通过相互交流了解，我发

学习公共管理就是学会将体制内的原则和体制外的融通合二为一，真正做到经世致用。

——蔡一帆（南京师范大学2018级MPA，江苏省盱眙县文化广电和旅游局）

现大家薪水不算高，但是大家都是真心想为这个社会做贡献才选择做公务员的。并且大家对自己的工作都很满意，学员的配偶也多是体制内人。每个城市的公务员薪水待遇相差较大，大都跟城市本身的经济实力相关，但都是在各自城市里算中等收入水平。整体来说，江苏公务员福利待遇还是比较好的，尤其跟私营企业相比，在社会保险这块，女公务员的福利待遇要比企业女职工好很多，一般来说，女公务员的产假以及产后复工等诉求更容易得到保障，怀孕生产所受的优惠照顾更多，这也可能是公务员考试女性考生比男性考生多的原因之一。

我们班也有许多学员是在基层工作，今年疫情暴发的时候，大家都是冲在一线，有些学员春节期间一天都没有回家，在各个卡口坚守。我想，咱们中国的防疫工作取得了巨大成绩，离不开广大党员干部群众共同努力，离不开党的坚强领导和社会主义制度的优越性。没有基层干部的默默奉献，疫情也不会这么快遏制，让世界又一次看见中国速度。新型肺炎的疫情不容忽视，避免人员聚集，是当前遏制病毒最有效的手段。疫情暴发后，我们一直在上网课，上网课的时候，老师分享了一些优秀学校的优质课程，让我们学习到了更多公共管理知识，这对我们的工作是很有帮助的。

我们很多 MPA 学员本科都不是学的公共管理，通过在江苏科技大学人文社科学院 MPA 专业的学习，能够帮助我们学到更多公共管理方面的知识，帮助我们适应社会公共管理现代化、科学化、专业化要求，更清晰地认识这个社会，更准确地分析形势，更专业地为人民服务。

不怕失败者灌输的恐慌，唯怕上位者制定的上限。兼顾工作、家庭、MPA 的我们，虽然前行的道路注定辛苦些，但如果不去突破些什么，推倒些什么，有些遗憾。生而为人，很普通，是我们内心的东西让我们不普通，加油吧，三十而已的少女！

——陈　玲（南京师范大学 2019 级 MPA，南京市交通运输局）

在江苏科技大学 MPA 学习的感悟

江苏科技大学 2019 级 MPA　万　程

从 2019 年 9 月份开始到现在，在江科大 MPA 的征程上已经不自觉地行进了 10 个月份。说长不长，说短不短，但是对于已经工作多年，闲暇时间极少的 80 后来说，是极富挑战的事情。加之工作所在地离江科大有着近 200 公里的车程，但是为了知识，为了学历，多少酸甜苦辣，都要默默承受。

谈起读 MPA 的感受，首先要从备考开始。在学校的选择上，作为工作在盐城东台市的我，成本可能是我考虑的第一因素。第一，当时供选的几所院校不外乎南京、镇江、扬州，这些院校中能够提供住宿的仅江苏科技大学了，要知道周末的时候南京、扬州的酒店价格相当不菲，更不用说法定节假日的时候了；第二，江苏科技大学的学费是 1 万元 / 学年，远低于其他院校，仅仅是比全日制多了 2000 元，值得一提的是，下一届的时候学费提高到了 1.5 万元 / 学年，比较庆幸；第三，本人本科就是在江科大读的，对江科大有天然的亲切感，于是江科大成为当仁不让的选择。我从事渔政执法工作，在 9 月伏休结束后，工作节奏是相对放缓的，给了我比较充足的时间来准备。笔试结束后，成绩尚未出来，机构改革方案终于落实到县这一层级，我们大队 34 人也面临改革转隶，选岗的时候，由于看不惯领导和一些同事的违规违纪行为，没有选择转隶自然资源与规划局，而是与其余 7 名同事转隶到了农业农村局，继续从事渔政工作，工作职责也发生了变化。短短半年时间不到，我从办公室被调去海洋执法中队，改革后又到了船检科，不停地面临工作角色的变化，并且改革后原单位的职能基本保留在我们这边，工作压力非常大。幸运的是，

“人生如棋，落子无悔”。每个人都会面临很多的抉择，希望你们可以尊重自己的选择，正如电影《哪吒》里的台词，你们收获了什么，由你们自己说了算，既然选择了，就坚持走下去。

——黄金金（南京师范大学 2019 级 MPA，焦点科技股份有限公司中国制造网）

笔试成绩出来后还比较满意，再经过一轮面试，2019 年 6 月份如愿收到了江科大的录取通知书，总算辛苦没有白费。

2019 年 9 月份，正式开学了，上课时间安排在周末，东台、镇江两地跑不说，早上 8 点开始上课，早上时间非常赶，只好周五晚上开夜车到宿舍先睡一晚，每个周末过得比上班还累。两个月后，大龄青年的我终于结婚了，于是开始了有课时候早出晚归，无课时候各种筹备，上班变成了最好的休闲。辛苦是不用说的，但是开心也是有的，辛苦之余也幸福啊。

MPA 的学习，除了收获知识，也收获了很多友谊，学习中认识很多同学，通过微信群联系慢慢多了起来，一起上课完成课堂作业，一起吃饭，一起参加活动，一起交流学习、生活乐事趣事以及分享生活经验等，学习上相互帮助，生活上相互照顾。

2020 年初，新冠肺炎疫情迅速向全国蔓延，归校复课遥遥无期。学校为了帮助我们持续学习，防止假期滑坡，实行“停课不停学”的方法，开始上网课。老师按课程表给我们进行网上授课，在这样的情况下，我们还能有上课学习的机会，要好好珍惜。每一节课，我们都认真地听讲、记笔记，完成老师每天布置的打卡作业。老师也很辛苦，每天不但在网上给我们批改作业，而且还要关心我们的健康，让我们每日坚持健康打卡。在线直播教学，对我们的老师也是一项挑战，老师们从未遇到过这样的情况，如何保证教学质量成了一个难题。记得这学期的第一节课，在线签到就花了一节课的时间，被笑翻了。不同的老师用不同的工具和平台，用不同的方式，有的用小程序签到，有的在线一个个地点名，有的用 QQ 平台直播课件，有的在慕课让同学们点播可能，一门课一个 QQ 群，虽然麻烦，也实实在在地感受到了老师们的用心。暖心的是，作为公职人员，很多同学周末是需要加班的，这个时候会有热心的同学帮着把要点做好记录，共享在微信群里，供大家共同学习、共同进步。

与本科学习不同，研究生学习的第一学年就是非常关键的课程，在这一年中学习了公共经济学、政治学原理、公共政策、公共管理等，可谓受益匪浅。MPA 给我们带来的最重要的东西，是对我们固有的观察、分析、思考和决策思维模式的扩充。长期以来，

在 MPA 学习的过程中，我不仅收获了知识，还结识了知识渊博的老师和团结友善的同学，十分庆幸自己能成为 MPA 这个温暖大家庭的一员。

——郑洋洋（南京师范大学 2019 级 MPA，江苏警官学院）

我们每个人在工作中都形成了固有的思维模式和观念，而这种观念和思维模式决定了一个人的行为。所以说，只有改变了一个人的观念，才能改变一个人的行为与做事方法，单纯依靠理论知识是改变不了的。通过 MPA 学习，确实能够改变一个人的观念和思维模式。MPA 教育最重要的特点是实用性，不重在灌输知识，而在于你怎样用你学到的知识去指导你的管理工作。我认为，MPA 给我们带来的最大收获是一种对新事物的记性、思考能力和开阔的视野。通过 MPA 学习，我们可以对以前工作中出现的问题产生新的看法，同时，通过更深层次的理解，会使我们在知识与技能、个性与心理、目标与愿望等诸多方面接受更多的挑战，对未来的事业与职位有更高的目标。

每个同学在某一方面或某些方面都有着非常丰富的成功经验，除了正常的课堂学习之外，课余时间相互交流沟通本身就是一个非常好的学习过程。因为身处在这样一个环境当中，大家很自然地会取长补短，总体水平就会水涨船高。这是一个良性的循环，激烈的竞争促使每个人拼命努力，加上大家都在各自的工作岗位上积累了丰富的经验，所以才能够相互交流、借鉴和学习，共同提高。

转眼一学年快过去了，我们 2019 级也进入了毕业论文开题阶段，很快就要正式准备毕业论文了，然后预答辩、答辩，可能一觉醒来，就是毕业典礼了。时光匆匆，岁月无痕，这几年的学习经历必将影响着我的人生，若干年后，回顾这段经历，必是洋溢着幸福的微笑，当江科大的消息出现的时候，定会不自觉地关注。

未读 MPA 时，我的梦想是“衣带渐宽终不悔，为伊消得人憔悴”。就读 MPA 后，我的感悟是“欲穷千里目，更上一层楼”。MPA 的教育对我的影响是锻造思维、开阔视野、提升交流、强化决策，这段求学历程让我受益终生！

——宋　祺（南京师范大学 2019 级 MPA，南京传媒学院）

作用与影响：东部沿海城市少数民族流动人口实证研究

——以苏州市为例

苏州大学 2007 级 MPA　刘椰斐

在经济社会快速发展和城镇化不断推进的情况下，全国人口在东西部之间流动与过去相比明显加快，西部欠发达地区少数民族人口不断流动到东部发达地区。苏州市作为中国改革开放的“前沿阵地”和江苏省实现“两个率先”的领头羊，吸引了包括少数民族在内的大量流动人口。笔者对苏州市少数民族流动人口情况进行采集，对苏州市少数民族流动人口的作用与影响进行实证性研究。

苏州市少数民族流动人口基本情况

（一）人口数据

截至 2017 年 12 月 31 日，全市流动人口总数为 826.34 万人，其中少数民族流动人口约为 18.71 万人，占比为 2.26%，涉及 53 个少数民族。同期，苏州市户籍少数民族人口约为 3.16 万人。（见表 1）

（二）民族成分

从民族成分看，超过 2 万的民族有苗族、土家族、彝族、回族，超过 1 万不到 2 万的有壮族。少数民族流动人口数最多的是苗族，接近 3 万人。

我爱 MPA，MPA 爱我。

——张正庆（南京师范大学 2020 级 MPA，中共安徽省芜湖县委组织部）

表 1　苏州市少数民族流动人口统计表（2009.12.31–2017.12.31）

年 份	2009.12	2010.12	2011.12	2012.12	2013.12	2014.12	2015.10	2016.12	2017.12
少数民族流动人口	57335	74761	96285	126041	135826	156109	161787	173525	187125
增长率		30.4%	28.8%	30.9%	7.8%	14.9%	3.6%	7.26%	7.84%
流动人口总人数	5904738	6234349	6480281	6552430	6527847	6989000	6981000	6976442	8263443
增长率		5.6%	3.9%	1.1%	-0.4%	6.89%	-0.11%	-0.065%	18.45%
流动人口少数民族占比	0.97%	1.2%	1.5%	1.92%	2.08%	2.23%	2.32%	2.49%	2.26%

数据来源：苏州市人口信息管理系统

（三）区域分布

从地域分布情况来看，苏州市少数民族流动人口超过 3 万的县（市）区有昆山市、吴江区，超过 2 万的有常熟市，超过 1 万的有张家港市、太仓市、工业园区、吴中区、相城区。其中昆山市最多，接近 4 万人。从区域分布规律看，外围县市和吴江区少数民族流动人口总数远多于外围城区，外围城区少数民族流动人口数量多于中心城区。

表 2　苏州市少数民族流动人口地域分布情况统计表
（截至 2017 年 12 月 31 日）

序号	地区	人数	序号	地区	人数
1	昆山市	39949	7	工业园区	13415
2	吴江区	30329	8	太仓市	12206
3	常熟市	27003	9	高新虎丘区	9554
4	吴中区	16542	10	姑苏区	5156
5	相城区	16292	11	吴中（度假区）	931
6	张家港市	15334	合计	187125	

数据来源：苏州市人口信息管理系统

（四）年龄结构与性别比例

苏州市少数民族流动人口中，40 岁以下人口占比 79.71%，50 岁以下人口占比

作为新的MPAer，我认为 MPA 教育是用科学的、理性的、逻辑的力量来提升学员们的公共管理水平，有力提升政府和社会团体的科学决策水平和行政效率。MPA 这 20 年来，我欣喜地看到整个社会行政效率的进步，展望未来，MPA 一定会为我国培育更多更好的公共管理人才！

——戴家俊（南京师范大学 2020 级 MPA，江苏省溧阳市审计局）

93.5%，其中 20–40 岁占 63.87%，20–50 岁人口占 77.66%。由此可见，少数民族流动人口绝大多数为青壮年劳动人口，在各行各业发挥着劳动者、建设者的作用。

在苏州市现有少数民族流动人口中，男性 105162 人，女性 81963 人，男女总体比例为 56.2 ： 43.8。除了 60 岁以上人口男女人数基本持平外，在其他不同年龄段，均呈现女少男多状态，比例基本在 55 ： 45 左右。男性多于女性 2 万余人。

（五）受教育与从业情况

据 2014 年度调研统计，苏州市的少数民族流动人口中，高中及以下文化程度占 95.56%。2017 年底统计，高中以下文化程度占 92.95%，学历层次总体略有提高，但整体仍然偏低。初中到高中及相当层次学历人数占总人数的 81.22%，是苏州市少数民族流动人口文化水平的主流，且以初中以下文化层次为主。同时，当前苏州市少数民族流动人口中，小学及以下文化层次人口占 11.73%。

表 3　苏州市少数民族流动人口学历层次分析表
（截至 2017 年 12 月 31 日）

学历	人数	占少数民族流动人口总数比例	累计汇总	累计汇总占比
文盲或半文盲	1108	0.59%	1108	0.59%
学龄前儿童	2102	1.12%	3210	1.72%
小学	18744	10.02%	21954	11.73%
初中	106765	57.05%	128719	68.78%
技工学校	2837	1.52%	131556	70.30%
中等专业或中等技术学校	12570	6.72%	144126	77.02%
高中	29827	15.94%	173953	92.95%
大学专科和专科学校	6708	3.58%	180661	96.54%
大学本科	5883	3.14%	186544	99.68%
研究生	593	0.32%	187137	100.00%

数据来源：苏州市人口信息管理系统

星光不问赶路人，时光不负有心人。即将踏入南京师范大学校园的我们，应坚持理论联系实际，学以致用；潜心钻研学问，学有所成，努力成为南师大 MPA 的优秀学子，在自己的工作岗位上再创辉煌。

——许沁暐（南京师范大学 2020 级 MPA，南京海事局）

大学专科及以上层次少数民族流动人口总数为 13184 人，虽然比例只占 7.05%，但考虑到近年来人口流入总数不断增加，因此学历相对较高的少数民族流动人口绝对数量也已呈现上升趋势。

根据苏州市民宗局以往统计数据显示，来自我国西南部的贵州省、云南省、四川省和湖南省、湖北省等地的少数民族流动人口中，在企业打工的比例比较高。而地处祖国西北方向的新疆维吾尔自治区、青海省、甘肃省、宁夏回族自治区等地流入的少数民族人员，从事玉石交易、开拉面店、烤肉店和特色农产品经营等个人自营的现象比较普遍。

（六）流动人口流出地情况

就全国来说，除了台湾地区和香港、澳门特别行政区外，其余各省、自治区、直辖市都有少数民族人口流入苏州。从流出地情况看，向苏州市输出人口超过 1 万人的省（自治区）有贵州省、云南省、湖南省、湖北省、广西壮族自治区、四川省。

少数民族流动人口进入城市发挥的作用

少数民族流动人口进入城市，既促进了所在城市经济社会文化的发展，丰富了当地物质和精神文化生活，增进了各民族之间的交流交往交融，也间接带动了民族地区的经济建设。

（一）助力经济社会发展进步

少数民族流动人口大量来到苏州，给苏州带来了大量的青壮年生力军，为各行各业注入了新鲜血液，弥补了城市发展中劳动力资源的不足。少数民族地区务工人员，劳动力成本相对较低，有助于降低纺织、服装、电子等劳动力密集型企业用工成本，保持产品的价格竞争优势。

（二）促进城市经济多元发展

回族、撒拉族群众经营的拉面店、牛羊肉店，维吾尔族群众经营的烤肉店、新疆餐厅，还有蒙古族群众经营的餐厅，促进了苏州餐饮行业的多元化发展。新疆玉石原石经营户带来的各种玉石原石与苏州玉雕传统工艺完美结合，在十全街、相王弄区域形成特色经

MPA，一段新奇有趣的旅程，承载与校园生活再续前缘的约定，带动灵魂找到梦想的彼岸！与智者同行，于人生之路，遇见更好的自己，归来仍是少年！

——王　梅（南京师范大学 2020 级 MPA，泰州市姜堰区溱潼镇人民政府）

营产业聚集区，带动数千人从事玉石雕刻设计、加工、销售，促进了苏州玉石行业的发展，形成了苏州“玉石街区”。

（三）丰富城市文化生活内容

各级越来越重视加强开展基层群众文化活动。少数民族流动人口在与当地群众交往交流过程中，特别是参加各类节庆活动、文艺汇演期间，一般都邀请他们展示少数民族文化，比如穿着民族服饰、表演民族歌舞、展示民族才艺等，城市多民族化和文化多元性趋势初步显现。

（四）提升少数民族群众能力

在苏州务工的少数民族群众，可以在企业接受生产、劳动技能培训，掌握有关行业先进的生产技术，还可以接触苏州地区先进企业的管理方式、经营理念、企业文化。经过长期接触和观察，耳濡目染当地经济社会的发展方式、人文环境、风土人情，感受苏州“崇文、融合、创新、致远”的城市精神，多方面提升自己的综合素养。

（五）带动流出地区经济发展

少数民族流动人口来到东部沿海城市，既解决了民族地区富余劳动力就业问题，增加了少数民族群众家庭收入，也培养了民族地区西部大开发的先行军、生力军。同时，沟通了东西部市场，加强了信息交流，为民族地区引进新技术、新设备、新理念提供了契机，可以间接促进民族地区社会变迁，推动流出地社会经济发展。

在看到积极作用的同时，也不可避免地存在一些消极影响，主要是经营方式存在不规范的现象，给城市管理带来一定的矛盾，给社区服务管理带来一定的难度，给综治维稳带来较大的压力，给穆斯林服务管理带来新的要求，对城市公共服务带来新的考验。

少数民族流动人口在东部城市面临的困境

从调查情况看，少数民族流动人口在东部城市面临的困境，总体来讲，多数也是汉族流动人口面临过或正在面临的困境，包括但不仅限于以下几个方面：

（一）知识技能层次较低，就业渠道较窄

以创业的心态终身学习，在终身学习中不断成长！

——李　颖（江苏科技大学2017级MPA，共青团镇江市丹徒区委）

许多流动少数民族人员从农村来到城市，从家乡来到苏州，第一件事是要能找到一份工作。从统计数据看，苏州市少数民族流动人口学历层次普遍较低，初中及以下文化层次人数占比达 70% 以上。他们大多集中在建筑、纺织、电子装配、服务等低端产业或劳动密集型企业。

（二）居住条件相对较差，生活环境多数比较低端

为节省成本，少数民族流动人口多采取合租、群租或“经营、仓储、居住”三合一的方式，解决居住问题。一些刚到苏州从事拉面经营的家庭户，经营之初，为了节约成本，不得不选择租住位置较偏、相对破旧、租金较廉价的民房。

（三）重视子女教育，但面临入学困难

苏州市教育水平，在全国处于领先地位。对于流入少数民族群众来说，会面临资源稀缺、语言障碍、政策门槛等问题。自 2016 年开始执行积分入学政策后，未办理居住证、未缴纳社保等不符合积分入学条件的，无法到公办学校就读。有些流动少数民族家长对这项政策持观望态度，没能及时办理相应手续。

（四）社会保障权益覆盖率低

有的少数民族流动人口由于流动性大，社会保障意识不强，再加上很多人不是正式职工，经营者一般不愿意为他们办理社会保险。据调查统计显示，在姑苏区范围内从事拉面行业的少数民族流动人口中，购买社会保险的占比不足 30%。

（五）文化生活单调，文化消费很少

走访得知，少数民族流动人口因从事的工作消耗体力、精力较大而收入有限、家庭支出负担较重，或因语言不通不愿与社会多接触。调查表明，流动少数民族群众社区活动参与度较低，在姑苏区调查的 95 名外来少数民族人口中，只有 15 人参加过社区组织的各种活动。

少数民族流动人口对公共部门服务管理带来的主要影响

少数民族流动人口大量进入苏州，主要是对从事与少数民族群众相关服务与管理的

相逢又告别，归帆又离岸，既是往日欢乐的终结，又是未来幸福的开端。

——施小建（江苏科技大学 2017 级 MPA，扬州市自然资源和规划局）

政府部门带来了一些重大影响，同时对非营利的社会团体组织如民族团结进步促进会的工作也带来一些影响。这些影响主要有：

（一）民族工作对象发生重大变化

从历年统计数据看，2005 年前苏州市少数民族构成都是本市户籍的少数民族，2006 年开始统计外来少数民族人口。从 2006 年底的 1.6 万到 2017 年底的 18.71 万，12 年间，苏州市的外来少数民族人口增长了近 12 培，占到整个城市少数民族人口的 85.55%。

少数民族人口的迅速增长，一方面将外来少数民族的文化融入苏州，使苏州城市文化更加丰富多彩；另一方面，也要求当地为外来少数民族群众与当地各族群众在各个层面上相互交往交流交融提供平台。随着少数民族流动人口的迅速增长，当地各级党委政府必然要将这一群体作为民族工作重要对象，纳入服务与管理的目标范畴。

（二）民族工作重点发生重大变化

2006 年以前，每年少数民族人口增加的数量不多，增加的人数也都是以贫贫结合、贫病结合、贫残结合的婚嫁形式进入苏州市。这一阶段，苏州市民族工作的重点是帮助少数民族群众脱贫致富以促进“共同繁荣发展”。

2006 年至 2009 年期间，由外来少数民族群众引发的各类矛盾纠纷也呈逐年上升均势。2006 年 53 起，2007 年 77 起，2008 年 94 起，到 2009 年最高达 106 起。民族工作的工作重点转向处理各类矛盾纠纷、维护社会稳定，努力实现“共同团结奋斗”。

随着民族团结进步宣传工作的不断推进，“共同团结奋斗”的局面不断改善，苏州各地各级民族团结氛围日益浓厚，从 2010 年开始，由外来少数民族引发的纠纷，呈逐年下降趋势，到 2017 年度，矛盾纠纷已下降至个位数。但随着少数民族流动人口总量不断扩大，仍然需要引起各级高度重视，继续巩固和加强民族团结工作。

实现各民族“共同团结奋斗，共同繁荣发展”是民族工作的主题，也是城市民族工作的主要目标任务。围绕这个目标任务，民族工作的工作重点由原来以促进“共同团结奋斗”为重点转变为以现阶段实现“共同繁荣发展”为重点，努力实现全面建设小康社会一个民族都不能少、一个民族都不掉队。

感念师恩，寄情母校，以梦为马，不负韶华。

——李维力（江苏科技大学 2017 级 MPA，安徽省科学技术研究院）

（三）民族工作模式发生重大变化

2014 年 1—4 月份，苏州市民宗局对苏州市不同所有制企业、高校、社区、社团等单位和组织进行了抽样调查，在 300 个非公有制企业中，少数民族人数超过 50 人的企业有 29 个；在 32 个国企中，少数民族人数超过 50 人的有 3 个。另据 2017 年度统计数据，在 1 290 个社区（村）中，少数民族人数超过 50 人的有 930 个；在 24 个高校、高中和职业学校中，少数民族人数超过 100 人的不少于 6 个。

少数民族外来人口，分散在学校、公司、工厂、饭店、交易市场等各类工商业、服务业，居住地则相对分散在广大社区，单纯依靠民族部门协调管理民族工作的模式已经不再适应民族工作形势发展的需要。因此，必须针对形势变化需要，把少数民族流动人口的服务管理纳入党委政府的视线范围内，加强党对民族工作的领导。必须积极适应新情况，探索民族工作进社区、进学校、进企业等城市民族工作的新载体，发挥好社区、高校、企业做社会工作的主体责任和主观能动性。必须统筹民族部门牵头、多方力量参与，建立健全流入地与流出地政府协作，政府部门与学校、企业、社会团体共同携手共治的少数民族流动人口服务管理格局。

感谢母校为我们提供了一个优雅的学习环境和展示自我的平台，您拥有雄厚的师资力量，以及齐全的教学设备。让我们尽情地汲取知识的营养，展示自我，放飞梦想。谢谢老师们的关心和鼓励。我学会了自主学习、做人做事。让我们一起努力，祝福母校明天更美好！

——汪　敏（江苏科技大学 2017 级 MPA，江苏省丹阳市出入境大队）

THREE

散叙老时光
漫谈新梦想

SAN XU LAO SHI GUANG
MAN TAN XIN MENG XIANG

钟山夜雨忆峥嵘

南京大学 2004 级 MPA　朱　玫

这两天恰逢金陵梅雨，伴着沙沙雨声，更加真切地回忆起加入 MPA 的点点滴滴。真没想到加入这个群体一晃 16 年了，仿佛从来没有离开过，试问还有哪个组织给你这个感觉？随时随地接受你，见证你从青年迈向中年，甚至老年也可期。

真的好像从未离开，清晰地记得那些荟萃的群星。给我们上课的老师个个名字如雷贯耳，张永桃、童星、张凤阳、闾小波、庞绍堂、周建国……很多老师已经好多年不见，但他们的音容笑貌还鲜活地留在记忆中，他们的言传身教一直是我们的精神支柱。还记得庞绍堂老师嬉笑怒骂的讲课风格，他一边恨铁不成钢地骂着我们这群缺乏理想的公职人员，一边又竭尽所能传道希望我们能成为有灵魂的国家公器。如果他现在看到我们估计会嘴上数落着，心里高兴着，因为我们这群人正在兼济天下的路上勇敢前行。

真的好像从未离开，清晰地记得那些高光的时刻。2006 年在校时，那年我们举办了第一届 MPA 论坛，当时我作为学生代表就太湖治理做了发言，当时的学校书记是闾小波老师，对我的发言做了点评，没想到很快闾老师就做了我的毕业论文指导老师。毕业论文当年也是代表南大去参加全国 MPA 大赛，只是一直不知最后结果。因为毕业时我已经在美国紧接着攻读 MBA 学位了。还记得是女儿代我去拍了毕业照，感谢同学们的宽容，让那个小不点（还是四年级的小学生）站在一群大学生中间代我见证了那个光荣的时刻。

真的好像从未离开，清晰地记得那些光辉的岁月。MPA 十周年的庆典，全国各地的学友涌入南大，五湖四海，不分东西，不分老幼，我们都拥有一个共同的头衔 MPA 人，

爱智慧、存高志、落实地，相信自己有解决问题的能力，磨砺自己解决问题的能力，承担自己的社会责任、使命，用公共精神为社会做点贡献。

——严　鑫（江苏科技大学 2018 级，江苏省句容市人社局）

我们慷慨陈词，我们激扬文字，编撰了一本 MPA 十周年文集，里面收录了几十名学子在校或离校所思所为，我们永远以公共管理的精神追逐着我们的梦想、践行着我们的信念。

*真的好像从未离开，清晰地记得那些可爱的同行者。*同学毕业 13 年，无论何时，只要有召集，大家都会赶来相聚，无论何事，只要有需要，大家都会守望相助。MPA 协会无论换多少届，只要一声召唤，我们都会从四面八方聚拢而来，为了同一个主题建言献策，我们用行动实践着曾经的誓言，我们一路同行。

*真的好像从未离开，清晰地记得那些记忆犹新的公益活动。*我们历届学员代表黄煦、杨忠民、曹卫秋、吴志祥、蒋凯渊、张士永、林莉、柳成城……一个个闪光的名字，辉映的是他们为 MPA 协会无私的奉献，奉献给新老同学们一个个精彩的活动、一场场心灵的对话、一次次公益的付出。2015 年底，在大家帮助下传承 MPA 理念，我用业余时间办了一个碧水蓝天环保沙龙，很多公益活动的成功举办，也得益于 MPA 同学的相助。

“道器相济，兼有天下”。钟山夜雨中，真的好像从未离开你。

MPA 学习可以扎实基础、丰富经验、开拓视野、提升格局，是人生道路的一个重要台阶。

——刘超勇（江苏科技大学 2018 级 MPA，苏州天标检测技术有限公司）

MPA 二三事

南京大学 2005 级 MPA 孙 义

一件小事：老师教我接电话

我读 MPA 之前十年事业单位的职员生活，日子不是得过且过漫不经心，就是自以为是盛气凌人，甚至养成了一些恶习，接电话时的态度就是一例。一天午后，我在睡意蒙胧中接到论文导师黄老师电话，依然沿袭老习惯，不耐烦地接起电话，拖长声调回应："喂！"

"你是孙义同学吗？我是黄健荣。"电话南头传来黄老师温和的声音。

"啊？！噢，黄老师？黄老师好！"我立即换了一副恭敬的语气，翻身从床上坐起来。没想到黄老师会主动打电话给我，估计是讨论毕业论文的事情，前两天我才把提纲发给他。

"我们先不谈论文，先说说你接电话的方式吧！"黄老师依然是不温不火，用特有的平和声调对我说。

"你接电话的方式不合适啊！你这个'喂'，官腔十足，一副拒人千里的架势。这不好！你官做得不大，怎么这样说话呢？再说，你这个不耐烦的'喂'出来后，而当你知道对方身份时，又变得客气起来，这样前倨后恭，何苦呢？建议你呀，以后无论接到什么人的电话，都首先热情客气地打个招呼，说声你好，待之以诚。这样，遇到长者尊者你不尴尬，遇到其他人你也不会失礼！"

在江苏科技大学求学的岁月，我掌握了科学的研究方法，开拓了学术视野，提升了思辨能力，这些都将成为最宝贵的知识财富，伴随我不断学习成长。

——韩连权（江苏科技大学 2018 级 MPA，常州工程职业技术学院）

身上毛病久了，就会长到身体里，一旦被触碰，才会隐隐地疼。黄老师的批评教诲，让我警醒。毕竟已不是小年轻，不夸张地说，电话还没有接完，竟是一身汗。

从此，接电话、打电话之前都酝酿一下，保证自己情绪饱满、声调适当、口齿清晰。因为你的一举一动、一言一行，是否有温度有诚意，即便隔着再长的电话线，别人也会感受到。

工作十年后，我才学会了打电话。

一件大事：老师教我写论文

我本科学的专业是思想政治教育，算是文科，舞文弄墨是自己的小爱好。工作以后经常发些小文，一向自以为文笔不错，写毕业论文应该不在话下。尽管知道导师是黄健荣教授后，很多人告诉我："你完蛋了，黄老师特别严厉，看你怎么过！"但我并不在意。

我的学位论文选题是转型时期高校基建部门腐败问题研究。黄老师对我做学位论文要求十分严格，不仅在确定论文选题、研究方法、论题切入、谋篇布局等方面和我反复斟酌讨论，而且在研究提纲和论文写作时一直严格把关，对论文展开论述的逻辑、行文的文法修辞和资料准确性可靠性方面的问题，一点都不放过！真正感到压力，在第一次写作提纲发给黄老师后就已经开始了！在给我发回的提纲初稿第一页开头，黄老师就写明用五种颜色标示文中已作批改文字段落的意思：红色是提示、建议或修改；蓝色是有疑问，提法、逻辑或事实的准确性需要再推敲；黄色是删掉的；紫色是调整了词序；绿色是句子上下衔接不大好。再看一看正文，原来交给黄老师的黑白文档，简直变成了彩色文档——通篇都是彩色标注，从标点符号到章节标题，事无巨细一一标明，感觉黄老师的批改比我写的时间都长。过了较长一段时间，老师给我发回我的文稿上彩色才渐渐减少，我一直悬着的心，才渐渐落地。回头看看，我的写作提纲和论文，黄老师都改了五稿！

十多年来，除了高考以外，从来没有时光如这年夏天那样拼搏和辛劳，每天早出晚归，查阅资料，冥思苦想，反复修改。随着案例与数据的充实，文辞与逻辑的理顺，黄老师

毕业十年，我又成为一名学生，努力给孩子树立一个积极向上奋斗的形象。我相信内心的丰盈会写在脸上，我相信前方将有更好的风景。

——刘　淼（江苏科技大学 2018 级 MPA，泰州市残联）

在评语中给予的肯定和鼓励不断增加。终于有一天，黄老师通知我，你可以准备答辩了。

毕业论文答辩后，我这篇论文被评为学校优秀 MPA 毕业论文，后来还在黄老师的推荐下上了中国知网。或许是由于我的学位论文研究的问题正触到社会热点，或许是因为论文的分析尚有一定见地，从 2009 年 10 月到 2013 年 12 月，《中国新闻周刊》、中国新闻网、《中国青年报》、央视新闻 1+1 节目组等国家级媒体先后就这篇论文所研究的问题对我进行采访报道。2009 年以来，凤凰网、《科技日报》、经济观察网、《经济观察报》《瞭望》《法制晚报》《半月谈》、人民网等许多媒体先后转载上述报道或引用我的论文。这样的情形使我既感高兴又有些许不安，感觉好像是进入了我人生的一个高光时刻。

很多想读和在读 MPA 的学弟学妹都曾问我，读研期间最大收获是什么，我总是毫不犹豫地说：逼着自己，认认真真做一篇毕业论文。

感谢黄老师做我的导师，让我读研两年多，有了许多收获。

一件幸事：认识一群紧跟时代的人

我们这一届 MPA 注册的是 2005 级，实际上是 2006 年春天入学。那一年，春暖花开，小女出生，从妇幼医院出来到南大礼堂参加开学典礼，所以印象特别深刻。2008 年 MPA 毕业，以为从此再也和南大 MPA 没什么关系了，没想到这才是开始。

我自己用业余时间真正开个公司也是 2008 年，经营创意设计、数字印刷、展览展示等小事。于是就从为同学们印制毕业论文开始，与大家有了更多接触，慢慢参与 MPA 发展进程中。从南京大学 MPA 研会、协会主办的《管见》杂志，到江苏 MPA 论坛、十周年纪念文集等，用自己微薄的能力，为同学们做些力所能及的小事。

一群 MPA 人分居各地，时聚时散，不紧不慢，但都在同一个主题下，奋力前行。他们紧跟时代需求，用科学理性精神，探求发展之道，并落到实处，做好自己的工作。中国“MPA 之父”夏书章教授曾说：“MPA 的精神就是紧跟时代需求，既要有科学要求，也要有人文追求，一切从实际出发，一切落到实效。”一路走来，很荣幸能与南大 MPA

在攻读 MPA 期间，感谢老师既保留了我现有的社会思考能力，又可以有效提升所学的 MPA 知识，增强社会实践能力。

——陈 锐（江苏科技大学 2018 级 MPA，常州市金坛区市场监管局）

人一道，用自己的行动，见证 MPA 的崛起，弘扬 MPA 精神。

以 MPA 新年沙龙为例，从南大到江苏，从江苏到全国，影响逐步扩大，同学从全国各地赶来参加。沙龙每次确定一个主题，比如 2012 年的主题是“从李琢微博门看公共治域下的微博存在”，2016 年是“特朗普时代对世界和中国的影响”，2017 年是“政务服务中新媒体手段的应用探究”，都是当时的社会热点问题。参会有主题发言的同学，精心准备、观点独到，其他同学踊跃发言、热烈讨论，嘉宾或老师分析引导、精彩点评，每次参会都让我对社会热点问题有新的认识、新的收获，逐渐充实了自己的知识体系。

考研读书的好处很多，比如，除了给了你一张通行人世间的证书，还因此收获一群志同道合的朋友，让人生的路不寂寞，幸甚。才女学妹魏艳鸣的《MPA 感怀》，记录了她学习的心路历程，也反映了我这时的心情：

聚为热火散为星，一曲弦歌一路听。莫道征涯涛浪远，扬帆鼓棹正当龄。

不知道为什么，脑中又浮现一句佛语：“如入火聚，得清凉门。”

我深信，与如许良友为伴，人生之旅能走得更远更从容！

经过一年专业课程的学习，发现“公共管理”其实无处不在。从工作积累到理论学习，再到工作中去实践，努力做一个有知识、有理想、有担当的“公管人”。

——薛晓川（江苏科技大学 2019 级 MPA，江苏省镇江监狱）

当我选择 MPA，我选择了什么

南京大学 2007 级 MPA　孙尊超

似乎就在一转眼间，小区绿地里满树雪白雪白的梨花就消失了，树枝上突然缀满了鸽子蛋大小的果子。看看日历，2020 年都快过去二分之一了。这几个月来，新冠疫情占据了几乎所有的思绪，现在终于可以稍微喘口气，开个小差，想想别的东西。同学发来信息说，我们从南大 MPA 毕业已有十年了！嗨，快变成小老头了。

此言不虚——不用特别仔细分辨，彼此的头上都能看到许多遮不住的白发。读 MPA 的时候，我们还是一起打球、唱歌的青年呢。“我与使君皆白首，休夸年少风流”，那时我们多年轻啊，意气风发，野心勃勃，像王小波说的那样，我们有好多奢望，想爱，想吃，还想在一瞬间变成天上半明半暗的云。晴朗的下午，校园里的银杏树被夕阳镀上一层金色，四周林立的高楼在天空中深沉伫立，我们坐在北大楼前面那片百年历史的草坪上，感慨万千又豪情万丈，仿佛自己正站在继往开来的历史关口，每个人都肩负着沉甸甸的书写历史的责任。

这是一位具有抒情诗人气质的同学。其实他更擅长写简报、讲话稿和工作总结，被当成后备干部来培养，如今的确担负着重要的工作职责。实际上，虽然多数同学都在政府部门或者企事业单位从事管理工作，但他们似乎大都自带一些诗人气质，在脚踏实地工作的同时，对未来都有一些浪漫的期许。正因如此，班级的学习氛围始终都是轻松愉快的。在有限的集中上课的时间里，大家很快就从不熟悉到熟悉，成了无话不谈的朋友。一别十年，虽然有的人再无交集，彼此相忘于江湖，但我依然想念他们。

感谢老师带领我们在知识的海洋酣畅淋漓地遨游，让我们在踏上工作岗位之后依然能纯粹地享受学习带来的快乐！

——何耀雯（江苏科技大学 2019 级 MPA，镇江市丹徒区政府办）

对我来说，走进南大读 MPA，并没有多少浪漫，而是一种求学的惯性使然。我大专读的是理工科，文科素养相当薄弱。参加工作以后，因为工作需要，开始自学一些法律和管理类的书籍，并且取得了两个专业的本科学历，这才鼓起了报考南大 MPA 的勇气。入学后写感受，我写道：我是怀着朝圣般的心情来南大读书的。对于我们这些参加工作十几年以后又重新拿起书本的人，南大无疑是一个学术的天堂，一个学习的圣地。当接到南大的录取通知书时，我知道，智慧女神终于又一次为我开启了通往她的圣殿的那扇大门。这篇文章后来有幸刊登在《管见》杂志上，一位老师看到了，表扬我文章写得不错。我说，这的确都是我心底话。实际上，我心里还隐约有一种说不出来的感觉：作为 70 年代生人，我童年时在田野里疯长，少年时为了跳出农门改变命运而拼命学习，青年时为了在城市里站住脚而努力工作，仿佛身后总有一根鞭子在驱赶。直到 30 岁以后，我终于可以平缓心情、放松脚步，不是出于生存，而是出于求知的动机而选择 MPA，这真是一种令人心旷神怡的变化。

那个时候，我似乎并没有完全弄清楚，我来南大读 MPA，究竟是为了什么。求学位？对于体制内的我们来说，学位似乎只是一个增添亮色的粉饰，有也可，没有也行。攒人脉？同学们感情倒是很好，但各行各业、天南地北，彼此工作上少有交集，加上总是忙忙碌碌，如今多数人少有联系。日常的班级微信群里，除非有人发红包，否则难得有人亮相。所谓人脉，无非是多了几个可以放胆喝酒吹牛的朋友而已。由此可知，MPA 并不是一个适合从功利的角度来探讨的领域——至少对我来说是这样的。唯一可以肯定的是，三年的 MPA 学习，留下了许多深刻的回忆，让我成长、让我感怀，也为我的人生增添了缤纷的色彩。

我永远都记得 MPA 的开学第一课。那是 2008 年 3 月 8 日，在南大鼓楼校区的大礼堂，授课内容是童星教授讲授的科学社会主义。这是一门大课，那一届所有的学生一起上课。简短的开学典礼之后，童教授捏着几页薄薄的稿纸走上讲台，从《共产党宣言》发表讲起，一直讲到改革开放。他基本是坐在那里，偶尔会喝口茶水。中间休息一次，他会在门外静静地抽支烟。烟抽完了，去趟洗手间，回到讲台，很温和地说，我们继续上课。就这

在一个秋风送爽、丹桂飘香的季节里，我们带着尚未磨灭的激情和对学术的追求，来到了美丽的江科大。在这里，我们学到了“诚朴务实”的治学精神，感受到了“诚信友善”的学习氛围，我将秉承“笃学明德，经世致用”的价值追求，在今后的学习工作中展现江科大学子的风采。

——吴俊杰（江苏科技大学 2019 级 MPA，泰州医药高新区党政办）

样讲了两三天，把这门课讲完了。

这短短的两三天，我多数时候都在安静地听，飞快地记着能记下来的每一句话。其实科学社会主义这门课我在大学时已学过，工作之后单位每年组织的学习、培训也经常有接触，但听童教授授课真有如沐春风之感——请原谅我对大学时期那位科社老师的不敬：这位操着我听不大懂的浓厚家乡口音的老师傅，未必比我们知道得多，不仅上课只会照本宣科，而且还有以考试成绩要挟企图走捷径的同学赠以礼物的劣行。听他讲课，如同被逼着吃下一大块臭肥皂，既愤怒，又反胃。

南大在开学第一课就痛快地给我打开了一扇窗子，让我得以窥见，那种美好的、高尚的、有价值的学术，大略是一种什么样子。2008 年，我得以学员代表的身份，陪同童教授去浙江参加长三角 MPA 论坛，一路听他谈天说地，论坛上听他讲危机处理，更是受益匪浅。唯一遗憾的是，当晚他的一位门生热情备至地招待童教授。我记起来时师兄的交代，要保护好童教授，喝酒时就有点奋不顾身的劲头，很快就把自己放倒了，不仅没能保护好童教授，反劳累他来关照我这个愣头青。这事令我羞愧懊悔，至今犹觉无颜面对这位和蔼可亲的老先生。

我还记得，我曾经不请自到地参加过许多次讲座，而给我留下最深印象的，是一位外国人的讲座。这事起因是，我在每次上课之余，都会去浏览篮球场边的公告栏，那里时常有很多有意思的讲座信息，遇到感兴趣的，我就跑去旁听。大学里的讲座多数是开放性的，无须买门票。条件也不错，夏天有空调，冬天有暖气，运气好的话还有免费的矿泉水和圆珠笔，并且能看到许多可爱的女生——这是玩笑话。最重要的是，学术氛围很浓，每个讲座都能开启一个知识的宝库，让我觉得眼界大开。在学习 MPA 的课程之外，还听到精彩的讲座，就好像意外拣到个宝贝一样，那种感觉实在太美妙了。

大约是 2008 年的四五月间，我看到法国驻华大使苏和要来南大做一次演讲。适逢北京奥运圣火在法国传递时发生了袭击火炬手的事件，而当时的法国媒体和政府的恶劣态度引起很多人的不满，这其中就包括我。我觉得有必要当面质问一下这位苏大使，倘若他不识时务，端着洋大人的臭架子，我有信心把一枚生鸡蛋或者烂西红柿砸到他的西装上。

学习永远在路上，回顾一路以来的奋斗，没有后悔，只有感激。

——曾俊玮（南京信息工程大学 2017 级 MPA，湖南省长沙开福城投集团）

那天的讲座气氛有些微妙，礼堂里座无虚席，许多来晚的人无处可坐，临时找个东西坐在过道里，有的甚至干脆站着听。讲座开始后，这位苏大使先是用中文说了些客气话，介绍了一下自己名字的由来，随后的正式演讲和现场提问，他用的是英语还是法语我就不知道了，反正我都听不懂。这让我有些措手不及，因为我想当然地以为，驻华大使必然是说普通话的，即便不太正宗，我也是可以原谅他的。当我看到一些老师、学生用外语和苏和侃侃而谈时，尽管躲在人堆里，我还是老脸臊得通红，终于忍不住找到一个空隙挤了出去。这个故事我后来给许多年轻人讲过。我说，做个小愤青很容易，但那远远不够，因为爱国也是需要能力的，否则你连抗议都说不出口。

如今我已人到中年，回首这段轻松愉快的求学生涯难免有许多唏嘘。既留恋那股无知无畏的劲头，又怀念那段积极上进的岁月。这段回忆，常常会照亮当下的生活，鞭策自己、提醒自己，不断摈弃懈怠和麻木，坚定地走好自己的路。正如我在那篇文章里说的：也许这是我最后一次求学，但绝不是我最后一次求知。南大以她的博大予我以洗礼，也给了我观察和研究世界的勇气和信心。探求知识的种子一旦萌芽，必然渴望成长为参天大树；选择了南大 MPA，就是选择了一种积极求索的生活道路。这条路上，愿永远能够得到南大的护佑，愿永远有睿智的老师和青春的同学们伴行。

感谢你，南大 MPA。

毕业了，这是新的起点、新的进步，我将迎接新的人生。

——吕梦文（南京信息工程大学 2017 级 MPA，江苏省东台市东台镇人民政府）

长忆关山远

——忆南大 MPA

南京大学 2008 级 MPA 黄向莹

“那片笑声让我想起我的那些花儿，在我生命每个角落静静为我开着，我曾以为我会永远守在她身旁，今天我们已经离去在人海茫茫……”

离开南大多少年了？似分离却似又从未分开，两次统考，两次录取，两届同窗，五次登台，六载求学，数届情谊……从未想过，与一个学校的缘分能如此之深，蓦然回首，此去经年。

犹记孔繁斌老师的深入浅出、自成体系，周建国老师的出口成章、引人入胜，庞绍堂老师的诙谐犀利、酷言酷语，笪素林老师的绘声绘色、精彩纷呈……老师们的授课既是学术又是艺术，让我们在知识的海洋里畅游，毕业数载仍余味无穷。孔老师说“原创性来自问题意识”；周老师说“政策评估模式的重建应该体现多元价值协调的原则，兼顾社会发展、个人权利保护以及社会公平等社会多元价值需要”；笪老师说：“政府监管实质上是一种政府分配行为，各利益团体总会想方设法使得监管政策的制定与实施有利于自身利益，政府监管改革往往体现为相关利益各方讨价还价的博弈过程。”

一个人有多少 6 年？一个人要历经多少次考研？从 2006–2012 年，我考了南大两次，2006 年考上后因为工作年限不够，2008 年又重考了一次，可以说，我的青春岁月，都在南大熠熠生辉。

在这里，我们经历了人格的历练与学术的提升，我们将担当起南信大的光荣与历史的重任。

——梅乔华（南京信息工程大学 2017 级 MPA，国家税务总局南通市通州区税务局）

在 2006 级班，时任班长为俊男美女——“丁班”（丁铭）、“美班”（徐洪），最喜欢这两人先后讲话，别提多养眼了，他们就是我们班的骄傲！去老山春游，我与余灏都用戏腔分别唱了一遍《北京一夜》，震得屋顶都掉灰了！真是余音绕梁（轮到下次上课时，英语老师说他把这首歌放了一个礼拜！乖乖，这是得有多深的印象……）；最美味的是靖宇烤的蜂蜜鸡翅，实在是太香了！我们一群不事生产的女生围着他，死盯着他烤着的鸡翅，排队等着吃；最搞笑的是张颖，当时她怀着宝宝，站到台前，解释说什么叫心想事成，她说：心想事成就是——我想生儿子，我就能生儿子，大家捧腹大笑，最后，她果然生了儿子……

到了 2008 级班，我们有了姐妹群，其中与我最常聚在一起的是张海蓉、侯婵媛、徐晓婷、秦璨、贺桂花、高纬和于淑娟，从彼时的云英未嫁到现在的独当一面，我们见证了彼此的成长，我们的家庭、孩子也成为知己好友。作为独生女，我时常感到孤独，最大的困扰是遇事无人可以商量，自从有了她们，我做事情更有章法了，朋友圈外扩了，在迷茫、焦虑、彷徨时，她们开解帮助良多；我是个热爱拍照的人，在我的倡议下，几个美女每年都去影楼拍几套合影，到现在跟秦璨的清宫合影还是我的最爱！拉着桂花同宿，挽着秦璨看电影，吃着高纬请的生蚝，这小日子，别提多惬意了。后来，我们有了娃，娃们也多了很多兄弟姐妹，张海蓉的儿子是我大儿子，侯婵媛女儿是我闺女，高纬的女儿是我大儿媳，桂花女儿是我二儿媳……我实在太喜欢他们了，太想跟他们在一起了，我们经常一起笑看风云、坐起云拥，许愿：至耄耋之年，垂垂老矣，孩子们都去放飞梦想了，我们就共赏夕阳西下，相伴至终老。

南大给了我很多机会。2008 年，我作为新生代表在台上发言，感谢南大给我们的关怀，畅想未来的学业生活，时至今日，很多同学都说，当时在学校里第一个认识的同学是我；2006–2010 年，每年的迎新送旧晚会我都会表演节目，那时候真是“无知者无畏”，舞蹈水平一般，还每次自得意满地上台，从《大长今》到《小河淌水》，从民族舞、朝鲜舞到新疆舞，管他什么跳法，上去跳就 OK 了，说到底还是老师同学们给面子，一次次获得满堂彩！有一次最搞笑，跳着跳着忘了舞步了，干脆就拿把扇子把前面的舞步重

在南信大学习收获中品着喜悦，在未来奋斗成功中默默感恩。

——石家鑫（南京信息工程大学 2017 级 MPA，山东省日照市东港区人民政府办公室）

复跳 3 遍，直至曲终；在公共管理 MPA 第一次论坛上，我献唱了一首王菲的《传奇》，据说最后光盘结语部分是用我的歌声做配乐的，时光飞逝，如今 MPA 论坛都开过九届了。

作为一名电力工作者，自从学习了公共管理知识后，我开始尝试将公共管理的思想融入电力工作中，勇于承担社会责任，全力回馈社会，以保障各行各业的用电需求为第一要务。2020 年疫情期间，我们电力工作者一直奋战在一线，高强度、严保卫，我们大区下属十几家发电厂在做好思想工作的同时，保障了江苏省居民及企业的正常用电、供热。至今，我们区域所辖电厂、热力公司、检修公司未发现确诊和疑似病例，实现了生产经营和员工队伍“双稳定”。

我始终认为，南大的存在，不仅是学校，更是一种人文和奋斗精神，正是这种精神，让历届学子们生如夏花，静若秋叶，不忘初心，砥砺前行，汗水中挥洒青春，风雨中拥抱人生。

最后，仅以此诗献给 MPA 二十周年。

长忆关山远

长忆关山远，今又回校园。
廿载苍茫事，回首且笑谈。
八方涌学子，各逞其能才。
桃李芳满园，声势胜从前。
一跃泰山顶，倚天挥长剑。
裁得七彩云，布于天地间。
放眼长望远，天地一时宽。
胜败寻常事，何必失笑颜。
舞动出青春，迸发真精彩。
一入江湖路，闪耀奔未来！

南信大的印记已经深深融入我们的血液中，我们也成为真正的南信人。

——王　成（南京信息工程大学 2017 级 MPA，东部战区总医院）

“谋”生“变”

南京大学 2019 级 MPA　查君璐

当收到录取通知书的时候，我正从接受咨询收发文件报送信息处理后勤的一堆琐事中腾出手来，得空小心翼翼地拆开文件袋，生怕折损了一角。南京大学，与其说是自己的梦想学府，不如说是四年前犹豫再三最终确定的目标，终于在一次次的拒之门外后向我伸出了橄榄枝。那个因为考研失利初出茅庐的自己，也终于凭着一腔孤勇抚平了心底的一丝遗憾。

第一学年过半，偶尔辗转反侧之时，恍惚间仍能忆起备考时期的孤军奋战。自我质疑，不禁感慨吾辈的有所“谋”、图其“变”。从记事本里抖落出苏州独墅湖畔的银杏树叶，透过阳光仔细观摩略有枯萎的叶边和愈显清晰的纹路，不小心与那场金秋再次撞了满怀，思绪也随之飘向远方。

谋破壁

旅行作家的初衷，在遇见一些人后，才显得不算背离。提供不再囿于本职的视角，MPA 即是这样的存在，在校园与职场的交叉地带，我邂逅了在不同岗位向阳而生的你我，怀揣满心的期待和昂扬的斗志，谋求一场破壁而出的重生。我站在这里，无非就是为了望见敢于破壁、值得重塑的自己。

职场的瓶颈期会几年后到来，我不知道，但是打算推翻重来可谓蓄谋已久了。像等待一场改良，执着于这个理应折腾一回的年纪和未能有所作为的人生。自己深知，不喜欢一成不变和安于现状，在公职人员队伍里永远显得格格不入，然而好恶这玩意本来就

在南信大，我们除了收获知识，也收获了很多友谊。

——王　珏（南京信息工程大学 2017 级 MPA，南京师范大学中北学院）

是因人而异。

当我一味抱怨自身工作领域单调冗杂的时候，我未曾知道自己正身处于别人眼中的舒适圈里。圈子外面，是绞尽脑汁不辍笔耕的稿件撰写，还是风吹日晒辗转颠簸的环境检测，抑或是包罗万象休戚相关的市场监管，南京大学 MPA 学子的身影都能成为一道靓丽的风景线。我们口头嚷着做“咸鱼”要“佛系”，但年轻一代的责任与担当却未曾舍弃——我们总能因为灵感乍现而豁然开朗，总能因为业务受阻而忧心忡忡，总能因为点滴收获而心潮澎湃。纵然跌入深井，短期内难以望见澄澈的天空，我们都会经历彷徨与迷茫，都避免不了被困过往难寻方向。而 MPA 作为文科高层次职业研究生教育的三大支柱之一，也就成为我们不断攀爬的力量源泉，借助这一台阶，我们至今仍期待星光可掬。

求共鸣

相仿的年纪，相似的境遇，共鸣也就在相互碰撞间产生。南京大学给了我们再次踏进校园重温读书时光的机会，一帮志同道合的同学趁机逐步改变了我们的生活轨迹，不甘平庸迷失方向的我也收获了更为清晰和精准的自我认知。

这场学习之旅在插科打诨间徐徐拉开序幕，我们在课堂上与授课老师讨论工作期间的疑惑与思索，习得公共管理领域更为系统化的理论知识框架；我们在校园里与同学相聚、相识、相知，与一同备考的网友邂逅熟络。刚安然度过一学期就被新冠肺炎疫情打乱了学习计划，诸多既定事宜骤然停摆，仍历历在目的就是 2019 年 12 月初的那次舞台剧演出了。

心底蠢蠢欲动的是那个关于编剧导演的梦，执着期待的是那种竭力完成一场演出的成就感和投身一个角色的代入感，我总以为是再难实现的了。虽然嘴上总说要去旁听隔壁文学院编剧专业的课程，但是因为工作后再也找不到那么充足的时间和机会去自我补给，遂放弃。说起这一初始想法时那个侃侃而谈的我，在协调来自天南地北的同学的时间上，在准备音效列表道具清单幕布背景时，在和本科学生会研究生会沟通过程中，彻头彻尾地消失了。那些我不曾想象过的各种不确定性，从剧本成型到节目审核到台词打

回顾过去，在学习与工作辛苦之余也充满了幸福。

——朱婷婷（南京信息工程大学 2017 级 MPA，南京市江宁区谷里中心小学）

磨到现场彩排，每一项都撞上了课程作业、工作任务，所幸我们小小的剧组里蕴藏着大大的能量，所幸我们的 MPA 同学们都给予了无条件的支持和无限的信心。

相聚因为一场热爱一次共鸣，我们也终于做到了——姜老师调侃道，我们 MPA 打群架可是人最多的；张主席安慰说，都是一个学院的玩玩就好；还有我那闪闪发光的主演们和默默付出的音效师，每一个人每一件事都难能可贵地在我的心田里注入了温暖与感动。

寻质变

初出茅庐，已近五载，我依旧对自我突破耿耿于怀，仍然期待一场崭新的质变。

对固定现状的甘之若饴，是一种选择，对未来可能的奋勇搏击，也是一种选择。倘若说心态有所转变的话，无非是由前者过渡到了后者，无非是觉得有机会去往更加广阔的平台，凭什么不尝试一把。当日常工作变成一种习惯模式，我竟然开始厌恶了这种温水煮青蛙的状态。考取南京大学 MPA，大抵就是这样一种予以我自己新的资质寻求新的质变的机会吧。

在越来越疏于自我学习青睐碎片阅读的时代里，我们选择站在了象牙塔与社会的交叉地带。相比于之前纯粹的四年学习，这三年的学习很难剥离我们的工作经历。我们或多或少都能产生一些质变：我开始懂得政治学课程上关于“官僚”这一中性词的解读，开始理解社会组织管理课程上“中国式慈善”的释义，开始接触人力资源课程上触手可及的案例讨论……我们或近或远都能与案例产生联系而非局外人，我们断不能涉猎公共管理的所有领域并面面俱到，但这一学习过程与结果给予我们的或是启发，或是感悟，或是思索……林林总总，总有收获；多多少少，皆为序章。

学子正当年，有所“谋”划在心底扎了根，图其生“变”终在南大发了芽：那些零零散散还未搁浅的理想与梦，距离又近了几步；那群可可爱爱自带光芒的小年轻们，希冀又多了几分。南雍山下，晚风稍歇，霞云未散……

希望未来能成为南信大的骄傲。

——卞显洋（南京信息工程大学 2017 级 MPA，皖南医学院）

入学抒怀

东南大学 2015 级 MPA　马　杰

2015 年的 3 月 13 日是一个乍暖还寒、樱花初绽的美好日子，而这个日子之所以难忘，是因为这一天我作为研究生新生走入了东南大学。东南大学的历史、学术、名师，令我高山仰止，在高考填报志愿时就选择了她，但是因为几分之差，而与之失之交臂。在《致青春》影片中看到精美绝伦的大礼堂穹顶时，又引起我的内心遗憾。在选报 MPA 学校的时候我毫不犹豫地选择了东南大学，竟然幸运地被录取，这也许是生命的暗示。徜徉于校园小径，同时感受初春和青春的气息，我宛若有一种时空倒错之感，仿佛回到了大学时代的青葱岁月，勾起了深藏心底的美妙情愫，青春之花似乎又一次灿然绽放，真让人醉了。

经过多年的工作以后，遇到了知识经济时代的挑战，感受到知识匮乏的恐慌，有一种回归校园、重新学习的冲动。但是冲动到行动之间并非易事。面对着纷繁复杂的工作、辛勤操劳的家人、厚厚一摞的复习资料，我经常彷徨和犹豫。因为内心一直有一种声音，舍弃闲暇的业余时间，逃离繁杂的家务劳动，复习意义到底何在？家人的无私、同事的鼓励、朋友的叮咛，让我深为感动，他们让我心无旁骛，复习、学习。面试的时候，我对考官老师说，自己身处 80 后、85 后的同学中，我有一种老大徒伤悲的感受。儒雅谦和的老师对我说，只要想学习，年龄、时间都不是问题，令我感慨万千，感触颇多。名利都并非真正属于自我，知识才是自己永久拥有的宝贵财富。学习本身就应该是人生的追求，我们应该用精益求精的学习让人生运行更加精彩纷呈。

在这里学习三年，收获颇丰，今后一定将南信大精神传承下去。

——陈建春（南京信息工程大学 2017 级 MPA，西藏自治区气象局）

有幸求学到名校、有幸受业于名师，应该珍视、珍惜。我要科学合理安排工作和学习的时间，聆听师长的教诲，广积博采，汲取现代公共管理的知识和理论的精化。具有仰望星空的学术情怀、脚踏实地的坚毅精神，追求止于至善的人生境界，真正做到学有所获、学有所成、奉献社会，才能无愧于师长，无悔于人生。3 年学习时光将会在人生记忆中隽永深长，历久弥新。

在南信大，我学会了在顺境中宠辱不惊、逆境里不弃不馁。

——邓　茜（南京信息工程大学 2017 级 MPA，湖北省赤壁市气象局）

东南大学 MPA 有感

东南大学 2018 级 MPA　王　娅

时光荏苒，进入东南大学进行研究生阶段的学习已经将近两年。这段时间对于刚参加工作、闲暇时间极少的我们来说，是极富挑战的事情，但是因为学习提升带来的内心满足感，这些酸甜苦辣，都成为值得纪念的意义。

谈起读 MPA 的初衷，首先要从备考开始。2017 年秋季某天一觉醒来，认为自己虚度了太多的光阴，而单位后招录的新人都为研究生学历，如果不趁着青春年华努力一把，以后就要被后浪拍上沙滩，于是下定决心考研。由于工作性质原因，加上非全日制新政策的出台，就读非全日制成为当时最好的选择，而在非全日制相关专业中，经过查询权衡之后，我选择了就读 MPA 这种与工作关联更大、可行性度更高的专业。在学校的选择上，因为平时工作日中午遛弯时，我经常到东大的校园里闲晃，不论是中央大道两旁的法国梧桐，还是绿宝石般的喷泉池，不论是 1500 岁的六朝松，还是红绿相间的大礼堂，东大四牌楼校区的深厚底蕴每次都将我的目光深深吸引住。在整个江苏省东南大学都名列前茅，加上我本科学校属于工科院校，对工科院校有天然的亲切感，于是东南大学成为当仁不让的选择。选择了好的学校，当然备考压力比普通学校大，但是为了理想的目标，多大的代价也是值得的。报名后，年终岁尾工作、生活的事情增多，复习压力陡然增大，考试前晚还在加班赶材料。幸运的是成绩出来后还比较满意，2018 年 5 月份也如愿收到了东大的录取通知书，成功圆梦。

感谢南信大给我提供了工作之后再次学习的机会，结识了有知识、有深度、有态度的老师和同学，不枉此行。

——高　晶（南京信息工程大学 2017 级 MPA，河北省邯郸市气象局）

2018 年 9 月份，正式开学后，为了便于管理，我成了班级单学号班的班长，这让我更深入地接触到了每个人。毫无疑问，由于集中授课模式，大家上课时耗费的精力是巨大的，这不仅包括时间上的，还包括身体上的。班级里面近 2/3 为非南京同学，由于学校没有宿舍，大家上课时只能合住酒店，每学期两次上课金钱耗费巨大。另外，班级里面近 1/2 为宝爸宝妈，他们早上 6 点多起床，晚上 8 点多到家，每天早出晚归，兼当牛做马，他们笑称“其实上班才是最好的休闲”。当然，除去这些辛苦，更多的是开心。不论是每次上课时学识渊博教授的用心授课，还是每次排队听讲座的脚步匆匆，不论是请教老师疑惑得解的茅塞顿开，还是实践活动的收获满满，这些都组成了我就读期间的最大快乐。

MPA 的学习，除了收获知识，也收获了很多友谊。大家组建了班级群及专门的通知群，微信群就成了我们的联系纽带，让我们私下联系多了起来，一起上课、完成课堂作业，一起吃饭、参加活动，一起交流学习、生活乐事趣事以及分享生活经验等，学习上相互帮助，生活上相互照顾。考试期间大家相互学习、相互提高，赶走了来回奔波的疲劳，带来了交流后的欢声笑语。

转眼近两年的时间过去了，我们也进入了毕业论文开题阶段，时光匆匆，岁月无痕，很快一觉醒来，就迎来毕业典礼。我相信，几年东大经历必将影响着我的人生，若干年后，回首这段经历，脸上定将洋溢着幸福的微笑，因为“止于至善”已经融入我们的血液中，我们已成为东大的一分子。

在南信大，我们不断成长，也将活在未来。

——何欣毅（南京信息工程大学 2017 级 MPA，江苏省新沂市民政局）

与东南的美好时光

东南大学 2018 级 MPA　孙玉龙

美好时光总是过得飞快，转眼 MPA 学习生涯已过去大半，开始踏上毕业季。2018 年 7 月，拿到期盼已久的东南大学 MPA 录取通知书，拆开信封的那一刹那，仿佛一切的努力、一切的付出都是值得的。

初选东南大学 MPA，也算机缘巧合。备考时惶惶，报名时心惊，反正都是要考的，为什么不去一个值得流连忘返的地方。东南大学的氛围、四牌楼大礼堂、漫步而过的两侧梧桐树，置身其中，如梦如幻，这样才坚定了信心，下了决心，咬咬牙，往前走了去。

到入学时，还有些不敢置信。搭乘地铁，一路向北，九龙湖宏伟而庞大的建筑群，似乎在招手，欢迎着莘莘学子的到来。入学报到也就算完成了身份的初转变，第一次季玉群老师主持的迎新会议，依旧历历在目。选择了梦想，努力向前走，并为之付出心血，不管成功与否，至少我们在行动。

每个学期数着上学的日子，也期盼着上学的日子，一点一滴不舍得错过，来自五湖四海的小伙伴提前十多天，相约相聚，共同在东南礼东楼 201 接受洗礼、感悟学识，大家一起畅谈、一起交流、一起上课，特别是在繁忙的工作衬托下更显弥足珍贵。

忘不了第一次上课时，老师的精湛学术留下的思考与期盼，徜徉在知识的海洋，有老师的信手拈来、闲庭信步，有老师的答疑解惑、不拘一格。

忘不了第一次听讲座，漫长地等候，却在全体起立高唱东南大学校歌的那一刹那升华，鼓起了团结的风范，凝聚起为国的豪情壮志。

感谢导师严谨和悉心的指导，我将不断成长，成长为自己的样子。

——黄雅文（南京信息工程大学 2017 级 MPA，安徽省枞阳县市场监督管理局）

忘不了第一次在图书馆的埋头苦读，不仅是为了学业考试的圆满通过，更是对学业的孜孜以求。

忘不了第一次集体活动参加校史馆，点点滴滴浮现眼前，漫长的东南史穿越而来。

忘不了第一次组织参加公共管理大赛，有老师的悉心指导、耐心陪伴，也有同学们心往一处想、劲往一处使的感动。

忘不了第一次在导师的指导下，完成论文的初思考，窥探学业的门径。

那些日子，平凡而简单，但又充满着收获、感悟。

收获主要源于东南大学 MPA 的教导。从课程设置、学业安排上，学校深入浅出，简化课程内容，突出工作实务，通过理论交流、言传身教、相互交流，为我们搭建了公共管理学科体系和框架。在其中，学习到了为什么要学公共管理、学习公共管理的意义是什么、下一步如何做等等，也切实感受到了我国公共管理发展之艰辛、前行之艰难。在我国这样一个社会主义大国，共产党的领导是最本质的特征，为人民服务是践行的宗旨和使命，但如何更优化、最大化发挥政府职能作用、践行公共职责、为人民谋幸福，就是公共管理应当研究、必须研究的话题。由于在职的特殊性，实践是我们的优势，但理论缺陷又是我们的弱势，而正是老师们认真无私的教导，奠定了我们扎实的知识基础，给了我们理论与实际相结合的底气，让我们能在学业中感悟现实，能在现实中感悟真知。

收获主要源于东南大学 MPA 浓厚的学习氛围。学而不思则罔，思而不学则殆，在学习的过程中，东南大学不仅注重于填鸭式教学，也注重于互动式交流。课时，老师同学生们一道就事例进行探讨，就鲜活发生的例子进行交流。大家无拘无束，老师没有架子，学生没有拘束，一起互动交流，寓教其中。同时，课闲课后，总能在图书馆看到同学们的身影，或是为了某一个理论求知求解，或是为了某一个现象进行解读。我想，这是 MPA 的现象，但更是东南大学的最根本底色。

收获主要源于东南大学 MPA 给予的精气神。是老师们的指引与鼓励，使我们坚定了面对困难考验的勇气，是老师们的支持让我们的求知有了新去处。东南大学 MPA 学习过程中，就是不断打破现有、探索未知的过程，MPA 培养的方式更趋向于自主、主动，更

通过在学校的学习，我的视野更开阔，见识更多，站得更高。

——惠友亮（南京信息工程大学 2017 级 MPA，江苏省盱眙县明祖陵镇人民政府）

倾向于发挥学生的主观能动性。精气神是生活在时代最鲜明的本色，有了精气神，无往而不利。而东南大学 MPA 带给我们的精气神就是努力前行、不抛弃不放弃。

就是这样一个地方，让我们流连忘返，遗憾的是时间飞逝。就是这样一个地方，承载了百年的光辉历史，也承载了你我数年的青春记忆；有一个名字，每当说起念起，心里便觉得温暖；有一段时光，历久弥新，值得珍惜。这就是属于每个东南学子的共同记忆：东南大学。

这段记忆，其前身是 1902 年，由当时的两江总督刘坤一、张之洞倡议兴办的三江师范学堂。此后 80 多年中，校名几经变更，直到现在的东南大学。有百年前经典校训“嚼得菜根，做得大事”，也有今天的“止于至善”。一路走来，东南大学充满着爱国的热情、报国的豪情，在党和国家领导人的殷切关怀下，在莘莘学子的奋发图强下，共同铸就了一段跨越百年的经典辉煌。

这段记忆，有喷泉下倒影，熠熠生辉；有梧桐落下的秋叶，紫藤垂落的花穗；有操场上的报时钟声，傍晚响遍校园的广播；这段记忆，有你，有我，有挥洒的汗水，有付出的回报，感恩东大，感谢在最美好的时光与你相伴。

我们在学习上相互帮助，在生活上相互照顾，也将在工作中相互鼓励。

——李　昕（南京信息工程大学 2017 级 MPA，吉林省气象局）

你好，桃花源

——记 MPA 的学习时光

东南大学 2019 级 MPA　郑　悦

我是东南大学 2019 级 MPA 班长，回想从备考到入学经历的时光，有汗水、有温暖，有新奇、有感恩，给日复一日的工作生活打开了一扇可以看到广阔世界的窗。

我是 2017 年退伍的大学生士兵，2018 年考上编制后就专心备考 MPA 了。备考之路受到不少学长的帮助，最初是东大国防军事实践团的学长向我介绍东大的拥军传统，后来又加入了 MPA 学长组建的备考群，同学们互帮互助的氛围非常感染我，更加坚定了我报考东大 MPA 的决心。

入学后，我有幸当选班长。除了传达通知、收作业，还需要组织活动，其实对我来说是个很大的挑战。在此之前我只当过生活委和课代表，从未当过班长，更何况是 145 人的班长。开课后，同学们带着笔本，专注地听着老师讲 PPT，恍然回到了大学时光。听着老师讲各种公共管理的理论，不禁联想到自己的工作，发现管理学的理论确实高屋建瓴地概括和预见了政府工作中的困境，通过学校的资源库搜索学术论文后更是觉得学习 MPA 是非常有价值的事情。学者们深刻剖析社会现象，并对如共享单车等新生事物追本溯源，放眼全球的分析管理措施，对我自己从事的停车管理工作非常有启发性。课间，女生们在校园里走走逛逛，男生们结伴打球，结课前我们再次体验了小组汇报、英语演讲、泡图书馆和试卷答题。工作和学习如同两个平行时空，MPA 成了我们潜入桃花源的门票。

研究生期间收获了导师的指导以及同学的友情，这是我一辈子最宝贵的财富。

——吕林（南京信息工程大学 2017 级 MPA，中共江苏省盱眙县委组织部）

工作后，我们只是接触本系统的同事，很少有机会与其他单位进行交流。作为机关新人，我艰难地适应业务和人际关系，每天处于神经紧绷的工作状态，生怕出错。机关上下级关系比较明确，对于工作中的前辈我大多抱着尊敬的态度，但很多工作中的问题不敢多问。而 MPA 的同学虽然来自省市区县乡不同单位，却没有上下级之分，纯粹是同学关系。我们可以自由地交流工作想法，互相学习工作方式，也得以了解其他行业的情况，对我来说受益良多。作为一个 90 后未婚女孩，我身边已婚已育的同龄人并不多，但 MPA 同学里许多妈妈和准妈妈们，工作、学习、带娃三管齐下的超强能力让我十分惊叹。有位 85 后的妈妈备战省考，除了工作、家务、辅导孩子作业，每天空出一小时复习，最终如愿考上，真是我的榜样。MPA 就像一个神奇的网，让我链接上不同领域、不同年龄段的人们，打开了一个新世界。

读研的另一大收获就是分配了导师，从而有了同门兄弟姐妹。本科期间，我对学术没有太多认识。读了 MPA 后，我曾与同门同学参加了导师的学术论坛，真实感觉到投入研究的魅力和神圣感，感觉到知识的广博和人类思维的伟大。去年，我有幸参加了 MPA 学术论坛，聆听了许多 MPA 前辈的研究成果，他们结合实际对工作做出思考和改进，让我体会到学以致用的美妙。

感谢 MPA，让我重返 20 岁，重回学术的桃花源。

在学校学会了最基本的道理：踏踏实实地做人，认认真真地做事，快快乐乐地生活。

——宋幸幸（南京信息工程大学 2017 级 MPA，南京市浦口区城市管理局）

筑梦东大

东南大学 2019 级 MPA　马露露

2019 年是我人生中最难忘的一年，这一年我荣幸地迈入了东南大学的校门。走在绿荫的小道上，看着高耸的教学楼、端庄的图书馆、宽广的操场，我有种忐忑的期待。而后，我看到了德才兼备的教师、教授，公正严明的校风、校纪，热情活跃的同学。我有理由相信，来到这里，是我正确的选择。到现在我已经入学一年了，现在将我的几点心得简要叙述如下，以飨大家。

入学教育大会，王兵院长的讲话不仅让我们进一步了解了东南大学这所知名学府，也使我们在入学伊始就开始调整自身的学习、生活态度，对于“为什么要读 MPA？怎样才能使 MPA 阶段的学习生活更有效”等问题的认识，使我们能够更积极乐观地面对丰富多彩的三年在职学习生活，知道以后的路应该向哪一个方向，为今后的理想铺平道路，选择捷径。

这一年的学习生活能将我的综合素质得以提高。第一，我在课堂上有意识地提高自身的口头表达能力。第二，学习好与人交往，包括与老师、同学等的交往，认识了很多学习勤奋、工作能力卓越、口才惊艳四座的同学。第三，提高自己的逻辑思维能力和创新意识。第四，打造自己的核心竞争力即学习好自己的专业，除了学好自己所选课程外，我也涉猎与管理有关的书籍，同时多读一些与本专业相关的其他学科书籍。第五，利用宝贵的学习时间提高自己的英语水平。做好以上几点我想我的综合素质定会有一个大的提高，三年的在职学习一定能够取得丰硕的成果。

今天的努力是为了今后的收获，学到的知识终将成为宝贵的财富。

——孙冰洁（南京信息工程大学 2017 级 MPA，苏州市相城区渭塘镇人民政府）

MPA学员大都来自政府机关，同时也都是各级机关的新生力量和中坚力量，不断加强自身作风建设，具备过硬的素质、优良的作风、奋发有为的精神状态是必须的。在以后的工作中，要自觉坚持党性锻炼，牢固树立正确的人生观、价值观，严格遵守法纪和组织原则，坚持正确履行职责，自觉抵御社会不良风气的影响，踏踏实实地做好本职工作。领导干部作风建设是党的自身建设的一项重大战略任务，对党和人民事业的发展有着极为重要的影响。只有坚持不懈地抓好领导干部作风建设，不断教育和引导各级领导干部按照科学发展观的要求切实转变作风，真正做到为民、务实、清廉，自觉发扬党的光荣传统和优良作风，自觉抵御各种腐朽落后思想观念的侵蚀，才能推动经济社会又好又快发展，形成共同构建社会主义和谐社会的强大力量。虽然在机关工作，但是由于不在经济部门加上平时工作比较忙，无暇对当前经济领域的新动态做深入的了解。作为MPA学员，从心底觉得有必要好好珍惜这三年来之不易的学习机会，争取学有所成、学有所为，为更好地做好以后的工作打下基础。

密尔顿曾说："上帝对于每个人是公平的，它给予每个人相同的时间，关键是在于人们如何去运用每一分钟。"东南大学给予每个学生的关注与机遇也是等同的，关键是我们如何去对待它们。在未来的三年中，我要坚定自己的坚定，努力自己的努力，追求自己的追求。不是一切星星都只预示黑夜，而不报告曙光；不是一切烛光都只燃烧自己，而不照亮他人；不是一切歌声都只掠过耳旁，而不留在心上。我抱着这样一个信念去尝试，去奋斗。我相信，在不久的未来，我一定会成为一个更杰出、更优秀的自我，一定会实现我渴求的梦想。

在南信大，我们认知上提升和思维上转变，精神的财富远胜于物质的收获。

——夏　珉（南京信息工程大学2017级MPA，扬州市救助管理站）

我与东大 MPA 的不解之缘

东南大学 2020 级 MPA 郭杰文

2020 年春节注定是一个不平凡的春节。对整个中国而言，一场新型冠状病毒性肺炎迅速席卷中国大地，让整个中华民族面临着严峻考验；对我个人而言，研究生入学笔试刚刚落下帷幕，我因为这次疫情的原因也经历了超长时间的面试准备期和国内首次研究生入学线上网络面试。冥冥之中我已隐约感觉到，我和东大 MPA 有着不解之缘。

在家备考研究生入学复试的同时，我也关注着疫情的走势。国家在疫情发展的各个时间段内分别用公共管理的各项措施，对疫情发展进行有效管控，积极保障了人民的生命健康安全。

在疫情暴发的初期，国家就积极启动一级响应，党中央果断决策，将武汉进行封城。这项举动虽然让广大武汉人民觉得“心寒”，却鼓舞了全国人民的士气。爆发式增长的疫情让我充分意识到了公共卫生的重要性，部分官员思想涣散导致疫情蔓延让我意识到了公共管理的必要性。只有通过公共管理，普及公共服务类项目、加强公共卫生投入、优化公共资源配置，才能将公共事业更好地服务于民。

在疫情增长较快的中期，国家发布各项通告：（1）延长春节假期，提倡居家办公、学习的方式，减少人员聚集；（2）通过发放出入券的方式，保障人民的基本生活需求；（3）加强疫情防控期间对商场、超市等公共场所强制关闭的措施，减少公共场合人员流动；（4）延长甚至取消春季入学的时间，保障学生的群体安全。这一系列公共管理措施充分体现了我国社会主义制度的优越性以及公共管理体制的前瞻性。

辛勤地付出总有回报，感谢老师的教导，感谢同学们的帮助。

——徐 颖（南京信息工程大学 2017 级 MPA，安徽铜陵义安经济开发区管委会）

在疫情缓解的后期，各省、地市根据地方疫情发展状况，因地制宜地采取开放公共场所、逐步实现复工复产，通过各地方政府出台的各项政策，加强对各行各业的资金、政策扶持，尽量减少疫情防控期间给经济带来的冲击。

这次疫情给我们敲响了警钟，在保护大自然、对野生动植物“忌口”的同时，我们要加强公共管理体系建设，防患于未然，同时树立百年大计的战略思维，解决好公共卫生体系方向性、系统性、基础性、持续性的问题，加强党员队伍建设，将管理力度“零折扣”推行到基层一线，以提升对“预防为主”理念的认知度，加强人民群众对我们党的认同感。我们要让公共管理体系成为推动社会发展的重要引擎、公共卫生体系服务人人健康的强大动力。

在与新冠疫情战斗即将结束之际，我也成功地步入东大攻读MPA项目。与往年不同，今年的我对MPA的重要性理解更加深入，也坚定了我深入学习管理科学的决心，注定了我与东大MPA的不解之缘。

谢谢老师们的耐心教导，我们将以老师为榜样，努力工作。

——袁　野（南京信息工程大学2017级MPA，湖北省阳新县气象局）

远去的草垛

苏州大学 2007 级 MPA　万育明

秋天的黄昏，当夕阳给故乡的小村庄撒上一层薄薄的金粉后，一切显得那么的安宁与祥和。而在炊烟袅袅升起的地方，则必会有一座金黄色的草垛，静静地伫立。在秋收后的乡村里，像这样的草垛会一下子涌出许许多多。它们像一朵朵堇色的蘑菇，散落在家前屋后，散落在村头庄尾，散落在谷场、河滩、田埂……

这样的景象，常常出现在我的梦里。不经意间，那金黄色的草垛便会勾起我儿时温暖欢欣的记忆。

小时候，往往会在一个秋天阳光充裕的下午，父亲带领一家人堆草垛。在旧草垛的基地上，父亲先做好根基，然后一层一层地用铁叉将草摞子规则匀称地堆放。父亲堆草垛时，很细心地掌握着稻草堆砌的松紧度。太松，容易坍塌，太紧，取草时又会很难拔出。

草垛慢慢地高起来了，父亲也越来越高。秋天的阳光清朗朗的，照在父亲刚毅的脸庞上，照在父亲健硕的臂膀上。他在上面有力地挥动着铁叉，并指挥着在下面递草的母亲，以及负责捆草、拖运的两个姐姐。

"最喜小儿无赖"。最小的我，一开始也抢着帮忙，学着姐姐拖运草摞子，可拖运没几个便倒在稻草上歇息偷懒了。此时，刚刚经过一晌午的曝晒，一摞摞稻草显得更加的金黄，散发着特有的清香。我在上面翻翻跟头，打打滚，一个人玩得满头大汗。玩累了，躺在厚厚的、软软的稻草上，跷起二郎腿，惬意地抖动着，漫不经心地看着蓝蓝的天空上飘过的朵朵白云，看着业已堆成的草垛顶上父亲高大的身影，那白云仿佛就落在父亲

暂别日常忙碌的工作，又回到熟悉的母校，回到了课堂，又一次扬帆起航。

——王　森（南京信息工程大学 2018 级 MPA，河北省张家口市气象局）

的头上似的。

在那个物质贫乏的年代，像父亲秋季堆成的这样一座草垛，将是农村人家度过冬春两季的主要燃料。宋人吴自牧《梦粱录·鲞铺》中记载道：“盖人家每日不可阙者，柴米油盐酱醋茶。”柴为开门七件事之首事，更可见草垛对农村人家生活的重要性。农村人对自家的草垛，一般都很当回事。取草时是绝不能用蛮力的，否则容易倒塌，且烧火时得惜着点用。每天从草垛里取一些，送进简陋的土灶膛里。它们化作了灰烬，化作了炊烟，从灰褐色的烟囱口袅袅升起，飘散在村庄的上空。

草垛一天天变瘦了，但它烹香了一日三餐，默默地供养着村庄里的人们。于是，这起初金黄丰满的草垛，经过风吹日晒，经过日复一日的供燃，便渐渐暗黄下来，清瘦下来，如同尘世间所有为子女默默付出的平凡母亲。

冬季里，寒风呼啸过后的村庄，显得格外的冷清。然而，往往在一座座朝阳的草垛下，会传来一阵阵欢笑声，给冬季的村庄增添了许多的温馨与动感。一群男孩围蹲在草垛下的一块空地上，饶有兴趣地玩着玻璃球，谁先进洞谁就赢。轮到其中一个小孩弹玻璃球了。只见他趴在地上，对着洞口瞄了又瞄。一张冻得皴裂的红扑扑的小脸蛋上，鼻涕和哈喇子都快滴到地上了。那股认真劲让人惊讶，他们全然不顾胸口接触地面的冷气，只想玻璃球进洞，便是此刻最伟大的目标和骄傲。

有时，玩累了玻璃球，我便会钻进草垛上早已掏好的小洞——刚好能容下一个人。晒着暖洋洋的冬日阳光，翻着心爱的小人书，周遭萦绕着阳光曝晒后的稻草所散发出的缕缕清香。这是一套《哪吒闹海》的连环画，是父亲特地从镇上的书店买给我的。我一般只看画里的人和物，因为能够认识的字实在太少，所以也只能看个热闹，看个大概罢了。

春天来了，天气渐渐暖了，大地开始泛绿。经过一个冬季的供燃，草垛比以前清瘦了。

正午明媚的阳光照在有点暗黄的草垛上。一只不知谁家的老母鸡在草垛附近转悠着，一个小男孩也在草垛附近悄悄地蹲守着。他是有备而来的。他早早地吃完午饭，急切地告诉母亲，他去上学了，其实是为了“寻宝”。他已经跟踪这只老母鸡有些日子了，今天终于有了重大发现。原来，老母鸡在草垛里早做好了一个窝。

终于实现了读研的理想，来到向往的殿堂，走过梦中的乌衣巷，这里有诗和远方。

——徐　越（南京信息工程大学2018级MPA，江苏省东台市卫健委）

老母鸡在安静地待产。小男孩也在强抑着激动的心情，静静地等待。

“咯、咯、咯”，老母鸡叫着跳下草垛，骄傲地挺着胸脯，迈着蹒跚的步子走了出来。小男孩惊慌地四处张望，生怕鸡鸣声惊动了附近路过的人，急忙上前驱赶走老母鸡。可怜无辜的老母鸡，刚刚下蛋立了功，还没等到好好地炫耀一番，便只能悻悻地离去。

盛夏时节，屋前的草垛上长满了丝瓜和瓠子。它们的藤蔓是沿着草垛旁的枯树枝，一节一节地蜿蜒攀爬上去的。碧绿的叶子几乎遮盖了暗黄色的草垛，长长的丝瓜和瓠子就掩映其中，多得很。因为我个子小，身体轻，又很灵活，所以母亲常常会安排我上草垛摘瓜。每次接到这项光荣的任务后，我都特别乐意地去完成，因为这是可以正大光明地爬上草垛顶上玩耍的唯一机会。在母亲一旁的照看下，我从邻居的院墙镂空处踩脚，然后跳到草垛顶上。我仔细挑拣着，摘下大的、成熟的丝瓜和瓠子。最喜欢的，是那长长的瓠子，长了一层白色的绒毛，特别好看，我会禁不住用手去摸摸它。摘下的丝瓜和瓠子，有时也会吃不完，母亲便会送给左邻右舍。

每当完成摘瓜任务，我都会赖在草垛顶上逗留一会。我会学着父亲堆草垛时的神情，站在高高的草垛顶上，两手叉腰，仰首深沉地目视前方。站在草垛下的母亲，看着我学父亲的样子，会忍不住笑出声来，口中嗔怪着：“你这个细猴子！”可母亲哪里知道，孩童好奇的目光，正随着一颗可以无限遐想的初心，越过屋顶灰色的瓦片，飘向远处广阔的田野，以及向往中的遥不可及的城市。

多年后，从这座村庄走出去并定居在城市的孩子们，再次回到故乡时，会发现他们曾经无比熟悉和给予他们无限温暖欢欣的草垛，已经身影稀疏。工业的文明与进步，使草垛在农村里供燃的作用逐渐被电力和燃气所替代。但是，秸秆的焚烧，污染了乡村的空气。没烧的秸秆，又大多被推入了河道。于是，曾经清凌凌的河水不再一眼见底，曾经宽绰绰的河道变得污秽逼仄。这样的文明与进步，对于读过 MPA 公共管理硕士的我来说，是很值得深思的。随着农村经济的发展，农民的生活水平得到了极大改善，但是农村污染问题也成为制约农村经济进一步发展的瓶颈。因此，作为从事公共管理的吾辈们，应当深刻认识到农村环境污染对农民生存环境造成的影响，因时因地制定出绿色环保可

前路漫漫道阻且长，心中有光眼里有火。这段 MPA 学习生涯，让我点燃自己，照亮未来。

——张　政（南京信息工程大学 2019 级 MPA，上海华能电子商务）

持续发展的政策，真正走出一条绿色生态发展之路。

对于儿时记忆中的草垛，他们去哪里寻找呢？或许在城市的咖啡馆里，翻阅印制精美的画册时，会偶然看到莫奈的有关草垛的油彩画；亦或许在冰冷的电脑屏幕里，浏览到那些有关草垛的旧相片。更或许，在梦里：在远离村庄的田野上，一间破旧的矮房子，一棵虬曲枯干的老树，一座暗黄歪斜的草垛，一缕袅袅升起的炊烟，一位佝偻清瘦的老妪……

夕阳下，那草垛的一抹暗黄，随着那老妪弯曲几乎着地的身影，低到尘埃，渐渐远去。

寒去暑来、几度往返的MPA学习，使我对工作充满信心，学习、实践、研究，给我以创新的灵感。

——许　凯（南京信息工程大学2019级MPA，南京市江宁区新都市推进办公室）

我与 MPA 三四事

中国矿业大学 2012 级 MPA　苏卫哲

早上，黄煦学长发微信说，MPA20 周年要搞个征文集子，让我写一篇。时下在党校学习，国家治理体系和治理能力现代化就是这期的主题，也最切合 MPA 的精神。但是我想了想，觉得还是写写自己和 MPA 的几件事吧，都是读 MPA 的体会。

第一件事

十几年在乡镇工作，总是觉得事务缠身，思维打不开，也不成体系，心中唯恐某日沉沦如泥，变得平庸。一天，问刚来的大学生村官，附近城市哪个大学研究生好？答，中国矿大的 MPA 挺好的。说者也许无心，奈何听着有意。MPA 乃是研究以政府行政组织为核心的各公共组织管理公共事务的活动及其技术、方法的学问。此我所愿也。备考，竟然考中了，且在连云港有教学点。大喜过望！真是踏破铁鞋无觅处，得来全不费工夫。从此，我这个土木男有了文科的基因，想问题、做事情也打开了另一个窗口。

第二件事

学习期间我正在乡镇搞城乡统筹试点。抱着政策文件，一一对照落实，从规划到实施，倒也忙得不亦乐乎。要做毕业论文，导师王超教授说，学以致用，要写就写新型城镇化吧。那个时候，绝大多数城镇化都是地的城镇化，以人为核心的城镇化只是一个概念。于是，我大量阅读古今中外的城镇化理论和案例，天天在网上看领导专家有什么真知灼见，半年下来竟然也对规划体系、区域经济学、人口学、社会学有了一知半解。加上天天和老

人生充满着期待，梦想连接着未来！这段 MPA 学习，让我受益匪浅，愿我们不负遇见，乘风破浪，勇敢前行！

——顾文娟（南京信息工程大学 2019 级 MPA，南京市第 39 中学）

百姓打成一片，搭好框架，铺陈材料，两周左右就写出来了。和导师网来网去了五六个来回就定稿了。青湖镇城乡统筹试点镇也成了示范镇。那篇论文学校说评上了优秀，也让我做校外特聘教授，只是可惜毕业典礼的时候没有去，证书至今没有拿到。

第三件事

江苏 MPA 论坛组委会对于全省 MPA 事业发展居功甚伟，每年择优一所具有 MPA 教育资格的学校举办，全国 MPA 大咖云集，各地 MPA 学子毕至。我参加过苏州大学一次，第四届是中国矿大东道主，作为执行主席，我全程参与。那种聚会不同于学术交流，老师学生都是主角，要活跃得多；不同于校庆聚会，各地学校平等相待，要有趣得多；不同于报告论坛，各种话题都可以聊聊，要自由得多。大师自然都是携大作以指点江山，常常博得满堂彩；学子都是负文章相互切磋探讨，有时偏颇偏激倒也青春虎气。往往前半日听大师谈经论道，比如苏大金太军说“腐败是因为政府和市场的边界不清”的观点至今记忆深刻；后半日学兄学妹八仙过海，记得有人研究广场舞之现象，有人讲网格化之玄机。最后一般是要选出下一届承办学校的，现场陈述利害争得面红耳赤，转场酒桌刹那间呼朋唤友谈笑风生。年年形式雷同，岁岁主题不同，确也基业长青。至今想来，关键是有秘书长、各学院专职院长和执着于 MPA 的学友倾力运筹。

第四件事

读一本书，掩卷也许就会忘掉。认一个人，数年可能就会忘却。MPA 是一种思维，是一种治理的思维、均衡的思维、动态的思维、底线的思维和法治的思维。当你学过 MPA 以后，这种思维就会在你的生活工作思考中时时处处地体现出来，成为言行的一部分、生命的一部分。也正是因为如此，与 MPA 相关的人与事就会常常浮现在眼前。许多人一见面都是师兄弟相称。微信朋友圈中他们的帖子也就最先跃入眼帘。魏艳鸣的楹联、万育明的散文自然都是精彩，就是大家推荐的网文也一般都是“铁肩担道义”。“超生王牌军”里的师兄弟们太像武林门派，大师兄经常代行师令，小师妹往往一个红包就江湖大乱。一旦有人开头发表高见，就是到了半夜也常是连续叮咚作响，只有导师出来才

学习—研究—实践，是一个循环往复的过程，将实践经验加以概括总结使之上升到理论，从而更好地指导实践，需要我们不断地学习，不断地研究，不断地付诸实践。

——石　磊（南京信息工程大学 2019 级 MPA，江苏省丹阳市气象局）

会万物归寂。我有群数十个，唯此群有趣有料。

MPA 是一门学科，实际上更是一种精神。这就是公共精神。中国人自古就有“天下兴亡、匹夫有责”的使命担当，现代公共管理是科学方法与公共精神的结合。新时代，全面深化改革的总目标是完善和发展中国特色社会主义制度，推进国家治理体系和治理能力现代化。当年的探路者，变成了引领者。MPA 又一次站在了风口上，我相信学习 MPA 的人都能飞起来。

人们常说：“认真你就输了。”而我更认同这句话：“认输，你就真的输了。”因为人生不到最后一刻，随时都会发生逆转，穿过沼泽地直接上高速。

——赵　晟（南京信息工程大学 2019 级 MPA，中国银行股份有限公司）

MPA——我成长中的自我救赎

中国矿业大学 2017 级 MPA　龙　芳

从来没有想到，在未来的某一天，或者某一段日子里，我前行的路会走得如此艰难，如履薄冰，举步维艰。经历过，委屈过，伤心过，甚至绝望过……但我仍一次次倔强地颤颤巍巍爬起来，因为，在那些生命中低到尘埃的日子里，我一直坚强面对，在努力圆梦的路上，在读 MPA 的过程中，完成了一场自我救赎，成长为那个更好的自己。

时光倒流，回到 2015 年。在这一年，没熬过工作的“七年之痒”，我遭遇了入职场后的第一堵南墙。俗话说：不撞南墙不回头，可生性倔强的我却是撞了南墙也没想回头。接下来的日子之艰难程度可想而知，我站在跌倒的原地，抬头望望眼前的“南墙”，重新拾起阔别已久的数学和英语，我决定考母校矿大 MPA 的研究生了。

2016 年，恰逢研究生教育改革，非全日制研究生纳入全国统考，这无疑给我的备考带来了很大的压力。但是，经过一年的紧张备考和不懈努力，毕业 9 年后，我再次荣幸地成为母校——中国矿大大学公共管理学院的一名 MPA 研究生，收到录取通知书的那一刻，我激动得泪流满面……

2017 年 9 月 8 日，是我作为 MPA 研究生新生进入矿大报到的日子。还记得那一天天气特别好，秋高气爽，天空蔚蓝。当我踏进矿大，再次呼吸到母校校园上空的清新空气时，如此沁人心脾，整个人都被陶醉了。一个人呆呆地坐在文昌校区主楼前人工湖的长椅上，一阵秋风吹过，我心头一颤，有了一种莫名的感动，为自己，在这一刻，我如

以所感发现问题，以所学解决问题，以所悟协调问题，终是不负韶华。

——吴冬青（南京信息工程大学 2019 级 MPA，南京东南文化交流有限公司）

释重负，彻底释怀！之前的无数个夜不能眠的漫长日子里，我曾不止一次地问自己，我是在逃避现实吗？我是一个鸵鸟似的懦夫吗？但就在这一刻，我终于明白：努力捍卫自己最适应的样子，怎么样也不能算是一种懦弱！

入学当天，公管学院便为我们 MPA 新生安排了很多专家讲座，有金太军教授的《关于当下腐败及其治理的思考》，有王义保教授的《决策失误及其应对》，有李金齐教授的《MPA 学生学习研究的问题意识》，王青教授的《新媒体视域下的文化安全管理》，还有段鑫星教授的《青年领导力提升》，有米加宁教授的《“互联网 +”与政府治理现代化》以及高淮生教授的《阅读经典，提升自己》……一场“学习风暴”袭来，给我带来了一种全新的感受。离开学校太久了，经过多轮思维碰撞，使我明白早该回炉再造，让自己继续充充电了！

于是，在接下来三年的 MPA 研究生课程中，我怀着无限的憧憬和无比的崇敬，认认真真，一丝不苟，生怕错过老师讲的每一个知识点，生怕错过课堂上的每一个细节，生怕错过自己成长的每一个机会。就这样默默地聆听着，记录着，感悟着，书写着……渐渐地，我浮躁的心再次趋于平静，从内心深处开始觉得学习是一件快乐的事，并从此彻底爱上学习。

三年的时间说长不长，说短也不短。在这三年里，我坚持以学习为最大乐趣，渴求自我知识的积累，沉迷于自我价值的实现，我的生活得到了丰富和充实。在这三年里，我一刻不停，努力向前奋进，在学习好 MPA 各门课程之余，我不断突破专业限制，寻求更多的机会，通过了国家企业一级人力资源管理师考试，通过了江苏省高级人力资源师职称评审……在不断地进步与提高的同时，我明白，失意并不可怕，可怕的是失去自己。慢慢地，我也试着开始承认，在这个世界上，的确是有一些所谓的“不公平”是谁都无能为力的，现实是残酷的，机遇是有限的，跌倒是正常的，我们谁都不能决定自己的出身，但这也并不代表我们不能改变自己的人生。从来没有人想一直失败，但世间总有人会失败，关键是对待失败的态度和处理失败的方式。

以非全日制的方式读 MPA 研究生是一件鱼和熊掌都想兼得的美事，虽然辛苦，但我

人生的长度有限，但可以拓展它的宽度，工作之余读 MPA 是我选择的方式，它帮助我更好开展工作的同时也开阔了我的视野，丰富了我的生活。

——潘盼盼（南京信息工程大学 2019 级 MPA，南京市规划和自然资源局六合分局）

依然庆幸自己坚持了下来，在人生这段较为灰暗的日子里，我从未言弃。三年的学习，我不仅学到了知识，提升了能力，更重要的是更新了理念，拓展了思维，增长了智慧。

今年6月，我正式从中国矿业大学毕业，带着满满的信心和收获继续投身新的实践，我深知，走得再远，也不能忘记来时的路；走得再远，也不能忘记出发的目的。我们不断追求更好的自我，是为了让自己更优秀，也是为了有能力让身边的人过得更好。人生在世，谁都免不了要遭受苦难，突如其来的厄运会打断我们所习惯的生活，但与此同时，也给我们提供了一个机会，它迫使我们与外界事物拉开一定的距离，回到自己，做回自己，回归生命的本真，而读书学习，正是改变这一切的一个重要途径。

三年的MPA研究生学习生涯，使我明白，人生在世，第一重要的还是做人，要懂得自尊自爱，要做到自强自立，使自己有一颗坚强而又充实的灵魂，足以承受得住命运的打击，也配得上生命的赐予。成长本就是一个孤立无援、绝处逢生的艰难过程，在成长的过程中，我们都要吃不少苦，受不少累，遭不少罪，但这个过程，其实也是一个自我提升、自我修缮、自我救赎的过程。虽然并非易事，但依然庆幸，在母校矿大就读MPA研究生学习生涯里，我完成了人生成长过程中的一场自我救赎。

这一年的MPA学习让我快速成长，新知识、新事物、新同伴，簇拥着我不断前进，在南信大的这段学习时光弥足珍贵且值得一生品味。

——吴毅楠（南京信息工程大学2019级MPA，福建省石狮市气象局）

MPA 让我遇见更好的自己

扬州大学 2010 级 MPA　刘　庄

前几日，南京大学 MPA 同学黄煦秘书长来电，通知我参加 MPA20 周年征文活动。黄秘书长与我不在一个城市，但全省 MPA 同仁“聚是一团火、散作满天星”，与老友电话连线，格外开心，倍感亲切，我的思绪也被带回到了那段激情燃烧的 MPA 岁月。

我与 MPA 的情愫源自母校的梧桐树。2013 年之前，扬州大学 MPA 教育中心设立在扬州大学文汇路校区（原江苏农学院校园），在我眼里，文汇路校区因其冠盖如伞、浓荫蔽日的梧桐树，被称为扬州大学最美校区一点都不为过。我是一个老扬州，小时候就经常来农学院玩，尤其是夏天里，在郁郁葱葱的梧桐树下乘凉，听着知了的伴唱，别提多惬意了。大学毕业后，我回到了家乡，进入政府部门工作，虽然事业顺心，生活舒心，但总感觉心灵深处有一个声音在召唤。为了不让自己被日常的琐碎蒙蔽了双眼，闲暇之余，我会回到文汇路校区看看那里的梧桐树，感受一下大学校园的勃勃生机和热气升腾，以时时提醒自己，不能丢掉激情，不要忘记梦想。2009 年 8 月份，一次偶然的机会，听说扬州大学招收第一届 MPA 双证班，这个消息一瞬间点燃了我内心的“星星之火”。虽然毕业已经 7 年多，但还是义无反顾决定报考，从此开启了 MPA 的希望之旅。由于是第一年招考，从报名到考试只有 3 个月左右时间，备考的艰难不言而喻。开弓没有回头箭，强大的内生动力激发了迎考热情，我对自己说：我想在扬州大学读书，一定要考上！那一年，MPA 考试是与硕士研究生全国统考同步进行的，看着周围一同走进扬州大学中心校区考场的一张张稚嫩的脸，那一刻感觉自己弥补了本科毕业没有立即考研的遗憾。终于，

何为管理者？或可为一国之君，统领天下，然天下是天下人的天下，先有天下人而后有天下，故管理之事不应图名谋利，而是一种基于信任与被信任的关系。

——陈　曦（南京医科大学 2017 级 MPA，南京市妇幼保健院）

功夫不负有心人，我以高出录取分数线 40 分的成绩，如愿以偿成为扬州大学的一分子。再次站在梧桐树下时，心中充满了身为扬大人的自豪感，和它们的关系似乎也变得更加亲切了。

我的 MPA 学习生活是精彩绝伦、天马行空的。开学第一课，是为期两天的户外拓展训练，丰富多彩的活动让我倍感新奇，头一天还互不相识的同学，迅速在团队合作、团队竞技中结下了深厚的友谊，这是我见过的最精彩有效的“开学第一课”，让我们在欢笑中明白了团队合作精神的重要性，也充分彰显了 MPA 文化。重回象牙塔，每次上课都非常专注，扬州大学老师的敬业专业，给我留下了难忘的回忆。教授们治学严谨，授课深入浅出，特别是公共管理案例分析和讨论最为精彩，学习过程中经常会有醍醐灌顶的感觉，真正让自己进入了一种思考的状态。在完成课业的同时，学校也大力倡导各个班级自主开展社会实践活动，力求真正做到读万卷书、行万里路。我作为班长，对于社会实践活动的策划，进行了深入系统的思考，迸发了很多奇思妙想，并一步一个脚印，用实际行动将蓝图变成了现实。班级先后赴市内的江都区、宝应县、仪征市开展特色农业调查，赴泰州医药城、泰兴化工园区、苏州周庄开展优势产业调查。2011 年“七一”前夕，前往上海中共一大会址，回顾建党历史，重温入党誓词，庆祝建党 90 周年。在班级活动的基础上，我们班还与下一届的学弟组建了篮球联队，专程前往苏州大学与 MPA 同仁 PK，赛出了风格、结识了朋友。金太军院长和潘晓珍副院长亲自接待了李庆钧副院长带队的扬州大学师生一行，真没想到我们这个小活动，竟然惊动了闻名遐迩的大教授。读 MPA 的三年，刚好遇到了 MPA 的一系列大事件，我很幸运成为一名亲历者。2011 年，首届江苏 MPA 论坛暨南京大学 MPA 十周年纪念活动在宁举行，嘉宾云集，盛况空前；随后，省内高校接力举办江苏 MPA 论坛，各尽其能，各展风采，每届论坛都是一次学术的盛宴，同仁的盛会，大家碰面、碰杯、碰思想。2012 年 4 月 8 日，我作为扬州大学学员代表，赴广州中山大学参加了中山大学 MPA 十周年庆典暨学术研讨会，并围绕 2011 年 3 月的食盐抢购事件，形成了一篇关于应急管理的论文提交大会研讨。中国“MPA 之父”夏书章教授就在中山大学任教，某种意义上，此次广州之行也是一次朝圣之旅。夏书章

谁说只有学生才有星辰大海？我的星辰大海，可以是一束花，一个拥抱，或是一次成长。只要眼有星辰，心有梦想，柴米油盐的烟火气息也可如大海一般任你遨游。

——袁佳玮（南京医科大学 2018 级 MPA，盐城市第一人民医院）

教授指出：MPA 精神就是时代精神。在改革开放的前沿，我更加强烈地感受到了这种时代精神。

轻松愉快的时光总是短暂的，在毕业进入倒计时的那段时间，我的心中充满了依依不舍之情，难舍文汇路校区的梧桐树，难舍结下深厚情谊的老师同学。那一年，我女儿刚 3 岁，我夫人经常对我说：女儿长得太快了，好想从小婴儿那时再重来一遍啊。听着夫人的话，我何尝不想从头再读一次 MPA 啊！当然，MPA 毕业论文的写作之苦，是不想经历第二次的。在毕业论文撰写之初，并没有设定很高的预期，只是抱着一颗“只问耕耘、不问收获”之心，专注于查阅文献、收集素材，努力将三年所学的公共管理知识和理念融入毕业论文，真正做到由厚变薄。毕业第二年，我的毕业论文不仅被扬州大学评为校示范论文，还被江苏省学位委员会评为 2014 年度江苏省优秀专业学位硕士论文。2015 年，江苏省第五届 MPA 论坛在扬州召开，全国 MPA 教指委副秘书长、中国人民大学孙玉栋教授，全国 MPA 教指委委员、复旦大学竺乾威教授应邀分别作《中国公共管理硕士（MPA）教育的回顾与展望》《对行政审批制度改革的思考》的主题报告。来自省内外 20 余所 MPA 院校师生代表、江苏 MPA 联谊会代表围绕“国家治理现代化进程中的公共管理创新”主题进行了深入研讨。作为筹委会的主要成员，我全程参与了此次论坛筹备工作，用心用情在筹办细节上下功夫，特别是会务和食宿安排，在以标准化体现扬州地方特色的同时，还尽量满足参会同仁的个性化需求，力争让每个客人都有宾至如归的感觉。事后，李庆钧老师告诉我：“兄弟院校的领导和老师们都夸你呢！”

古罗马哲学家奥古斯狄尼斯说：“世界是一本书，而不旅行的人们只读了其中的一页。”作为一名公共管理者，感恩与 MPA 相遇，它为我打开了一个全新的世界，在这段新奇的旅行中，让我重新认识了自己，遇见了更好的自己，找到了永久的精神家园。

有幸加入南医 MPA 大家庭，学识渊博的良师引路，优秀亲切的学伴同行。学习知识，提升能力；脚踏实地，仰望星空。

——高畅言（南京医科大学 2019 级 MPA，南京市鼓楼医院）

横跨半个地球的探寻

——美国雪城大学访学见闻

南京农业大学 2017 级 MPA　曹阳阳

为了培养具有国际视野的现代领导者和管理者，为政府部门及非政府公共机构培养德才兼备，适应社会主义现代化建设需要的高层次、复合型、应用型公共管理专门人才，南京农业大学 MPA 教育中心与浙江大学 MPA 教育中心、美国雪城大学（Syracuse University）马克斯韦尔公民与公共事务学院 (The Maxwell School of Citizenship and Public Affairs) 共同开展"MPA 海外课程选修计划"项目，希望通过第二届 MPA 海外课程选修计划，旨在从公共管理基础理论出发，对美国政治、制度、政策、政府、非政府组织、公众参与和信息公开等现状及问题进行剖析，通过案例教学培养 MPA 学生理论知识的实际运用，拓展南农 MPA 学生国际视野。

2018 年 9 月 30 日，南京农业大学与浙江大学师生一行 35 人，飞越半个地球，来到纽约州雪城大学。

雪城大学

雪城大学位于美国纽约州中部的锡拉丘兹，治安良好，环境优美，是个十分美丽的都市。锡拉丘兹属于大陆型气候，四季分明，"逢春飘花，

近不惑之年求学，家庭是我坚强的后盾，单位是我实践的摇篮，学校是我提升的平台，唯有不惧风雨勇向前，方能不辜负所有！

——陈　炜（南京医科大学 2019 级 MPA，南京市江宁区中医医院）

临夏荫浓，城秋枫红，瑞雪隆冬”是最佳写照，因受湖区气候效应的影响，锡拉丘兹在美国以降雪量丰富著称，因此 Syracuse University 又被大家亲切地称为雪城大学。

访学第一天，在简单的校园参观后，我们开始了第一项课程，由马克斯维尔公民与公共事务学院高级公共管理教育主任 Steven Lux 先生与陈学毅博士为大家进行项目概述。与东南亚颇有渊源的斯蒂芬教授以幽默风趣的开场瞬间拉近了我们的距离，欢声笑语和频繁互动赶走了因时差带来的疲惫。他为我们简要介绍了雪城大学的概况，以刻印在学院大楼里的雅典古城邦宣言为切入点，向我们介绍该院对公共管理教学的出发点和落脚点：WE WILL EVER STRIVE FOR THE IDEALS AND SACRED THINGS OF THE CITY, BOTH ALONE AND WITH MANY; WE WILL UNCEASINGLY SEEK TO QUICKEN THE SENSE OF PUBLIC DUTY; WE WILL REVERE AND OBEY THE CITY'S LAW; WE WILL TRANSMIT THIS CITY NOT ONLY NOT LESS, BUT GREATER, BETTER AND MORE BEAUTIFUL THAN IT WAS TRANSMITTED TO US.（我们将为我们城市的理念和神圣的东西而奋斗，不论是和集体还是单打独斗。我们也将尽我们的努力加强公众的公民责

马克斯维尔学院前的林肯雕像

以公共卫生政策为导向、人民健康为中心，融入公共管理理论，培养能在医疗卫生、社会保障等领域从事现代管理工作的专业人才。

——吴文健（南京医科大学 2018 级 MPA，徐州医科大学附属医院）

任感，我们将敬畏且遵循这座城市的法律，我们可以将我们这座城市，不仅不会更差，而且是以更伟大、更美丽的状态，传递给我们的下一代。）学院楼前伫立着林肯总统的雕像，让林肯总统这样代表公共服务精神的人面向公众而非面向学院，寓意着政府来自人民并服务人民，这与雅典古城邦宣言遥相呼应。

前往午餐酒店 Brewster Inn 的路上，雪城优美的乡村风景映入眼帘，视线所及的土地上绿草如茵，独栋小楼在树木掩映下显得宁静安详。美国作为一个年轻的国家，没有中国根深蒂固的文化背景，没有中国近现代鲜血模糊的惨痛经历，乘着一战的东风，她飞速发展，一跃成为世界大国。中国曾经的城乡二元经济体制，使得城乡差距巨大，农村空心化愈演愈烈，破败寂寥的农村与拥挤繁华的城市形成鲜明对比。而今天看到雪城风景如画的乡村风光，不得不让人羡慕不已。习近平总书记号召全国建设 500 个特色小镇，不失为发展农村的有利尝试，然而美国的小镇是生长起来的，不是建设起来的，这使得这里的小镇更加自然、更有韧性。在中国特色小镇建设进程中，如何结合本地历史文化经济背景，使小镇生长起于累土而非横空出世，值得思考。

午餐结束后，在 Brewster 餐厅客厅，由马克斯维尔学院公民权与民主查普家族讲习教授、政治学系荣休教授安德森博士讲授的关于《公开与高效的地方政府》的课堂上，我们了解了美国地方政府的组成框架、各级政府的职能，安德森博士以健康保健政策、卡泽诺维亚湖流域的保护和 Owera 葡萄园的发展为案例，向我们讲解了地方政府与联邦政府在职能上的关系。他们各级政府间并无直接负责关系，虽然卡泽诺维亚镇政府位于卡泽诺维亚村，但他们负责的工作不同，职责分工也不同。有些镇有自己的警察机构，但他们对乡村、郡或州的警察局只有合作关系，无隶属关系。安德森教授既任教于大学，也是卡泽诺维亚镇的议员，她带领我们参观了位于阿尔巴尼街的卡泽诺维亚镇政府办公场所，该办公楼为一处捐赠的私人住宅，客厅就是会议室，只有两名常驻的书记员处理日常事务，周一至周四工作时间是 9:00—15:00，周五提前一小时。在会议室，安德森教授向我们展示了今年的财政预算初稿，小镇只有 7000 多人，事务有限，因此每年的预算都可以计算得十分精确。预算会议时居民可以旁听，对任何事务有疑问都可以通过邮件

所有付出，终有回报。你的努力，不会被辜负。天道酬勤，只争朝夕。

——何俊丽（南京医科大学 2019 级 MPA，东南大学附属中大医院）

等形式表达，镇政府没有考核机制，因为所有工作人员都是大家熟悉的人，工作不好来年就可以把他票出去，颇有小国寡民的意思。

卡泽诺维亚镇政府

卡泽诺维亚镇政府办公区

随后，我们参观了卡泽诺维亚镇的社区图书馆，也是综合文化服务中心，这里可以读书，可以上网，藏书目测数万；这里有小型展柜，有全球各地文物，我们看到了来自中国清朝时期的绣花鞋，还有一个埃及千年木乃伊；这里有小镇历史介绍，负一层有活动室、有停车场，还有明信片、手提袋等文创产品。这里有妈妈教儿子做数学题，有学生在做作业，有借书的大叔和阿姨，人不多，但看得出图书馆并未被闲置过，干净整洁，宁静有序，两名工作人员很热情，帮同学打电话询问国际明信片的邮费情况，与借书的大叔打招呼如普通熟悉的朋友，我们的任何问题都得到了耐心细致且带着微笑的回答。图书馆是非政府组织（NGO），由镇税收中的学区税负担其支出和维护。镇税收还用于

卡泽诺维亚镇社区图书馆

MPA 是一种生活态度，在这里，参与、付出与收获；在这里，书写别样的青春。

——顾生龙（南京医科大学 2019 级 MPA，南京江北人民医院）

本镇的道路修缮、森林防火、急救、下水道维护和污水处理等等。

参观结束后，在淅淅沥沥的小雨中我们走进了 Wegmans 超市，采购一周的生活所需。万圣节将至，超市外已经用南瓜营造起节日氛围，在一眨一眨的南瓜灯下，第一天的访学行程圆满结束。

岁月有痕，把握每一次机会。相信自己，敢于挑战，活出自己的精彩！

——黄天宇（南京医科大学 2019 级 MPA，南京医科大学）

依依惜别的深情

——美国雪城大学访学见闻

南京农业大学 2017 级 MPA　刘璐璐

雪城大学，即锡拉丘兹大学，是美国著名的综合型、研究型大学，该校成立于1870年，坐落在美国纽约州锡拉丘兹市内。马克斯维尔公民与公共事务学院成立于 1924 年，是全美第一所公共管理学院，以公共管理学科闻名于美国。从 1995 年《美国新闻与世界报道》首次为公共管理硕士项目排名以来，一直名列全美榜首。

南京农业大学公共管理学院 MPA 专业的 10 名同学及浙江大学的小伙伴们一行 35 人，在经历了十几个小时的飞行、8 个多小时的长途大巴后，浩浩荡荡地来到了心仪已久的全美第一所公共管理学院。学校针对我们的情况，为我们量身制定了合理的学习模式。从第一天开始，我们进入紧张的学习状态：上午半天在学校上课，由各专业领域的教授为我们详细讲解理论知识；下午则安排我们参观美国政府机构，听取美国官员实地向我们介绍情况，并解答同学们的疑惑。这样的安排，充分将上午所学的理论运用到下午的考察实践当中去，不仅加深了同学们对所学知识的印象，同时也提高了大家的学习效率。

访学第五天，我们迎来了此次行程中的第一个晴天。清晨醒来掀开窗帘的那一刻，第一次感受到雪城的阳光。清晨这般美好，虽然气温很低，但丝毫没有感到刺骨。每一寸肌肤、每一个毛孔都被晨光唤醒，雪城像一个童话世界，美丽宁静地出现在我们的面前。教学楼像城堡一样竖立在远方，挂在蓝天白云下，立在碧草绿荫间。仿佛随时会有灰姑

让春风化雨成诗，让理想迎风展翅。

——蒋勇智（南京医科大学 2019 级 MPA，淮安市淮阴区营中社区卫生服务中心）

雪城之晨

娘坐了南瓜马车驶来，然后轻提罗裙，拾级而上，进到那神秘古堡之中。松鼠在校园中上蹿下跳，惊碎草尖露珠，剔透晶莹。假如我是一个画家，我定不会去画雪城的早晨。天太蓝，草过绿，画出来像假的一样，雪城的早晨非亲见不能相信。

提起美国，总觉得是个富得流油的国家。作为一个总体国力世界第一已经有一个多世纪的国家，其实也存在贫困。马克斯维尔公民与公共事务学院公共行政与国际事务系教授、政策研究中心主任洛波博士为我们解答了关于美国的福利和社会贫困政策方面的疑惑。

贫困表示一个人不能够维持最低的生活标准。和中国一样，受教育程度低、家庭环境不稳定等是美国社会贫困的主要原因。另外，种族歧视依旧是一个亘古不变的话题，处在人群中收入最低端的是黑人。令人惊讶的是美国的亚裔人群，竟然在整个美国高收入人群中占据高位。这些亚裔主要来自中国、韩国和日本，大多从事金融和 IT 行业。看到这里，作为中国人的我心里有些自豪。但是，转念一想，又为国内人才的流失而感到痛心。国家大力发展人才战略，人才的培养和教育是一个问题，而怎样留住人才，让人才为国家所用也是任务艰巨。

美国的福利和社会贫困政策

之后，学校考虑到我们的肠胃贫困，为大家安排了这几天来最丰盛的一餐。午餐是由当地著名餐厅 Dinosaur BBQ 提供的烧烤，有碳烤肋排、香煎三文鱼、黄油土豆、纸杯蛋糕，还有一样类似于中国的雪里蕻。别看

无情管理，有情服务。

——吴银娅（南京医科大学 2019 级 MPA，南京市溧水区人民医院）

BBQ

它不起眼，据说这道“美国雪里蕻”是最下功夫，要煮一天一夜才能把原本硬得硌牙的口感烹制成入口即化的地步。听完介绍，我们怀着“顶礼膜拜”的心情夹了一口送入口中——嗯，这咸菜腌得不错！再来碗清粥，一两锅贴，淋上香醋，齐活！

午餐过后，冲突与协作项目主任、高级公共管理教育副主任杰勒德女士为我们讲解了人际关系冲突管理。在上课之前，我们先填了一份调查表格，测试我们在处理冲突中属于哪种风格（协作型、妥协型、适应型、控制型、回避型）。经过这番自我剖析，再来听杰勒德女士的讲解，更有助于揣摩消化。两位翻译也用他们的幽默和风趣，带领我们进行了升级、降级角色扮演的练习，以接地气的方式使我们领略了日常生活中语言在人际冲突中的关键作用。

假如有一个公园，现在由我们设计一样可以摆放在公园里的作品，作品中必须包含我们此次访学中的所学所悟。杰勒德女士将我们分作 6 个小组，一张画纸，几只水笔，几分钟内完成作品上台讲解，计时开始：来不及仔细讨论，落笔画了一个圆。端详片刻，本能地添了一道 S 曲线，太极八卦图跃然纸上。好好的西方公园里怎么安置中国的太极八卦图？索性铸成火锅吧？火锅边缘设置成八块花圃，种了中国的牡丹、梅花、兰花、茉莉，美国的玫瑰、玉兰、郁金香、五月花。牡丹、玫瑰分别是两国国花，江苏茉莉（南京农业大学），浙江兰花（浙江大学）。阴阳二鱼的眼睛设置成喷泉，夜间各自散发红、蓝色灯光，分别为两国国旗颜色，喷泉喷出的水正好灌溉这八个花圃。此次访学是中美两国文化的交流与碰撞，我们学习美国的公共管理知识是为了运用到中国的实践中去。太极生两仪，两仪生四象，四象生八卦。这口巨型火锅也能反映出两国的政治结构，同

征途在前，以梦为马，无畏风雨，一路前行，未来可期。

——刘　颖（南京医科大学 2019 级 MPA，宿迁市中医院）

心圆（共产党）边围绕八个花圃（八个民主党派），代表中国共产党领导的多党合作制度；两条阴阳鱼分别表示美国的民主党和共和党。一生二，二生三，三生万物。无论是中国和美国，还是南农和浙大，都如同这八卦图中所示，万物都在相互转化、相互渗透。这次访学所学所悟，都蕴含在这口锅里了。

分组合作

到了这里，我们在雪城的理论学习也要接近尾声了。同学们将自己的感悟写在一张张五颜六色的纸上，张贴在教室的墙边作为纪念。学校为每一位参加访学的同学颁发结业证书，并用相机记录下这令人难忘的时刻。

晚上，同学们盛装出席了学校的欢送晚宴。在宴会上，我们不仅品尝了当地的美食，还和来自不同国家的留学生们交流了学习经验。

此次访学，我们学习了公共管理最前沿的理论知识，了解了美国各级政府管理实践、非营利组织管理、特色小镇建设实践、美国生态文明管理体制。在与美国教授和当地政府工作人员的交流中，探讨了如何将 MPA 所学理论和知识应用于工作实践。同时，我们

当我再次身处在大学的教室、奔跑在夜晚的操场，熟悉的感觉又回来了。感谢南医 MPA，让我在参加工作三年后，又重新体验到了怀念已久的校园时光。

——张永硕（南京医科大学 2019 级 MPA，徐州医科大学附属医院）

也与浙江大学的老师和同学们共同成长、一起进步，结下了难解难分的缘分，写下了回忆中美好的篇章。

欢送晚宴

2019 年我带着对未知的憧憬开始了 MPA 学习之旅。转眼研一已匆匆走过，其间有过信心满满，也有过自我怀疑，面对研二的新一轮挑战，坚定地迈着步伐，因为我知道走过的每一步都算数。

——李　沙（南京医科大学 2019 级 MPA，江苏省涟水县人民医院）

印象南农

南京农业大学 2018 级 MPA 宋时方

“钟山挺秀是你的风骨，长江浩然是你的雄魂。荟萃五千年华夏文明，推出一代代神农传人……”卫岗路 1 号，坐落着南京农业大学，朴素内敛的外表下深藏着顶尖的科研实力和优秀的学风。巍巍主楼窗棂格子里，阳光倾泻，青松龙柏掩映着一条起伏的坡路，绵延至紫金山南麓。这扇古老之门，一头是千百年来的耕读文化，另一头是欣欣向荣的未来文明。

乘地铁 2 号线，从下马坊 3 号口出来，左手边就是下马坊皇家农业大学卫岗校区。2018 年 3 月，在月光皎洁的初春夜晚，我第一次走进南农校园，梅花疏影横斜，暗香浮动。满树银河般的樱花随风摇曳，花瓣片片飘落，如雾霭氤氲在我内心最柔软的角落。在面试的时候，我眼前似乎看到了缠绕攀缘在桃李廊的紫藤萝，开出了紫色的小花，如瀑布般热烈，在阳光下笑意盈盈。回答完考官最后一个问题，我感觉到了眼角的湿润。

当我再次走进校园，已经是 9 月了，此刻我已经真正成为一名南农 MPA 的学生，在操场上有一场盛大的开学典礼是为我们而举行。本科毕业 6 年，工作 6 年，再一次走进校园，是从内心无比珍惜的，仿佛是一场上天的恩赐，重返菁菁校园去弥补曾经的缺憾，去感受工作后缺失的青春，去追寻事业上更高远的梦想。想必这样至真至深的领悟是我们和本科生、全日制研究生的区别吧。当晚在北门“情人坡”，一场专属新生的迎新晚会如期举行，于熙熙攘攘的人群中，看着四周都是穿着军训服的新生，青春洋溢的脸庞笑得炽热，放声高歌的样子点亮了夏夜的黑。次日的新生游园，更是让我们兴奋不已。路边

通过一年的 MPA 学习，让我意识到一个人要一直晋升本人的境界，从而看得更高更远，做事也更有效力。同时人要学会自发地学习和踊跃地思考，只有这样自己才能进步，对环境的适应能力就能够更好，就必定在人群中居于上风位置。

——葛子济（南京医科大学 2019 级 MPA，南京医科大学第一临床医学院）

的酢浆草探出了脑袋，看着我们的脚印一步步镌刻南农的校园。校史馆、图书馆、实验室、田径场、食堂，这些校园的专属符号再一次在我心里撩起了一池春水。晨曦微露，图书馆里在翻看专业书籍和厚重文献的儒雅少年，还有柔美恬静的婉约女生，无不散发着安静汲取知识的光芒。在一食堂大快朵颐鸡丝面，随后流连于二食堂的锅贴、六鲜面和香锅，三食堂的粥，我们调侃，工作后的我们实现了“食堂自由”，而那些尚在校园的本科生简单而满足的快乐，我们再也体会不到了，他们三三两两地坐在一起，你一筷我一勺地分享盘中餐，那样动人的场景让我心里瞬间大雨滂沱。

再次坐在教室里，讲台上的老师，隔壁的同桌，窗外的棕榈树，我展开笔记本写下一行行的失而复得。犹记得一次专业课，土地学泰斗级的专家连续授课 3 小时没有休息，课后同学们排队要签名，一场别样的追星正是我们对学术的尊崇与渴求，那一幕深深印在我的脑海。

夏日干净的黄昏里，连窗户都忍不住染上一抹橘晕。晚霞已至，我们便放学了，三五成群去和昔日同窗好友赴约、去先锋书店、去梧桐树下的街头走一走，我们不再是工作时的处长科长小王小李，也不是谁的爸爸妈妈，只是张同学赵同学。一切都是轻松自在的时光，一切都是青春里最美好的样子。

斗转星移，暑往寒来。我们满怀期待地迎接第四个学期，然而庚子新春突如其来的疫情，瞬间惊醒了时光。学校发来了通知：延期返校上课，希望我们从五湖四海来能聚成一团火，到天南地北去可散作满天星，在各自的岗位，统筹推进疫情防控和经济社会发展工作，在滚烫的青春里写下最沸腾的一章。只是寥寥数语，便让我们使命感与责任感爆棚，已经工作的我们正应该练就担当作为的硬脊梁、铁肩膀，“逢山开路、遇水搭桥”，为学弟学妹们做出榜样。

如果还是往昔的夏季，如果可以摘下口罩，我们会用那些以往最常见的告别，拍一场没有缺席的毕业照，和校园里所有的美好一一告别。此刻坐在办公室，手里拿着“印象南农”的明信片，3 月怒放的玉兰，6 月花海下的小径，9 月飘扬的梧桐叶，12 月雪后的礼堂……

心栖梦归处，不负韶华年。回眸时，眼里有星辰大海，胸中有万千丘壑，心里有繁花似锦。怀揣炽热梦想，踏上远程，未来可期。

——王梦婷（南京财经大学 2019 级 MPA，南京市规划和自然资源局）

开始于2018年初秋，结束于2020年盛夏，在南农的日子，有前程可奔赴，亦有青春可回首。那条路依然是最初的样子，静默在岁月流光里，收藏着每一个南农人来过的足迹。

2020年7月，我和四位同学组队参加第四届全国MPA案例大赛，案例作品进入全国百强，并被评为优秀奖。步入三十岁的门槛，能够在南财大进步成长，是人生幸事，唯有在自谦自信中磨砺品格，在务实超越中不断进取，不负韶华，努力书写新时代南财大人的精彩。

——李　艺（南京财经大学2019级MPA，南京江北新区管委会市场监督管理局）

我的南理工 MPA 求学之路

——南理工 MPA 毕业十周年有感

南京理工大学 2007 级 MPA　李云涛

弹指一挥间，南京理工大学2007级首届MPA毕业转眼已经十年了，人生有几个十年，十年之前我们全班同学从南理工毕业走向各个岗位，将 MPA 所学知识灵活运用到各自的实际工作中去。如今，回想我们的求学之路，依然是美好难忘。

2004 年，我信心满满地报名参加了南京大学 MPA 入学考试，并且在考前也参加了辅导班培训。但由于学校岗位的调整，我调到了新的部门，新的岗位任务重、责任大，工作比原来更加繁忙，为了能够胜任新的岗位，圆满地完成任务，本人将全部精力投入了新的工作中。因此，在 2004 年的全国联考中由于准备不足，未能如愿以偿，十分遗憾。2005 年、2006 年又因种种原因没有报名参加 MPA 考试，直至 2007 年，我克服各种压力再次报名参加考试。由于我本科毕业于南京大学行政管理系，对南京大学有一种特殊的情怀，故首先报考南大 MPA。当考试成绩出来后，分数没有达到南大的录取分数线。在南大原班主任老师的推荐下，申请调剂到南理工就读。

记得那是 2007 年底春节前的一个大雪纷飞的日子，我和另一位同事一起来到南京理工大学人文学院上交申请调剂的报名表以及有关材料。经过数月等待，一直到春节后三四月份才收到录取通知书，当拿到录取通知书那一刻心里特别的踏实，时至今日，仍然忘不了当时激动的心情。经过四年的磨炼，终于圆了自己的 MPA 求学之梦。

对于我们这些工作了十多年的人来讲，考入中国药科大学读 MPA 并不是一件容易的事情。激励我们、凝聚我们的是对公共事业的情怀以及我们追逐梦想的力量！

——张　磊（中国药科大学 2019 级 MPA，北京康利华咨询服务有限公司）

从2008年5月入学至2011年1月正式毕业，近三年的学习时间里，我们全班45名来自省内外的同学很幸运地遇到了循循善诱、诲人不倦、尽心尽力、学识渊博的专业教师，遇到了团结友爱、朝气蓬勃、奋发有为、志同道合的同窗好友。再回首，忘不了我们尊敬的叶美霞老师，她对我们像自己孩子一样呵护关爱；忘不了陈樽老师、况志华老师、赵雪琴老师、唐恒照老师、徐志国老师等妙语连珠、诙谐生动的课堂讲授；忘不了钱建平老院长、范炜烽主任、蒋民老师以及班主任王培军老师对我们的教育和帮助；忘不了我的论文导师王大勇老师对我论文的悉心指导……

求学的路上既艰辛也快乐。每次集中学习的课后，同学们分别到学校食堂、校外餐厅小聚一下，晚上有时还小酌一杯，那时大家意气风发，谈古论今，不尽兴不散场。由于我们是南理工MPA“黄埔一期”，人文学院的领导和老师对我们班级格外严格和支持，班级经常组织开展实践教学活动，曾赴南京市国税局电子政务中心参观考察、赴中山植物园开展拓展训练、赴其他城市开展实践教学交流活动等。最让我们难忘的是况志华老师的领导科学与艺术课，每次况老师都要求我们自由组合，分小组开展案例研讨，并选派一名同学上台汇报交流成果。这敦促我们必须认真听课，以防上台后冷场。英语课赵雪琴老师经常课中请同学起来朗读课文，其他任课教师课上也时常开展师生互动，这使我们的教学效果得到了很好的保障。

由于我不会开车，爱人经常开车接送我到南理工上学，不久她与老师和同学也熟悉了，也被我们融洽的师生情所打动。2011年，我爱人不假思索地报考了南京理工大学MPA，并顺利通过了入学考试，成了我的师妹。老师和同学们经常拿我开玩笑，一家两口都成为南理工MPA的校友了。

研二时，我选择的论文导师是时任南理工经济管理学院党委书记的王大勇教授。说实话，刚开始王老师给我的印象是十分严肃的，论文开题后，我与导师的联系不够主动，论文撰写不够积极，没有完全按照导师的要求去研究并撰写论文，以至于我未能赶上2010年10月份的第一批论文答辩。当班级近一半的同学通过第一批答辩时，我为同学们庆祝的同时，自己内心十分自责和内疚，因为自己的不努力而未参加第一批论文答辩。

三人行必有我师，三十人必有我师兄。时刻学习新智慧，让过往不负韶华，精业得以济群，走未来坦荡为民兴药之路。

——刘鹏程（中国药科大学2019级MPA）

我也在反思，自己作为班委干部，如果没有按时毕业获得学位证书，如何去参加毕业典礼呢？从那时起，我就暗下决心，一定要加倍努力，争取早日完成论文初稿。一方面我主动向导师请教来鞭策自己，另一方面自己尽量克服学习和工作中的矛盾，曾经在近一个月的时间内，每天夜里把自己关在书房撰写论文至凌晨两三点。经过数次反复修改完善，在王大勇老师细心严谨的指导下，我的论文初稿终于形成了。我清晰地记得，王老师对我的论文批注非常细致，就连错别字和标点符号都逐一指出。在 2010 年年底前的论文答辩中顺利通过了论文答辩。毕业前夕，我参加了南理工 MPA 联合会成立大会暨第一届年会筹备工作和江苏省高校 MPA 联谊会筹备会工作，并且在南理工首届 MPA 联合会成立大会上当选为学术部部长。2011 年 5 月 21 日，南理工 2007 级公共管理硕士（MPA）毕业典礼暨学位授予仪式隆重举行，37 名硕士学位获得同学参加了毕业典礼，我本人也获得了优秀研究生干部。

毕业之后，在母校老师和同学的关心和鼓励下，我积极参加江苏省 MPA 论坛活动，参加了南京大学、东南大学、南京理工大学以及河海大学分别举办的四次论坛活动。通过参加江苏 MPA 论坛和联谊会活动，我的公共管理基础理论知识得到了进一步提高，也拓展了我的实践技能和考虑问题的视野，这对我自身的工作也有一定的促进和帮助。

自 2011 年 1 月获得南理工 MPA 学位证书至今，已经有十年时间，从 2008 年 5 月入学至今，通过 MPA 系统的知识学习和思考、锻炼，自己的业务能力和综合素养有一定的提升，对我未来的学习和发展起到了很大的促进作用。时值江苏开展 MPA 二十周年暨南理工 MPA 毕业十周年之际，写下此文，以感谢南理工 MPA 教育中心对我和我爱人的培养教育之恩，纪念南理工首届 MPA 班级同学真诚之友情，再聚首十年初心依旧，忆芳华归来仍是少年！

而立之年重返校园，韶华仍在不负明天。

——祖新颖（中国药科大学 2019 级 MPA，江苏吉诺思美精准医学科技有限公司）

回忆联合会的日子

江苏大学 2015 级 MPA　胡元威

时光荏苒，岁月如梭，转眼间离开江苏大学 MPA 联合会已三年。但任凭时间的车轮如何转动，记忆中的故事却总会在脑海中浮现。每每回忆在联合会工作的点滴，总是意犹未尽，老师们的谆谆教导犹在耳畔，同学们的翩翩风采犹在眼前，心头无时不涌起阵阵涟漪。

筚路蓝缕——我们“从无到有”

说起联合会的组建，不得不提到管理学院的周绿林书记，他希望 MPA 中心在同学之间建立一个组织，搞些活动来丰富大家的业余学习生活，为学员搭建丰富多彩的交流、活动平台。正是在书记的倡议下，MPA 中心的许远旺主任找到了我，希望我能组织大家搞活 MPA，让联合会真正为大家服务。说真的，当时组建联合会确实遇到不少困难，没有成员、没有制度、没有办公场所，什么都是从零开始。但我这个光杆司令始终坚信办法总比困难多，特别是我们还有学院这座靠山。果然，学院给予我们大力支持。没有成员怎么办？每年新生入学班会上，学院专门给我们联合会预留了时间，让我们现场“招兵买马”，壮大队伍。没有制度怎么办？学院专门帮我们联系省内兄弟院校，让我们学习他们的相关规章制度。没有办公室场所怎么办？学院在教室本就比较紧张的情况下，专门腾出了一间给我们联合会当会议室。现在想来，没有学院的大力支持，联合会的成立不可能这么顺利。正是在学院和大家的共同努力下，联合会从无到有，终于有了名正

跨东西南北会金陵，疫情难阻。同学勤精业，论古今中外学思邈。三十不已，少年誓济群。

——李尚镁（中国药科大学 2019 级 MPA，壹生玖号（福州）健康管理有限公司）

言顺向外展示的机会了：举办江苏大学 MPA 联合会成立大会。南京大学作为省内院校的老大哥，他们的 MPA 联合会也已经举办了十几届，如果能将他们主席请来参加我们的成立大会，无疑会对联合会的成立增色不少。经过几番周折，我与南大 MPA 联合会孙立主席取得了联系，孙主席不但欣然接受我们的邀请，周末还亲自开车来参加我们的成立大会。2016 年 3 月 18 日，江苏大学 MPA 联合会正式向外“官宣”了，可是我知道万里长征才迈开第一步。

激活思维——我们“从有到优”

与大多数院校的联合会模式相似，我们联合会也是由主席团、秘书处、办公室、宣传部、联络部、学术部 6 个部门组成，近 20 名成员来自各个年级的班委和积极分子，可以说，麻雀虽小，但也五脏俱全。这么多人，如何开展活动，成为一个现实问题。在与学院领导充分沟通后，我感到联合会要长远发展，除了规章制度外，每年还必须制定一套切实可行的活动计划。谁来制定这些计划？仅凭一个人的力量肯定不够。为了调动大家积极性，我想通过“头脑风暴”，让联合会所有成员都能参与活动计划的制定中。事实证明，这样的讨论非常必要，大家你一言、我一语，每个人都将自己当作是联合会的一分子，在思维碰撞的过程中，许多好想法、好建议、金点子奔涌出来。比如，邀请校内外专家开展学术沙龙活动、组织学院师生深入电气之乡扬中新坝镇开展（特色小镇）实践调研活动、赴镇江市行政中心开展 e 张网行政审批调研活动、赴世业洲卫生院开展调研活动，举办师生棋牌竞赛联谊会，举办毕业论文写作经验交流会等。这些活动，也成为联合会的一个个窗口，提高了 MPA 学员的凝聚力和综合素质，促进学习与思考、研究与应用的有机结合和统一，同时也让我们江大 MPA 联合会在学校有了较高的知名度。

创响品牌——我们“从优到特”

在校内有了一定影响，但我们并没有沾沾自喜，作为联合会领头人，我深知路漫漫其修远兮，唯有上下求索，创出自己的品牌和特色才能让联合会走得更远。为了实现这个目标，2016 年、2017 年、2018 年我们连续三年派员赴南京理工大学、东南大学、河

年少轻狂下海，逐浪做弄潮儿；年长收敛羽毛，飘摇兮随波逐流；中年奋身重回金陵，药大内笑看风起云涌。

——解春萌（中国药科大学 2019 级 MPA，前沿生物药业（南京）股份有限公司）

海大学参加第六届、第七届和第八届江苏 MPA 论坛，向兄弟院校取经学习。并且成功举办了两场在省内高校有影响的大型活动。一是 2018 年 5 月 5 日，在本校举办了首届江苏高校 MPA 联合会工作校际交流会，邀请了省内 16 所 MPA 培养院校的教师及 MPA 联合会学员代表近百人参加了本次交流会，共同探讨和分享各校 MPA 联合会的工作模式与特色做法。二是 2019 年 11 月 30 日，在本校举办了第九届江苏 MPA 论坛暨三江公共管理研究生论坛。同时，我们联合会成员在 2019 年江苏高校公共管理案例分析大赛中荣获一等奖等诸多殊荣。我深知这一场场活动、一次次成功来之不易，是老师和同学们共同努力的结果，大家都在为创响江大 MPA 联合会的品牌而奋斗。

两年的主席任期很快就到了，学院领导曾经希望我继续干下去。但我知道只有薪火相传，才更让人充满期待。两年的联合会工作，同学们带给我很多感动，老师们带给我很多启发。从他们身上我学会了用学术的方式和思维去重新认识自己的工作，从他们身上我学会了更加从容地面对生活与工作的挑战。我想，随着时光荏苒，这份宝贵的回忆会越发深厚，这份难得的感情会越发珍贵！我也坚信江苏大学 MPA 联合会将在众多年轻才俊的组织下越办越好！

要相信一步一个脚印地走下去，一点一滴去积累，所有吃过的苦，终会化成生活馈赠的小惊喜，让我们在来日岁月里，成为底气十足的自己。

——杨 强（中国药科大学 2019 级 MPA，中国药科大学后勤集团）

回忆 MPA 的成长岁月

江苏大学 2016 级 MPA　李　芸

时光荏苒，三年的 MPA 学习生涯在指间匆匆而过，这段人生中重要的成长旅程，让我不断从周遭的环境中汲取能量，使得被生活磨砺的心不再迷惑和困扰，求知至乐，拓展无限可能。借此 MPA 二十周年征文之际，用有色温暖的文字，记录这一段难忘的成长岁月。

重拾初心

直到如今，我仍不太敢回想自己读 MPA 前的那段岁月。只记得当时报考了一个心仪已久的工作岗位，在笔试面试都遥遥领先的情况下却“花落他家”。我气愤、不甘、沮丧，种种消极的情绪不断交织，整日关在家里自怨自艾，不知不觉中疯狂发胖、满脸长痘。那年 27 岁的我，像寄居蟹一般蜷缩在自己的壳里，失去了张牙舞爪的活力，面对外面的世界变得自卑又敏感，前路仿佛只剩下一片迷惘，幸好，我手里还握着一张通往 MPA 的录取通知单。

改变是从开学的素质拓展项目开始的。

那是两人一组爬杆至高处后再仰跳的项目，快爬到顶的时候，杆子摇晃得厉害，我害怕得双手死死抱住，心不停地狂跳，腿也不听使唤地抖动。同学们在脚下给我大声加油打气，但我根本没法抑制内心的恐惧，一个劲地自言自语道：“我不行，我做不到！”

就在我准备放弃的时候，一只手伸到我面前，我抬头一看，是个有些瘦弱的姑娘，

从毕业到工作，又从工作回归学校，是感恩，是珍惜。研究生的学习生活又一次把我拉进知识的天堂。光阴易逝终将不负韶华。

——张新明（中国药科大学 2019 级 MPA，江苏省沭阳县安监局）

她对我笑着说："没事的，我拉着你，你一定可以。"受到她的鼓舞，我也试着松开一只手去抓她，但是每次只要手一松，杆子便开始晃动，我吓得又缩回去，几次下来，我闭着眼睛对她摇头："我真的不行，我想下去。"可她却半个身子都俯下来，主动来拉住我，一边喊着："来，加油。"一边铆足了劲拉我往上，也不知折腾了多久，我居然被她拉了上去！

爬到顶的那一刹那，我整个人都轻松了，好像卸掉了身上所有的包袱，迅速就绪准备起跳，而她倒是害怕地站在原地。我也不知哪来的勇气，拉起她的手，像刚才她给我力量那样："我喊一二三，到'三'的时候，我们一起松手下跳！我们可以的！"她迟疑地冲我点头，等我喊道"三"时，我们真的一同跳了下去。彼时，我们虽是同学但互不相识，怀着信任与被信任的喜悦，结束后给了对方一个深深的拥抱。

这大概便是"初识"MPA时留下的美好记忆，那一刻，回归了学生时代的纯真，穿透外在的种种繁杂，涤荡阴郁的内心，随着时光的推移，更加显现出它独特的魅力。

读MPA的第一年，仿佛找到了少年时对学习的一腔热情：那会我还不会开车，每次上课都要早起，骑50分钟电瓶车才能到学校，冬天早上的风吹在脸上像刀割一样，我竟坚持了下来。

心神往之

作为江苏大学MPA第二届学员，入学后没多久正赶上学校筹备成立MPA联合会，班主任许远旺老师知道我曾是记者出身，便提议我加入联合会宣传部，在擅长领域发挥优势。于是我抱着试试看的态度入会，毕竟谁也不知道一个新成立的学生组织能带来多大惊喜。

但很快，我庆幸自己加入了。在这个大家庭里，我和成员们一起策划组织，开展了各类严谨而不失风趣的学术和文体活动，如赴扬中新坝镇开展社会实践、举办毕业论文经验交流活动、举办棋牌竞赛活动等，丰富和活跃了同学们的学习生活氛围。联合会还会利用资源平台与其他高校多次联谊，使我有幸参加了首届江苏高校MPA联合会工作校

工作五年，带着不一样的心情回到了曾经熟悉的校园，认识了新的朋友，不一样的心境让我能更好地感受校园的美好和同学的感情，仿佛回到了当年的青春，班级的学习氛围浓厚，也锻炼了学习的能力，受益良多。

——童圣灵（中国药科大学2019级MPA，江苏吉贝尔药业股份有限公司）

际交流会和第八届江苏 MPA 论坛，见识了更大的世界以及更多有才华的人。

我也努力做到许老师期许那般，做好每场活动的后期宣传工作，并在周绿林书记和陈浩老师的指导下，先后以“多中心治理论”视阈下卫生院创建过程研究和“互助式养老”项目参加全国公共管理案例大赛，虽然最后没有取得名次，但在采写的过程中收获的却是宝贵的经验与快乐。我们见证了联合会的一路成长，经历换届、选举、部长竞选、新成员招收，结识了一批批有能力、有才华的成员，而和这些优秀的人在一起，潜移默化之中，也会想要变得优秀。于是我决定再尝试一次，报名参加了机关单位统考。

但是似乎年纪越大，越难静下心做一件未知结果的事，有时一点家庭琐事便能把备考的意志磨灭。每当想要放弃，我的同学们便会以自身经历为我鼓劲，有同学说为了提高公文写作能力，一个星期内写完了 15 支笔芯；有同学告诉我，她笔试落后十几分，顶着巨大压力苦练面试，最后终于迎头赶超……他们让我明白：没有一个人的成功是容易的，你的努力，决定了你的实力。

心神往之，则必达之。读 MPA 的第二年，挑战了许多过去认为“不可能”的尝试：成功上岸，考取驾照，减肥 30 斤，并在一次次写稿中，坚定了通过写作阐释自我的梦想。

乘风破浪

因为种种原因，我错过了第一批毕业的机会。压力山大的我在第二次论文送审前，得到老师的批改意见：论文立意太浅，还未达到送审的要求。我当时如遭晴天霹雳，前两年建立起来的自信仿佛瞬间瓦解，整个人陷入一种焦躁状态，连日失眠，每天大把地掉头发。我好像重回两年前，遇事一样畏葸。所幸的是，经过两年 MPA 生涯的淬炼，我学会了在恐惧与崩溃之中奋力一搏：我会见缝插针地去办公室门口截住导师请教；会厚着脸皮向其他老师寻求意见；会和想要同期毕业的同学们抱团取暖，互相鼓劲；会在导师发来修改意见的第一时间，一遍又一遍地删掉写好的内容重写，哪怕已经是凌晨两点。

好不容易过了导师这关，紧接着又碰上另一个难题——查重率过高。时间紧迫，白天忙于工作，只能利用晚上时间进行修改。但我始终掌握不到降重的技巧，急得趴在电

秋黄冬寒杀百花，可比春芳夏绿百花发。望天堑波平，公管推百舸争流，待药大杏黄，看垂柳风摆迎我熙攘。

——王绪旺（中国药科大学 2019 级 MPA）

脑桌上痛哭。还在加班的班长知道后，放下手头忙了一半的工作，一个字、一句话地举例教我修改，后来我总算有了些门路，再看时间已是半夜，听着班长玩笑似的“抱怨”，我心头一暖，只能用“一起毕业”四个字来表达深深的谢意。

答辩那天，是我 30 岁的生日。站在台上时，我没有哪刻像此时这般自在从容，恍然明白若是没有那段日日夜夜的煎熬、痛苦的经历，是绝不会有今天的自信表现。这场自我见证的蜕变，是我送给自己 30 岁最好的礼物。

读 MPA 的第三年，翻越过心里的那座高山，爱和梦想得到淋漓尽致的发挥：“互助式养老”项目荣获江苏高校案例公共管理案例分析大赛一等奖、修改后的毕业论文获第九届江苏 MPA 论坛优秀论文一等奖，另外我所撰写的两篇稿件先后被“学习强国”平台采用，一篇宣传报道登上国家级报纸头版，还参与完成省委组织部两本书的采写和出版任务。

感恩在我人生低谷的时候遇到 MPA，继而遇见一群可爱的老师和同学，从而遇见了一个从前不敢想象的强大自己。而今三十而立，一切过往皆为序章，愿将在 MPA 那段时光里所积淀的不馁与坚信，能在未来的日子里助我继续乘风破浪、直济沧海！

结识良师益友，锻炼学术思维，获益多多。

——刘晶晶（中国药科大学 2019 级 MPA，上海慧永人才信息咨询有限公司）

研读南理工 MPA 的付出与收获

南京理工大学 2015 级 MPA 刘 睿

又到一年盛夏，6 年前，我做出了报考南理工 MPA 的决定。研究生学习期间，经历了人生种种重要变化，当年入学时的工作环境、家庭身份均发生了改变，回想起来，心中感慨万千，在职求学之路的艰辛与付出历历在目。

艰难困苦，玉汝于成。研读南理工 MPA 的付出，是参加入学统考期间，工作 6 年后重拾书本，忘我冲刺备考的日日夜夜；是课程学习期间，无论严寒酷暑，在教室听课作业的周末时光；是论文撰写期间，数九寒冬在办公室奋笔疾书，直接和衣而睡的数个夜晚。研读南理工 MPA 的付出，不仅仅是自己为学习投入的精力和心血，更包含了家人的无私支持，难忘备考期间，父母给予的关心和帮助；难忘论文冲刺期间，妻子无怨无悔独自照顾幼子的默默奉献。

雄关漫道真如铁，而今迈步从头越。几年的付出，对我而言，收获的不仅是南京理工大学的研究生毕业证书和硕士学位证书，更是许多能够影响一生的宝贵财富。

研读南理工 MPA，收获了思维能力的提升。在研究生毕业后不久，我接到一项省级课题任务，领导信任地安排我承担了课题组总结申报工作。虽然当时面临着时间紧、要求高、内容复杂等困难，但是得益于论文撰写期间的严格训练，我的系统思维和创新思维能力较读研前有了明显提升。我围绕申报目标，分阶段分解了总结申报的各项任务，有条不紊地组织课题组 8 家单位按分工落实，同时自己拿出写作论文期间的吃苦精神加班加点，加强协调推动和提炼修改，在两个月时间内顺利完成了数万字的申报材料，课

酒是害人精，共叙药大情。匆匆而来，匆匆而去，带走了青春，留下了回忆。

——吴 迪（中国药科大学 2019 级 MPA，南京市逸夫医院）

题最终荣获华夏建设科学技术奖。

研读南理工 MPA，收获了自身视野的拓展。南理工 MPA 专业设置了公共管理、宪法与行政法、公共伦理、公共经济学等许多精彩课程，老师们的倾力讲解，既为我们传授了公共管理知识和精神，又帮助我们开拓了研究视野，领略了公共管理学术大家的风采。记得一位老师在课堂中教导我们：攻读 MPA 带给同学们的不仅是知识上的积累，还能够帮助你们提升思维高度和谈吐气质。读研期间，我通过公开遴选考试，进入省级机关工作，很大原因也是受到了老师的勉励和支持。

研读南理工 MPA，收获了难忘的师生情谊。难忘我的导师范炜烽教授给予的关心指导和帮助。感谢范老师的治学严谨，范老师高标准、严要求，对我的毕业论文选题、分析框架、阅读文献、文章结构、研究方法等都严格把关，用极其负责的治学精神指导了本人论文撰写的全过程；感谢范老师的无私奉献，读研期间我多次通过电话、微信、面谈、邮件等方式与范老师请教，范老师均在百忙中耐心回复，进行具体指导，让我在读研道路上始终沿着正确方向前进。南理工 MPA 还有章荣君老师、程倩老师等许多位可敬的老师，传道授业解惑的师恩永难忘。

研读南理工 MPA，收获了宝贵的同学友谊。无论是在一起共同进行 1 年半课程学习的同班同学，还是在论文撰写期间互相加油鼓劲的同门师兄弟，大家都在理工大校园里留下了珍贵的回忆。许多同学在读研期间，经历了工作岗位的变化，逐渐承担起更大的社会责任。我和不少同学现在还保持着联系和交流，我以为，共同攻读南理工 MPA 的进取和韧劲，是凝聚我们同学之间最真挚的纽带。

路漫漫其修远兮，吾将上下而求索。研读南理工 MPA，付出不少，收获更多。在今后的道路中，牢记恩师教诲，学无止境，厚积薄发，行稳致远。

结良师，交益友，廿八学子重返校园只为不负韶华。勇激辩，勤思考，三年寒窗公共管理心中星辰大海。

——张　磊（中国药科大学 2019 级 MPA，北京康利华咨询服务有限公司）

结缘江科大，相遇 MPA

江苏科技大学 2019 级 MPA　陈晓婷

日光缓缓，月光漫漫。在你二十年华之际，我们不期而遇。恰好，不急不缓，不早不晚。

——题记

缘 起

古老的河流，古老的渡口，古老的北固亭，这是悠悠千古，诗画镇江。那个略显清冷的早晨，淅淅沥沥的雨像是故事的伏笔，会有怎样的相遇呢?

久不进校园的我，琅琅书声早已成为过眼云烟；工作的琐碎，早已让我欲说还休。殊不知，从踏进江科大校门的那一刻，我人生中原本平凡的这个早晨，就显得有那么一丝的不一样、不寻常了。那一刻，是校园的宁静，熟悉的味道，让我感受到了我的内心，那对于校园的美好回忆萦绕而出。让我原本对于考试忐忑不安的心态，一下子进入了久违的空灵，似乎有那么一刻，忘记了工作的烦恼，社会的喧嚣，生活的琐碎。我瞬间觉得，我来对了地方，因为我遵从了内心的宁静。

走向复试考场的那一刻，我似乎没有忐忑，不再害怕；虽然我什么都没有来得及准备，来不及把最好的一面展示在导师面前，但是我突然坚信，我能行。命运总是在不断地选择和被选择，而这一次，我选择了江科大，我深信，江科大也会选择我。

走出了考场，我很轻松。内心暗自思量，缘分就这么简单，不经意间，如期而遇。我会在炎炎夏日，在阔别六载之后，芳华三十之时，来到缘起之地——江科大。

读研究生的过程，不仅让我学到专业知识，而且培养了学习能力和逻辑思维。然后我发现保持学习的喜悦感，处于忙碌的学习工作中，依然充满乐趣。

——刘东翔（中国药科大学 2019 级 MPA，南京市圣和药业有限公司）

相 遇

长江边上，西津渡旁，晚霞远眺，飞翔的水鸟，时远时近；一幅“落霞与孤鹜齐飞，秋水共长天一色”的画面跃然于心。这是开学报到后，和同学漫步西津渡的情景。

细细思量，慢慢品味，自己多了一个角色，MPA 在职研究生。如果婉约感性一点，就是获得了一个身份，萌生了一份情愫，书写了一段浪漫。如若直截了当一点，就是有了责任，需要担当；责任是学生对于学习的责任，担当是学生完成老师布置的作业，如期毕业的担当。由此三年间，虽有江畔漫步、独步寻花的惬意，更需秉烛夜读、见斑窥豹的能力。

就这样，我迎来了人生新的尝试，你迎来了二十华诞；就这样，我迎来了春华秋实，你收获着丰硕果实；就这样，我迎来了恩师指点，你品味着桃李芬芳。

相 知

这一年，你二十华诞，我三十而立。

一年来，以梦为马，驰骋于公共管理。掌握社会研究方法，夯实基础，为论文做好准备；理解政治学原理，深度剖析读，为工作获得指引；尝试宪法与行政法，拓展学识，为守法提出标杆。

一年来，以书为伴，遨游于知识海洋。读约翰·罗尔斯的《正义论》，让我对独特性和思辨性耳目一新，了解着“无知之幕”；品弗兰克·J·古德诺的《政治与行政》，让我懂得政治与行政的二分理论，解读了“一个对政府的研究”；阅威廉·N·邓恩《公共政策分析导论》，让我理解上位者的决策来源及分析，理解着“因果建模，回归分析”。

一年来，以师为友，温情于课堂内外。在职研究生，时间紧凑，主要是工作的烦琐和拖累。疫情来临，网课流行；也许，我们在同事的呼喊中听着课程，在领导的言责中写下作业，在幼童的哭闹中解答问题。也许，这一切，全是那一群亦师亦友的导师在深深体恤、静静包容、默默付出。

人生旅程，像一条珍珠项链。工作多年后，考入中国药科大学公共管理专业，再次成为一名求学者，是我人生中最耀眼的那颗珠子。在桂香满园的学校里畅行，与我们 28 名小伙伴一起在思辨不断的课堂上汲取营养，人生乐事莫过于此。

——李静芝（中国药科大学 2019 级 MPA）

尾 记

花费了不知道多少页来描述我们的心情，却不知为何填不满一行空白，我们仍未知道那天所看见的花的名字。也许未闻花开，正是等待在某一角落凝望着缘起、相遇、相知，求学求知、传道授业解惑之花。

MPA 学习生涯改变了我固有的观察、分析、思考问题的方式。真正好的 MPA 学习是能够改变学生的观念和思维模式的。这是带给我最宝贵的财富。

——曹 草（南京农业大学 2019 级 MPA，苏州创铭聚力信息科技有限公司）

坚守初心，破浪前行

——记我的 MPA 所得所悟

江苏师范大学 2017 级 MPA 卢远航

2017 年 8 月 15 日，我收到了江苏师范大学 MPA 专业研究生录取通知书。打开录取通知书的那一刻，我心头大石终于放下，曾经的努力和不惜一切的付出终于都得到了回报。

2017 年 9 月 6 日，时隔四年，我再次走进母校，开启我的硕士研究生求学生涯。

暑去寒来，几度往返，在单位与江苏师范大学的求学之路上，留下了我辛勤奔波的足迹，也充满了我不断收获的喜悦。MPA，是我们在职人员提升学历、发生人生蝶变的最好选择。在金秋九月，我与来自不同岗位的 73 名同学一起齐聚江苏师范大学 MPA 教育中心，利用三年时间，乘风破浪，努力蝶变。忘不了 73 名同窗舍弃双休、风雨无阻、认真听课的时光，忘不了学富五车的导师们孜孜不倦地谆谆教诲，忘不了班主任徐元善教授、胡向东老师为我们教学安排、活动设计、毕业答辩、学位授予等等繁杂工作奔前跑后忙碌的身影。作为一名参加工作数年的高等教育行政管理工作者，我以选择江苏师范大学 MPA 为荣。

有家有室，工作繁重，学习的困难是不言而喻的，但每一次 MPA 面授学习，我都倍加珍惜，都使我对工作更加充满信心。班主任徐元善教授经常教育我们要理论联系实际，立足解决实际问题。这让我们进一步明确了学习的目标与任务，也给我们注入了 MPA 学习的强大动力。

一心一意只为圆梦，两全其美遇见南农，三生有幸重游学海，四季风雨师生情浓，舞文弄墨略表寸心，未曾出发却已远行。

——钱　超（南京农业大学 2019 级 MPA，南通市不动产登记中心）

从事高校辅导员工作近五年的我，接受 MPA 学习前，面对纷繁复杂的辅导员工作，我常常理不清思绪，更很少有时间去进行工作研究，忙完一天工作，总想着要放松一下。通过接受 MPA 公共管理、公共危机管理、社会伦理学等有关课程的系统学习之后，我在实际工作中受到了很大启发，工作有了理论指导和科学方法，工作效率大大提高。学习、研究、实践，是一个循环往复的过程，将实践经验加以概括总结使之上升到理论，从而更好地指导实践，需要我们不断地学习，不断地研究。在其位，谋其政，怎样将辅导员工作开展得更好，是我一直深入思考的问题，每一次 MPA 学习，这一问题都萦绕在我的脑海之中。2018 年 5 月，周定财教授给我们讲授了政府管理方面的课，讲授了管理中理论与实践、学习与工作相结合的知识，并教导我们怎样与本职工作相结合选择研究课题，使我对从理论的角度研究辅导员工作的实践并进一步指导这一实践的深入开展有了一个清醒的认识。

学习之余，江苏师范大学 MPA 教育中心、MPA 联合会潜心谋划丰富的社会实践活动，在提高同学们理论联系实际能力、社会实践能力的同时，也增进了师生之间、上下届同学们之间的感情，使同学们在江苏师范大学 MPA 教育中心不仅能学到知识，更能收获宝贵的社交资源。我有幸作为江苏师范大学 MPA 联合会执行主席参与了各项活动的谋划，新生“破冰”行动计划系列活动（开学典礼暨师生见面会、户外拓展活动、分享你的“特殊故事”主题班会）、社会调研系列活动（调研社区养老服务机构、调研“沙集模式”成功经验、重走习总书记视察徐州之路）、聘请 MPA 领域专家学者及校外实践导师做学术报告、组团参加全国和全省 MPA 论坛及文体活动等，至今仍让我记忆犹新。

时光荏苒，岁月如梭，时间的车轮从未停歇，三年如期而过，毕业如期而至。2020 年 6 月，熬过毕业前的艰难时刻，我和同学们如愿通过了硕士论文答辩，取得了研究生毕业证书和公共管理硕士学位证书，至此我们的 MPA 求学生涯圆满画上了句号。

学习的道路是艰辛的，学习的过程也是快乐的，每一个小小的进步都让我充满喜悦，每一个小小的收获都倾注了导师的汗水。感谢江苏师范大学 MPA 教育中心，让我们开心度过了难忘的三年，我们在学习知识的同时，收获了师生间的诚挚友谊。三年 MPA 学习，

一年前，我开启了 MPA 的学习生涯，并有幸结识了许许多多博学的老师和热情的同学，不仅学到了知识，也找到了一片可以思考人生的宁静港湾，感谢南农 MPA。

——卢　阳（南京农业大学 2019 级 MPA，国家税务总局江苏省税务局）

让我们脚下的道路更加踏实，让我们对未来的工作充满信心，让我们更加能够坚守初心，破浪前行！

三载求学路，一生公管人。在MPA大家庭，增长知识、开阔思维、丰富友谊，融入星辰大海，不负青春韶华。愿MPA的明天更加绚丽多彩！

——王香治（苏州大学2006级MPA，苏州历史文化名城保护与更新置业有限公司）

相逢犹记二月兰

——南理工首届 MPA 毕业十周年有感

南京理工大学 2007 级 MPA　刘　轶

年初突然爆发的新冠肺炎疫情，往往促人更深入思考人生的意义。而处于不惑之秋的我，也计划着将记忆的仓库归档，给自己沉淀一下，重整行装再出发。因此，我写这篇文章，不仅是一纸征文通知，主要是想以自己的所思所感，对南理工 2010 届 MPA 毕业十周年作出纪念。

回想十年前的这个阶段，我的 MPA 同学们正被毕业论文整得焦头烂额。作为在职研究生，一边学习、一边工作，有的还要兼顾家庭，着实不容易。幸运的是，绝大多数同学都挺过来了，在各自指导老师的鞭策下，于当年 10 月顺利通过答辩，取得毕业证书。我的指导老师是章荣君副教授，他给我的建议是从论文开题到完成初稿用两个月时间，一定要抓紧节奏，倒排工期，严格执行计划。那两个月是我人生中最充实的阶段，每天晚上至少花四个小时在准备论文上，一点一滴，汇溪成河，居然提前两个礼拜完成了初稿。之后根据章老师审阅后的意见作了修改，终于在两个月之内完成了论文。这段经历让我受益匪浅，在后面的工作中都是精心制定计划，遇事先谋、谋定而动、动必见效，比较轻松地应对了不少急难险重的任务。简言之，筹备毕业论文是修炼成“时间管理大师”的重要途径。

再往前追溯，是三年学习期间的师生互动印象和学习收获。南理工非常重视首届

读 MPA，使我掌握了公共管理系统理论，形成了全新的思维模式，构建了更广阔的人际关系网络，完善与提升了职业素养，感谢苏大 MPA。

——王瑞成（苏州大学 2015 级 MPA，苏州大学）

MPA 教育工作，每门课都配备了最强的师资力量，如叶美霞、陈橹、杜宽旗等老师；班主任由非常认真负责、管理经验丰富的王培军老师担任。课程设置非常丰富，教学形式也非常灵活，突出案例教学、模拟教学，还经常带着我们走出去，到南京市国税局、连云港市相关单位做现场教学，大大开阔了我们的视野。杜宽旗老师教授的《社会研究方法》系列讲座，是我最喜欢的课程，也对我的工作帮助很大。前年我根据学到的知识，设计问卷广泛走访企业，起草了《关于当前政商关系的调查与思考——以马鞍山市博望区为例》论文，得到了市委领导批示肯定。和我年龄相仿的刘伟老师，主要讲授乡村治理，许多观点引起我的共鸣，对政府部门做好基层基础工作具有很现实的指导意义。这门课上完，刘伟就调到武汉大学任教了，至今我还在关注他的一些研究动态。还有就是英语课，赵雪琴老师结合英文原版电影幽默生动的讲解，使我原本丢了许久的英语水平逐渐恢复，并辅导我爱人通过了职称英语考试。

三年的同窗学习，全班 45 名同学结下了深厚的友谊。上学期间的一幕幕影像经常回放，课间休息时指点江山的高谈阔论，3 号门前经常小聚的餐馆，晚上散步的校园林荫道，灯火通明的图书馆，已拆掉的培训楼招待所等。印象最深的，还是初春时，水杉林下的二月兰花海，郁郁葱葱，摇曳多姿。前些年，我还曾带着家人专程来欣赏美景，顺便去看看隔壁南农的樱花。

毕业之后，同学们还都保持一定的联系。我们有固定的班级群，逢年过节大家互致问候，关系较好、距离较近的经常小聚。我虽然是本班为数不多的外省籍学生，但是马鞍山和南京实在是太近了，班长一声招呼，基本上立马赶到，积极参与集体活动。2016 年全班组织一次大聚会，原定时间我有空参加，但是因为罕见的大雪封冻改期了，正式举办时我正参加省委巡视没能去成，也没赶上和一位病重的同学最后一次相聚，感到十分遗憾。

由于各种原因，我和有些同学毕业后再见面的机会着实不多。今年又到了毕业十周年，受疫情防控工作影响，不知是否还能组织起全班聚会。我今天写下这篇文章，就当作纪念我们毕业十周年的一种形式吧！

2016 年到 2019 年，我在苏大读 MPA。很荣幸，能够认识苏大。在苏大，我收获了良好的学习态度和学习习惯，还结识了非常有爱的老师和同学。有你们，真好。

——于　郑（苏州大学 2016 级 MPA，国家税务总局张家港市税务局）

向更远处进发

南京农业大学 2020 级 MPA　刘鹏飞

自 2019 年 10 月打开研招网进行网上考研报名，到 2020 年 6 月最终被录取为南京农业大学 MPA 新生，一路走来收获颇丰。感谢无私给予我帮助并为我指路的科长老师，也感谢那个一直没放弃希望的自己。

犹记得在研究生院公布拟录取名单时，迫不及待打开网页并探着小脑袋仔细寻找名单上自己名字时的欣喜雀跃。虽然这远算不上真正意义上的成功，但在这一瞬间，我又一次感受到实现目标后的一点点喜悦。自定下目标院校后，从 9 月备考笔试一路走来，我平均每天学习两个小时左右，力争做到认真、高效。进入 11 月中旬后，我在工作之余利用每个周末进行一次笔试仿真模拟，最后笔试成绩顺利超过了国家 A 线。今年因为疫情的原因，复试被迫推迟，并采用了网上远程面试的形式。从硬件设备的准备调试到远程网络模拟面试、远程网络正式面试，研究生院的老师们都给予了耐心指导。回顾这一路上的学习，我觉得自己已经收获了很多，紧盯着一个目标去努力的过程，本身就是一个由量变向质变的飞跃。

MPA 是 Master of Public Administration 的缩写，全称为公共管理专业硕士。MPA 主要培养目标为从事公共管理和政策研究等方面的高级人才，为公共部门，特别是政府机关和非营利机构培养具有现代公共政策、公共事务理论素养，掌握先进分析方法及技术，精通某一具体政策领域的领导者、管理者和行政分析者。近几年，随着社会的关注和培养单位的增加，双证 MPA 逐渐被大众熟悉了解。在进入政府机关部门工作后，越发会发

再次的学生时光，苏大 MPA 让我体会办学的严谨，在导师和班主任的悉心关怀下，我收获了人生又一个荣誉，从此开启新的里程碑！

——孙　博（苏州大学 2017 级 MPA，江苏省太仓市陆渡街道纪工委）

觉自身公共管理知识与能力的缺乏，而 MPA 学习正是一种有益的补充。在攻读 MPA 期间，既可以保留现有工作，又可以有效补充实用的公共管理知识，增强核心竞争力并用于工作实践。同时在学习期间，也可以结交一批优秀的高层次管理人才，相互交流并学习借鉴。

回望自己的备考之路，还是会想起“初心”。你为什么要考研？你能坚持下去吗？经社会招聘进入机关工作后，我时常羡慕那些工作后仍能不断进步、不断扎实提升专业技能的同事和同学们。毋庸置疑，考研是提高自己专业技能的一种途径，能够让自己更加专业地对待自己的工作。无论读研的动机是为了升职加薪还是深造学习，只要开始了，就请不要半途而废。决定做一件事之后，都要认真对待，诚实面对，正视自己的能力和差距，相信自己的努力和进步。因为是半脱产非全日制的学习形式，所以在校时间不算很长，但是重新回到校园学习，仍意味着要暂时走出自己安逸的小世界，进入一个新的环境，去学习新的知识、培养新的兴趣、拓展新的眼界。我也希望自己能够有效利用这宝贵的三年时光，努力在平凡而又漫长的岁月中，遇见更好的自己。

承平日久，难免安逸。我一直很崇拜那些有梦想、有热爱、有追求的人，但这不仅要有担当的宽肩膀，也要有成事的真本领。或许给自己多创造一个机会，我也可以成为这样的人，给我的未来创造一点新的可能。正因如此，我们必须始终保持永不懈怠的精神状态和一往无前的奋斗姿态，付出更为辛勤、更为艰苦的努力。即便身处在迷雾中，也不要放弃希望，要相信自己能够砥砺前行，向更远处进发。

三人行，必有我师焉。MPA 的学习经历让自己在接受专业的公共管理知识的同时，能够和各行各业的精英同学们交流共勉，共同提高。

——彭　鹏（苏州大学 2018 级 MPA，苏州大学）

在南农开启人生的第二段学习之旅

南京农业大学 2019 级 MPA　高　燕

2018 年 7 月，我终于决定开始备考研究生，就像当初决定沉淀自己一样，需要某种外界的刺激来激发内心的那股子力量。很庆幸我选择了南京农业大学的 MPA，让我深深觉得考研是人生中一段很有意义的经历，无论成败，三十而立后再次重启学习之旅，在读研的过程中所引发的感悟适用我们一生。

挫折使我成长！三年合同工的经历，每天拿着绍兴地区最低的工资，我没有抱怨，做着三四个科室的杂活、累活，经常加班加点比正式工干的活都多，但我依旧充实、快乐着，还主动去学习，虚心向领导请教、探讨业务。因为我知道，只有自己精通业务了，才能让自己成长起来，也才能实现自己的理想抱负！这三年，准备了三年，考了三年才考上公务员。不是没有失望彷徨过，但我从不怨天尤人，因为我相信一分耕耘、一分收获，机会总是青睐于有准备的人！努力下，终于发现自己闪光的地方，那就是每一次考试都在进步，第二年已经离成功咫尺之遥：2012 年考乡镇公务员，1000 多人竞争我考了第四名，只招 1 人，进前三才能面试，我错失机会，而与第三名仅仅只有 0.5 分的差距。现在回忆当时可能真有点搞笑，我曾给自己发誓，不考上公务员不结婚。家人特别理解我的这份执拗，一直默默支持，这也是我的财富吧，而且无价！基于这样的经历，我的考研路上有了一段可复制的学习之旅。根据木桶原理，我知道自己考研路上的绊脚石是什么，我的薄弱在英语科目，因此我给自己制定了一份详细的复习计划。终于，功夫不负有心人，我顺利通过了南京

“所有的努力不是为了被看见，而是为了不虚此行！”步入而立之年的我又重回校园，有一种时光飞逝的感觉，掺杂着一丝微微的不舍。

——施　晶（苏州大学 2018 级 MPA，南通市通州区先锋街道办事处）

农业大学 MPA 初试和复试。

如果说考上公务员是为了实现所追求的生活状态，那么考研是为了什么呢？走上公务员岗位以后，随着工作经验的积累，业务能力的提高，我渐渐发现自己还有许多方面需要学习，贫瘠的知识储备已经跟不上社会和工作变化的节奏。在认真审视自己后，我发现不知道从什么时候开始丢失了当初那股学习时的劲头，思绪万千。选择总是艰难的，重拾课本时会因生活的羁绊有过犹豫，但碌碌无为过日子又怕自己将来会后悔。怀念那股子奋发向上学习的执拗劲，是时候该找回来了！于是毅然决定重新继续走上求学之路。事实上，真没这顾虑的必要，因为一旦决定了，就要坚信，勇敢地走下去，即使失败，至少实实在在努力过。当然选择南京农业大学，也是一种缘分，基于一位良师诤友的推荐，更重要的是第一次到南京，便喜欢上了这座有着文化和历史底蕴的城市。

一年之计在于春!2020 年，我在南京农业大学的 MPA 研究生之旅即将过半，在学习的过程中我仿佛又回到了学生时期，找回了那久违的奋斗的快乐。今年，我打算在工作学习之余备考司法考试。这又是一个痛苦而漫长的过程，但这对于我自己的岗位职责有关联，我必须学习并实现目标，因为工作忙碌，经常加班，可能没有多少时间留给自己学习，更没有去上培训班系统学习的时间，但重要的不是证书。高尔基曾说："书是人类进步的阶梯。"在学习这个过程中，书本中的知识已经印刻在脑海，被我们刻下所有权标识了！

"知识就是力量！"最后，希望那些还在考研路上的志同道合的朋友们，你也能实现自己的愿望！

养天地正气，法古今完人。庆幸自己在工作之余能够有机会徜徉于苏大，这个兼具颜值、理想、内涵与情怀的校园，做一朵敢于奔涌的"后浪"。

——李婧蕾（苏州大学 2018 级 MPA，苏州市吴江区融媒体中心）

爱的境界

南京师范大学 2013 级 MPA　童智文

不知不觉间，父母老了，尽管他们有不菲的退休金，但与一生的坎坷漂泊相比较，我总以为有一种强烈的亏欠，是需要儿女们用挚爱来弥补的。但我们都忙，为事业、为生活而打拼，回家次数大为减少，直到有一天，我看到一位女作家的真诚告白："孝敬父母，不要等到明天。"这句话使我震撼。

普天下的父母之爱，可以用一句话概括："大爱稀音。"他们默默地为子女做了太多的牺牲，但无怨无悔，视之应当。《战国策·赵策四》云："父母之爱子，则为之计深远。"是望子成龙的意思；但更多的父母并不奢望子女"站立潮头唱大风"的卓尔不群，但求平安而快乐，足矣。那首催人泪下的歌曲《常回家看看》，深深道出天下父母慈爱的心声。

真的。我们真应该常回家看看，母亲的唠叨，父亲的寡言，都是一道美丽的风景线。每当我累了、倦了，家便是最坚实的避风港；当我调整心态、振翅欲翔时，家又是我蓄势待发的起跑线。我太忙，但命令自己每星期回家一次。到了周末，我去超市精心挑选几大包物品，回家烧好一桌佳肴，在饭桌上报喜不报忧，让父母分享我的每一份快乐。父母耐心倾听，慈祥微笑，叮咛我不要累坏身体，可我分明发现了隐藏在他们眉角间的喜悦……

英国作家约翰逊说过："在家中享受幸福是一切抱负的最终目的。"经历了人生的跌宕起伏，我越发认同这一点。虽然，我们都有各自的人生标杆，在不同的岗位上为创

考入苏大 MPA 的过程，让我感受到了苏州大学深厚的文化底蕴，与此同时也感受到了政治与公共管理学院师生之间的深厚情谊。在 MPA 学习的过程中，让我了解了不同行业、不同工作部门的艰辛，我相信 MPA 的学习会使我今后的工作生活有一个质的飞跃。

——高　强（苏州大学 2018 级 MPA，苏州市公安局交警支队高速八大队）

造和谐社会而勤奋工作着，但父母的健康、快乐、长寿，才是我们做儿女的幸福所在。每每父母殷切的目光，周身爱如潮水般温馨滋润。每次回家，都如倦鸟归林，孤舟返岸，簇拥在父母身边，心中只有一种感念：回家真好。

重返校园攻读MPA，体会到从实践到理论再到实践的重要性，运用多种知识重新去认识原先的案例。与同窗研讨合作弥补理论和经验的不足，在专家教授的引导下，深刻地认识、处理、总结公共管理事件，提升管理能力，为消防管理现代化和治理体系现代化作出自己的贡献。

——卢　银（苏州大学2018级MPA，苏州市消防救援支队）

桃李春风一杯酒，江湖夜雨十年灯

——与江苏 MPA 一起走过的那些年

南京师范大学 2016 级 MPA　张叶兴

梨花谢了春红，岁月太匆匆。MPA 教育已走过了第二十个年头，从曾经的蹒跚学步迈入如今的弱冠之年。南京师范大学 MPA 教育中心自 2011 年正式招生以来，也已走到了第十个年头。作为一名 MPA 学子，可以参与并见证 MPA 教育事业的发展，既是一份幸运，也是一份荣誉。

学海莫问来时路，闻鸡起舞有青天。与 MPA 的相识是一种阴差阳错的缘分，却又是冥冥之中的确定。作为法学毕业生的我，曾经在本科毕业之际面临读研与工作的路口选择，出于种种原因，当初选择了先入职，而与此同时一颗入学的种子也埋入心底，只待他年花开。经过三年的工作历练，终于迎来了可以再次回归象牙塔的机会。是年，先后参加了单证法学硕士与双证 MPA 的考试，由于基层工作所面临的一些理论困惑亟待解决和对 MPA 教育发展前景的希冀，最终选择步入了 MPA 教育的课堂。这弥补了毕业那年留下的遗憾，也开启了我人生新的篇章。

选择了远方，便只顾风雨兼程。虽然那时入学还是全日制硕士研究生，可是相较于普通在校生，我们还是多了一些协调统筹，多了一些路上的风雨兼程，也多了一份对家庭的牺牲。“荆棘处必有繁花”，所有的付出与汗水必将会伴随着荣誉和掌声，还有那

读 MPA 可以丰富专业管理知识，从而高绩效地完成组织目标；读 MPA 可以扩充思维模式，从而多纬度探索解决问题的路径；读 MPA 可以提升个人职业素养，从而全心全意地为人民服务。

——刘苗苗（苏州大学 2018 级 MPA，苏州工业园区胜浦街道金苑工作站）

精神上的丰足。MPA 的学习时光，是老师们在课堂上引经据典、旁征博引，是同学们雄辩滔滔、各抒己见，是莘莘学子在面对突如其来疫情时，展现出的公行天下的情怀与担当。一边上着网课对学业的坚持，一边在抗疫一线对公共利益的坚守，终两不相负。“沧海横流方显英雄本色”。2016–2020 的这四年是 MPA 事业井喷式发展的四年，全国教育指导委员会举办的“案例中心杯”业已举办三届，日渐趋于成熟。江苏省 MPA 论坛也渡过了第十个春秋，组织规模愈发完备，不断有新鲜血液的注入，论坛的凝聚力和影响力不断增强。

回首向来萧瑟处，也无风雨也无晴。三年的时光转瞬即逝，三年的沉淀却受益终身。拨穗正冠是我们话别的仪式，也是我们整装出发的“动员令”。作为一个曾经错过了学士礼的我而言，硕士礼是人生真正转折的开始。在我国传统文化中，士作为一个单独的阶层而存在，他们承担着“为天地立心，为生民立命，为往圣继绝学，为万世开太平”的责任与担当，正所谓“士不可不弘毅，任重而道远”。身处新时代的我们，也正有幸经历着“两个一百年”奋斗目标的关键期，如何传承起这份责任与担当，是我们每一个公管学子不可回避的使命。未来的路有坦途，但更多的是险滩，这需要我们既要有“咬定青山不放松”的韧性，也要有“板凳甘坐十年冷”的耐性，更要有“守得云开见月明”的心性。

早在一百年前，共产主义先驱李大钊先生就曾发出过“创造青春之中华”的号召，做出过“青年者，人生之王，人生之春，人生之华，国家之魂”的论断。击鼓催征，奋楫扬帆，而今弱冠之年的 MPA 教育事业，也正承担起培育合格新时代中国青年的重任。愿我们每一位公管学子，以青春之我，实现奋斗之人生，与境遇奋斗，与时代奋斗，共同谱写新时代华章。

苏大管院，助圆梦想，天地正气，刚毅不屈，古今完人，熏陶效法，同窗首聚，相识恨晚，穹隆轰趴，情似家人，三年共进，不负韶华，毕业在即，奋勇向前！愿我苏大学子：满腹诗华，乘风破浪；手捧鲜花，繁华岁月；满眼星辰，璀璨人生！

——杨智勇（苏州大学 2018 级 MPA，硅湖职业技术学院）

我的 MPA 梦想

南京师范大学 2017 级 MPA　朱大华

每个人都有梦想，在工作多年后，我对读研的梦想一直放不下、剪不断。经过再三思考，我通过努力，考上了南京师范大学公共管理专业的在职研究生（MPA）。即将毕业了，我感慨良多，对知识的渴求，为梦想的付出，来自工作的压力和家庭的责任，只有亲身经历过的人，才有最深切的体会。

我是为实现梦想而再次走进校园的，所以我十分珍惜这段宝贵的时光，无论有多困难，我都不放过任何学习锻炼的机会。课堂上，我认真听讲，积极讨论交流。课后，我刻苦读书，主动向老师请教。工作时，我勤于思考，将所学理论运用到实践中。2018 年 4 月，我组队完成的文章《“蜗牛奖”该何去何从？》，参加教育部学位与研究生教育发展中心和全国公共管理专业学位研究生教育指导委员会举办的“案例中心杯”第二届中国研究生公共管理案例大赛，进入 100 强，荣获“优秀奖”，并赴上海复旦大学观摩了比赛决赛。那次观摩，我聆听了全国公共管理领域顶级专家的报告，领略了全国优秀 MPA 学子的风采，思想的交融、观点的交锋、辩论的激烈等，令我大开眼界，拍手叫绝，享受了一顿高水平的精神大餐，觉得我之前所有的付出都是值得的，更加激发了我学习的动力。承蒙同学们抬爱，我被推选为南京师范大学公管院 MPA 研会学术部部长，但我深知，这离老师和同学们的期望，还有较大的差距。

记得张方华老师曾经在课堂上问过我们：“你们为什么要来学 MPA？是不是就为了那一纸文凭而来？请从灵魂深处来回答这个问题。”当时，很多同学都笑了，但我认为

这是最辛苦的时光，也是最幸福的时光。人，总要为了梦想拼搏一把，只要坚持去追逐，你就是在去往梦想的路上。

——王　一（苏州大学 2018 级 MPA，苏州大学文正学院）

这是所有MPA学员应该正视的问题。我觉得文凭固然重要，更重要的是自身能力、素质的提升。通过这三年的学习，我明显感到视野更开阔了、思维更理性了、看问题更本质了、分析更透彻了。就比如说写毕业论文，我对干部激励话题一直比较感兴趣，同时，作为一名干部，我又身在其中，写论文前，好多事情似懂非懂、搞不清楚，有时还会发一些牢骚，对一些做法表示不满。但论文写作的过程，也是我增强认识、弄清原因、发现本质的过程，我更加理性地看待干部激励问题，不再发牢骚和表示不满，并根据自己的理解，提出切实可行的建议。这对我的工作是非常有帮助的，除了具备更专业的知识外，我还学会了更好地解决问题的思路和方法，多次得到单位领导和同事的表扬，个人职级也得到了晋升。

为了处理好学习与工作、家庭的关系，在最近的半年里，我坚持每天4点钟起床，看书、查资料、思考和写作，因为这个时间段是属于我自己的，不会受到任何干扰。虽然辛苦，但我并不觉得辛苦，这个时间段里我的思维特别活跃，使我感到特别充实，并一直想延续下去。我想这可能是对一个有工作、有家庭的人要求养成的一种学习习惯，我将努力一直保持这种学习习惯。

在读MPA的这段时间里，我要真诚感谢学院的培养、老师们的教导、家人的支持，以及单位领导和同事的关心和帮助，他们的爱是我前进的动力。我的导师倪咸林副教授是我学习的榜样，他工作和学习的经历、追求人生梦想的精神，令我非常敬佩，他严谨细致的治学态度、求真务实的工作作风、温和谦逊的道德修养，令我深受感动。在学习和论文写作期间，他都能及时地给予解答，不厌其烦地进行悉心指导，让我受益匪浅，我对他充满深深的感激之情。当然，我还认识了许多可亲可敬的同学，高跃之、张磊等，新冠肺炎疫情期间，他们一边坚守岗位、加班加点做好疫情防控工作，一边坚持学习、写好毕业论文，他们的责任心、担当精神、勤奋刻苦的品质令人钦佩。

今后，我将加强所学知识的运用，努力学习、勤奋工作，为实现下一个梦想奋力前行。

苏大的银杏黄了，我们即将又一次完成人生蜕变。在这里，我们播种希望，收获成长，愿我们不忘初心，不负韶华，奋力奔跑，努力成为一名合格的公管人。

——杨晓芬（苏州大学2018级MPA，苏州市吴中区运输管理处）

心怀梦想　乘风破浪

南京师范大学 2017 级 MPA　栾文婷

转眼就来到了 2020 这个特殊的毕业季：线上答辩、隔空拨穗、“云端”合影……因为疫情，这场“云毕业”注定了更加难忘，也更加见证了青春担当。提交毕业论文、办完离校手续、拿到毕业证书、收到毕业礼物，安静地作别母校，我毕业了！虽有些许遗憾，但非常感恩研究生这三年！

实现了一个“梦”

2009 年本科毕业后到如今进入机关工作了多年，生活里越来越少的波澜，工作中越来越稳的节奏，却叫我越来越迷茫、越来越不自信。身边那么多优秀的人还在不断努力，日常忙碌的我似乎没有太多精力去学习，可这也导致职场竞争力不断下降。于是时不时地反问自己，是想要走得更高更远，还是不断妥协只求安稳？终于在一次与曾经的同窗好友聊天中，我意识到自己必须充电了，可是我已经 30 岁了，还来得及吗？转念一想，当下已经是我最年轻的一天，做到要比感慨更切合实际，最终在我家人的鼓励下，报考了南京师范大学的 MPA。工作之余买来书籍、试卷开始备考，备考时间不长，只能强化了英语学习。事实告诉我，考研真的是一个过程比结果更重要的事情，考研的过程中不断汲取正能量，养成了一个静下心来学习思考的习惯。通过努力最终如愿被录取，开始了在南京师范大学 MPA 学习生涯，弥补了心中的缺憾，实现了重回校园学习的梦。

于千篇一律中发现心之向往，自庸庸碌碌中迸发理想之光，转瞬已是过往，但“你”将伴我远航。

——伍　静（苏州大学 2018 级 MPA，苏州工业园区斜塘街道办事处）

爱上了一所“大学”

2017 年 9 月份带着憧憬来到了东方最美校园——南京师范大学，也如愿在随园的教室里听着课、在图书馆里翻翻书、在操场上流着汗、在银杏树下散散步，从百余年的厚重校史中努力汲取南师养分，在教授们专业授课下努力培养南师气质，反复诵读校训“正德厚生，笃学敏行”，慢慢感受南师校园的美和南师学风的实。随园像是个大公园，身在闹市区却异常安静舒适，校园里青砖黛瓦，古朴静雅，绿树成荫，四季开花。天气好的时候周边很多居民会来散步，好多小孩在里面玩耍，周末的时候随处可见拿着长枪短炮的摄影师、架着画板写生的书画家、扯着嗓子练声的歌唱家、背着书本的各国留学生，当然还少不了闲来无事、四处溜达、偶尔蹭拍的小野猫们。华夏图书馆门口的海棠花很是吸引人，图书馆内总是坐着满满的读书人，正在享受温暖静谧的阅读时光。随园的春夏秋冬，都留在了我的记忆里，我会时不时地回去看看春日海棠，听听夏日蝉鸣，拍拍秋日银杏，晒晒冬日暖阳。

遇见了一群“小红花”

对，就是“小红花”——我的研究生同学们，小红花们是我在读研究生期间最意外也最不意外的收获。读研期间，认识了很多在不同领域工作的同学，他们每个人真的都特别优秀，有在基层工作的公务员、有辛勤的人民教师、有在企事业单位奋斗的骨干，更有实现自我价值的创业者，他们每一个人身上都有我学习的地方。小红花们在学习上互相督促、互相帮助，特别是熬论文的日日夜夜，少不了彼此的打气和安慰，在生活中大家仿佛是多年的老朋友，可以畅谈人生、聊聊时政、诉诉家常、吐槽不顺，会为了某个小红花的重要时刻集结，也会为了一顿美食欢聚一堂。我不会忘记每一朵小红花的芬芳，也祝愿你们不断汲取雨露和光辉，在各自的天地里永远芳菲。

收获了一份“专业营养”

读研的初衷就是为了提升自己、丰富自己。当坐在课堂上的时候，就是想学习更多

忆往昔，桃李不言，自由风雨话沧桑；看今朝，厚德载物，更续辉煌誉五洲。严恩师，挚友情，恩深情笃共谱母校新篇。

——邵鑫源（苏州大学 2018 级 MPA，江苏省无锡监狱）

的知识。第一学年，学校安排了政治学理论与方法、现代管理理论与实务、公共经济学、公共管理理论与案例、公共政策分析等专业课程，于我这个工科背景的学生而言，确实有难度，为了尽快涉足文科生的精神领域，在老师们的耐心授课下，并阅读老师提供的书单来进一步拓展自己的思维，学习了很多规律和模式，关于制度，关于政体，关于国家，关于政党，及其他很多。政治决策必须来源于实际，而非某些政治理想的空中楼阁，在老师们精彩授课时，总会有一种恍然大悟的感觉，特别是对政策的制定和执行情况进行评价时，受益良多，这大概就是边工作边学习，在学习工作的过程中还可以将自己所学的知识融会贯通的感觉吧！

“心有所信，方能行远。”未来不知道会发生什么，但是我们都应该不忘初心、砥砺前行，去敬畏自然的规律、感知生命的成长，在这美好的新时代，心怀梦想，乘风破浪！

从学校走进了社会，从社会又回到了学校，苏大 MPA 的录取通知书，就像一把钥匙，打开了许多人生故事的门，我们从故事里收获喜悦、感动、成长和蜕变。求知的过程让我内心强大，教会我不忧惧将来，把小事做好、让好事长久，才能不辜负大好年华。

——陈虹汝（苏州大学 2018 级 MPA，中国工商银行苏州道前支行）

最好的年华激起最美的浪花

——2020年毕业留言

南京师范大学2017级MPA 汪娟娟

2020年的7月我毕业了，转眼间，三年的MPA研究生生活即将画上句号。毕业是一个阶段的结束，也是一个新旅程的开始，不论走多远，奔向哪一片海，我都会记得，我是从南师大出发……

四年前，怀着更新知识、开拓视野、提升自己的梦想，怀揣着对东方最美校园的憧憬，我下定决心要成为南师大的一员。于是，我便重新开启了学习之路，投入到学习中。一个又一个日夜的复习，我无怨无悔，孜孜以求。当我收到南师大的录取通知书，第一次以研究生的身份走进校园，映入我眼帘的是欢迎新生的一串串祝福，看到的是一张张对知识渴望的面孔，我知道我的辛苦付出值得，在这里我将会扬帆起航，重新找到另一种生活的方式。

在这三年里，最感激的是导师陈辉教授的谆谆教诲，最感动的是同学间的质朴情谊，最感恩的是带班老师的辛勤付出。明日天涯，这段经历将成为我人生中最宝贵的一部分，我将永生难忘。转眼间，我已然要从南师大公共管理学院毕业了，心中满怀成就感的同时却也有些许惆怅。回想这三年，在学校的每一天都很快乐和充实，感谢每一位老师，感谢每一位同学。学校里教授的知识让我受益匪浅，和同学们同窗的日子让我收获颇丰，感谢这三年在南师大公共管理学院学到的一切，看到的一切，无悔选择！学业虽已结束，

如果我们在人生中体验的每一次转变都让我们在生活中走得更远，那么，我们就真正地体验到了生活想让我们体验的东西。

——吴震华（苏州大学2018级MPA，苏州市文艺之家）

但南师公管院“公行天下”的理念将会影响我一生！

“志不求易者成，事不避难者进”，在这场全民抗战疫情的特定年代里，我们虽经受了磨难，但更收获了成长！前进的道路从不会一帆风顺，相信未来努力奋斗的我们一定会在最好的年华里激起最美的浪花，乘风破浪，勇往直前，不负韶华！

虞山尚湖多年恍，姑苏城外求学郎。犹记入学逐梦闯，携手未来更辉煌。在苏大管院的这三年，是我们人生浓墨重彩的三年，经过“天地正气、古今完人”的校训后，苏大学子的人生道路更加坦荡！

——施天福（苏州大学 2018 级 MPA，江苏省常熟市房产管理处）

从孤独之处而来，去往孤独之深处

——三年 MPA 学习的一点感触

南京师范大学 2017 级 MPA　黄晓川

收到高班的微信，让我围绕 MPA 的学习，写一篇征文。我是既兴奋又忐忑，兴奋的是在这个充满魔幻的 2020 年恰逢毕业，那种校园时光的点滴珍惜与人民抗疫的生死大爱，层层交织心中，很感激有机会去表达这样一份特殊的情感。忐忑的是以征文的形式回顾我的 MPA 生涯，确是一个很严肃的挑战。平时散漫惯了，突然正式起来，多少有些压力。

选择"孤独"这一颇具哲学色彩的词，是因为，这三年的学习、生活都绕不开它，可以说，受其困惑颇多，又受其影响深远。"孤独"是初心，是动力，也是归宿。

我 2013 年本科毕业，2017 年选择读 MPA。其间辗转多地，换过多份工作，社会的浮躁和诱惑不断捶打着一颗在现实和理想之间漂泊的心。2015 年机缘之下，进入基层工作，可内心并没有随着工作的稳定而安定下来，随着工作的深入，形式主导、制度掣肘，林林总总，让前面的路看不清，道不明，茫然无措，无处倾诉，也无处安放，孤独之感充斥心中，辗转多少个夜晚陪伴着月亮，等待着黎明。

考上 MPA 之后张方华先生的第一节课，给我们发出了灵魂之问："你们为什么要来读 MPA？"时过三年，我还能记起那一幕的每个细节，当时，有位同学主动站起身说："因为灵魂的空虚！"说完大家都笑了，许是觉得这个答案太过俏皮，可一下子却装进了我心里，在我的内心深处漾起了巨大的涟漪：我也是这么觉得啊！笑完，先生正色道：

MPA 学习生涯可以获得各种学术理论、科学知识，培养系统思维来看待和解决问题，更让人受益匪浅的是可以培养城市发展中具有前瞻性眼光思维。

——顾　朋（苏州大学 2018 级 MPA，苏州市吴中区甪直镇政府）

“灵魂知道空虚，便是纯粹的开始……”这句话，直到三年后才真正有所读懂，可在当时，MPA 给我的第一直觉：我来对地方了！好好学，一定能有所解脱，有所轻松。而那位“灵魂空虚”的同学，从那时起，我和他便成了惺惺相惜的革命战友。

“找到光，便去追”。自从知道认真学能减少迷茫摆脱孤独后，生活就变得规律起来。白天工作，晚上读书，周末上课。我虽是文科出身，囿于专业，涉猎不宽。MPA 课程从核心管理学、政治学、法学到经济学、心理学、哲学等，所涉之广，既是压力又是动力。从泰罗到韦伯，从西蒙到德鲁克，让我感受到管理脉搏的蓬勃跳动；从柏拉图《理想国》到马基雅维利《君主论》，从罗斯金《政治科学》到托克维尔《论美国的民主》，让我体验到政治生态的平衡诡谲；还有卢梭、萨特、亚当·斯密、弗洛伊德等，那段时光，恍若回到了那个白衣飘飘的年代，生活的琐碎可以搁置，工作的繁重可以忘却。MPA 的学习打开了一个新奇的世界，仿若在生活的混沌里撕开了一条缝，透出的清幽之气让人清爽和痴迷。

当青灯逐渐替代了霓虹，我渐渐脱离一个本该习以为常的世界。社交变得不再非去不可，娱乐变得没那么有吸引力。我删掉了手机应用，推掉了饭局应酬，哪怕 MPA 课程结束后，也没有改变太多。朋友说我玩消失，妻子嫌我太宅。仿佛考上 MPA 后变得更孤独了。这种重回“一个人”的生活带来的不真实感一度让我怀疑，到底哪个“我”才是真实的。可那种在书房里独处，在黑夜里冥想的满足感、愉悦感却是真实的，它真实地让我感受到时间的宽裕、身体的轻松。

值得庆幸的是，这些改变让我有了足够的时间和空间去思考我的学业和论文，孤独之余，也让自身的想法改变了很多。少了些急躁和悲观，多了些从容和释然。一些工作中困扰已久的问题，从学术的角度，将自己“置身事外”，学做一个旁观者，不带主观情绪去思考，一切倒变得简单得多了。也是从那时候起，我开始有一点明白方华先生的那句纯粹了，也似乎看到了纯粹的力量是有多么的巨大。

鼠年春节，春寒料峭，新冠疫情开始肆虐全国，一场联防联控的人民战役打响了。自己的工作也从幕后走到了前线，白天执勤，晚上疾书。远离家庭，两点一线，给了我

享苏式生活，授大师教诲，强国之梦起航苏大。2020 年，突如其来的疫情让温文婉约的苏大人对坚强有了新理解，共筑全球防疫长城，这是苏大人的硬核担当。这是“法古今完人，养天地正气”苏大精神的风采展示。让我们以梦为马，只争朝夕，携手奋进，一起向幸福出发。

——宋崇龙（苏州大学 2018 级 MPA，苏州高新区（虎丘区）人力资源开发管理中心）

更多独处的时间。夜幕四合，不仅周身是孤独的，论文撰写也是孤独的，所有的思想交汇仿佛都在自言自语，从一边的耳朵出来，再从另一边的耳朵进去，在这个短暂而又漫长的过程中完成一次次的过滤和融合。

论文的撰写有时是很枯燥的，也很磨时间，好多次为了续接上次的思路，不得不花大量的时间去阅读之前写的内容，让自己能够沉浸下去，越往后花的时间越多。有时写不下去，打开手机，武汉在坚持，全国人民在坚持，史诗般的感人事迹每时每刻在神州大地上上演着。所有的人都在这场抗疫战争中成为英雄。所有的事情也因为这场疫情，被赋予了厚重的历史使命。我想，也包括我写这篇论文吧，这不再是我个人的事情，生命和历史的烙印早已刻上了！

从正文开篇到完稿，前后连续伏案 130 余天。我的导师钟裕民先生给了我很大的鼓励和帮助。他曾跟我这样说：“论文要写好，要耐得住寂寞，也要学会享受孤独，少些交际，学问真正是从独处的时间里做出来的。”虽是白话，却振聋发聩。外在的孤独不可怕，内心深处“漂泊不定”才可怕，求得解脱，也必然从“孤独”中去求。两位先生，一前一后，一位解开了我苦闷心扉，一位指明了我前进道路。

三年前，我因茫然苦闷而来求学，态度虽端正，却似带有一种“世人皆醉我独醒”的清高孤傲，又似带有一种“穷则独善其身”的逃避保身。当初的自己正如同方华先生所说：“浮躁有余，纯粹不足。”千方百计地想摆脱“孤独”，实际上却身处喧嚣而不自知。受教于斯，方知学问一途，纯粹为要，于孤独之深处静心求实才是其入室之不二法门。

学问是这样，人生更是这样。人生很长，不是跑得最快的是人生赢家，跑得最远的那个才是。陈省身说：“于水流婉转处能耐得住寂寞，临波涛惊骇时可越于其上。”要想做出成绩，就得耐住寂寞，乐在其中，明孤独之意韬光以养晦，取纯粹之精厚积而薄发。如今毕业了，虽依旧身处洪流，但内心通达了很多，先生教诲，毕生不敢忘记。当是持心秉正，任它“满城春色宫墙柳”，我自“独上西楼劝斜阳”。

作为一名社会学生，在踏入学校的那一刻把自己的经验归零。学、思、践、悟，在民族复兴的伟大时代中，蓄力再出发，不畏风雨，只愿找到更好的自己。

——朱一鸣（苏州大学 2018 级 MPA，江苏省常熟市合作交流中心）

别离难

——且行且珍惜

南京师范大学 2017 级 MPA　朱　缙

总是到了毕业的时候才发现在学校的时光如此迅速，也总是到了毕业的时候才发现学校与同学如此难以割舍，但是时钟总在滴答滴答地前进，最终我又到了毕业的时候。回想起来，我是为何想要进入学校读研，应该是我不服输，本科毕业并没有考上研，我心中还是不满足，心心念念的仍旧是继续下去，2017 年还是选择继续我的学习道路。可喜的是，这次终于成功。

成年人的生活并没有“容易”两个字，唯一容易的大约是容易脱发，工作生活都要来慢慢平衡，当然又有了读书需要来平衡。我最喜欢的是随园两侧法国梧桐的道路，由于路程较远，为了赶上早上的课程，我总是在凌晨四点半到五点的样子前往学校。到了学校有时候天并没有亮，星星仍旧挂在天空，有时候天蒙蒙亮，太阳的光芒慢慢射出云层，那些时候我常常在路旁石椅上坐着，闻着植物带来的清香，仰头看着梧桐树，脱离了工作，脱离了人群，心里总是别样的宁静。我想我追求的不仅是想要完成但是没有完成的理想，还有是读书的时光带给我的幸福。

一年的周末泡在学校大概是最开心的时光，我在南京师范大学的随园校区就读，我喜欢在校园里穿梭，看春天的百花盛开，看夏天的苍翠欲滴，看秋天的满地金黄，看冬天的皑皑白雪。上课的时候和三两好友坐在一起，安静听着老师们讲课，有时又进行激烈的讨论和交流，那是读书带来的幸福，是知识的增长，是思维的活跃，是心灵的碰撞。

少时闻孟子言吾善养吾浩然之气，及长见横渠四句，阳明公三不朽之评，虽心向往之，然不得其见，今于苏大，养天地之正气，法古今之完人，诚一以贯之。吾党所宗，天下至理，历史实践，皆为证明，今逢盛世，文教璀璨，幸与诸公，同游学海，以此志之。

——李泽华（苏州大学 2019 级 MPA，苏州市吴江区应急管理局）

下课后和朋友们结成伴去寻找美食，在校园里随处逛逛，去认真研究古树，或是仔细瞅瞅游荡玩耍的猫咪，去图书馆看看书，所有的周末生活都是如此轻松愉悦。

论文写作大约让我痛苦和开心交织在一起。开心的是，在论文写作中，为了收集数据，我收集了新中国成立后涉及毕业论文的各类材料，寻找各种可以使用的数据，看完了单位几个大柜子的历史资料，对自身业务知识有了进一步的深入学习和思考；也寻找翻阅了相关理论书籍和论文期刊，与我的论文指导老师陆亚娜老师，还有我的同学们进行了大量的讨论，提升了我的理论水平。痛苦的是，还是自身能力有待进一步提高，论文真的好难写，每天写论文到深夜，大约也是每一个工作的同学最痛苦的事情。这里真的要非常感谢我的论文指导老师陆亚娜老师，陆老师为人和善，对学生极为认真细致耐心，我的论文能够顺利完成，与陆老师的谆谆教导密切相关。

2020 年，新冠疫情以前所未有的速度席卷了全球，大约这是新年前的所有人从未想到的事情，更没有想到的是，直到目前为止，它并没有结束。很多同学的新年假期都早早结束，奔波在一线做着贡献，每天从早到晚，没有休息日，连续工作了两三个月，他们一边进行着疫情防控，一边继续认真写着毕业论文，我非常佩服。非常感谢所有在疫情防控中做出贡献的人们，是你们的贡献，才让中国的疫情能够很快控制住，让我们能够安心地生活工作。2020 年的答辩大概也会被历史永远地记住，网上答辩也算是开了历史的先河，可惜的是与老师们、同学们的真正见面戛然而止在了预答辩，缺席了现场的毕业典礼，缺席了欢聚的毕业照。

别离难，到了这个时候内心真是特别的不舍，不舍得毕业如此迅速，不舍得老师、同学和校园。非常感谢我的老师们，悉心的教导，我以后都不会忘记；非常感谢我的同学们，愉快的交流，我以后都不会忘记；非常感谢我的校园，美丽的景色，我以后都不会忘记。在职 MPA 学习的过程中，我遇见了很多人，有人觉得在职 MPA 就是要文凭，没有什么用，但是我觉得在职 MPA 的学习让我学习了知识，拓展了思维，提高了能力，收获了良师益友，获得了快乐，除了文凭真的有太多太多的好处，正如《未选择的路》这首诗说的，我们要注意人生的旅途，发现过程的美好，且行且珍惜。

漫步在苏大，独墅湖校区小径两侧落英缤纷，往来的学子欢声笑语不断，是书中最浓郁的书卷香味，让我沉醉在这求学的路上。

——顾斌华（苏州大学 2019 级 MPA，苏州市相城区住房和城乡建设局）

向梦而行 不负求学好时光

南京师范大学 2019 级 MPA 徐 桢

中国古代文学家、教育家颜之推说过："积财千万，无过读书。"个人理解，这里的读书，并不是单指阅读书籍，而是泛指求学求知，对学问和知识的孜孜以求。不论是为了腹有诗书气自华，还是为了学以致用事通达，在青春这一人生最好的年华，求学无疑是贯穿始终、必不可少的内容。幸得良好机会，在有东方最美校园之誉的南京师范大学就读 MPA，回顾入学以来的在职学习，既收获满满，也颇有感触。

最令人惬意的，是不闻课外事、专听师者言的心境。作为一名在职研究生，与全日制研究生相比，最大的不同是不能脱产，既要完成学业任务，还要处理工作事务和家庭琐事。当然，换个角度来说，身为一名在职研究生，与尚未读研的在职者相比，很难得的幸福是能够卸下其他诸事的烦扰，重新回到洋溢着青春气息的大学校园，端坐在一间普通教室，全身心地投入专业知识的学习。明代《增广贤文》一书中写道："两耳不闻窗外事，一心只读圣贤书。"当今人们对这句话有两种理解，一种是对外界之事不管不顾，钻在书中成为"书呆子"，为贬义；一种是不被世俗纷杂所扰，专心致志读好书，为褒义。就 MPA 学习而言，个人更倾向于后者的理解，大学虽不至于是世外桃源，但绝对能够暂时放下工作和生活的负担，在汲取知识给养的同时，获得内心深处的平静。

最令人欢欣的，是醍醐灌顶后、恍然大悟时的共鸣。虽然本科就读期间，学习的专业是行政管理，具备一定的理论基础，但由于工作后一段时间是在基层工作，对于岗位工作中遇到的管理问题，习惯于坚持实践导向、目标导向，常按照惯例、经验来处理问题，

在最有活力的时光遇见你们，是我一生中最宝贵的回忆。

——夏 弟（苏州大学 2019 级 MPA，江苏省昆山市公安局）

对上级政策的制定只知其然，不知其所以然。在这一方面，MPA的学习给了个人很大帮助。课堂上，老师除了系统全面地讲述政治学、政治经济学等专业理论知识，还结合时事政治，针对某一管理领域的典型案例深入细致地专业分析，引导学生联系自身岗位进行思考和对比，让很多学生产生“原来如此”的感悟。比如，陈辉教授在讲授“团队建设与管理创新”一章中，为了更好地诠释不同权威类型的区别，以及其服从基础和适应范围时，引用“出埃及记”“洞穴救援”“吴宫教战”三个管理案例，生动形象地解释了传统型权威、魅力型权威、法理型权威，让每个学生都学有所获、学有所得。

最令人获益的，是跳出旧定势、另辟新视角的思维。如果长期固守自身所在行业领域的“一亩三分地”，诚然，会积累丰富的实践经验，但是也容易对一些问题的看法形成思维定式，对个别片面观念、传统路径抱残守缺。特别是当完全习惯了工作的固有程序和节奏后，容易安于现状、甘于平庸、懒于思考，不论对于个人成长还是事业发展都是不利的。同时，必须承认，新思路、新视角的开发，凭借一己之力很难实现，很大程度上需要师者的点拨。走上南师大MPA讲台的，都是在专业领域成就颇丰的专家学者，授课时，老师们不仅仅担任专业知识的传授者这一角色，更坚持“授人以鱼不如授人以渔”，指导学生克服感性认识，学会理性辩证思考各类问题，从问题现象的背后挖掘潜在原因，防止羊群效应、人云亦云。

最令人感激的，是授业解众惑、执笔传正道的恩师。唐代文人韩愈在《师说》中写道：“人非生而知之者，孰能无惑？惑而不从师，其为惑也，终不解矣。”虽然入学时间还不是很长，但是讲台上老师传道授业解惑的专业素养和从教精神，让台下每位学生深深折服。有的老师出于师者的责任和担当，针对MPA学生，制定公共管理专业课外必读书目，并公开个人微信微博，随时在线解答学生困惑。就个人而言，阅读老师推荐的《公共行政的精神》《新公共服务：服务，而不是掌舵》《中国国家治理的制度逻辑——一个组织学研究》等书籍之后，不仅在一定程度后解决了对科层体制下管理运行模式的诸多疑惑，而且在公共行政、公共服务的精神与品质方面深受教育。此外，今年由于疫情防控的特殊情况，大学开学延期，学校MPA论文导师利用学生居家的时间段，牺牲个人休

多年前怀揣着理想离开你去远航，而如今带着信念再次回到你身边。我已然脱去那懵懂模样，而你却依然是谆谆教诲。人生之路漫长，感谢你教会我成长。

——邹梦帆（苏州大学2019级MPA，苏州市市场监督管理局）

息时间，采取在线直播的方式，认真教导论文的撰写要求，为我们后期论文开题、规范写作打下了基础。

“青年之字典，无‘困难’之字，青年之口头，无‘障碍’之语；唯知跃进，唯知雄飞，唯知本其自由之精神，奇僻之思想，锐敏之直觉，活泼之生命，以创造环境，征服历史。”一百年前，李大钊先生对青年的寄语振聋发聩，照亮了整整一个时代，一百年后，作为新时代青年的我们，更加要践行和弘扬“唯知跃进，唯知雄飞”的逐梦精神。向梦而行，需要以专业本领为基，专业本领源于求学道路上的勤学苦练、孜孜不倦。近代学者王国维曾用“昨夜西风凋碧树。独上高楼，望尽天涯路”“衣带渐宽终不悔，为伊消得人憔悴”“众里寻他千百度。蓦然回首，那人却在，灯火阑珊处”来形容求学的三种境界，对于在职的我们，很难在求学上达到第二种境界，但是，也应当相信，倘若积极把握当下 MPA 学习的良好机遇，反复咀嚼老师传授的专业知识，常态保持对学问的上下求索，我们终将能在岗位实践中体悟到“蓦然回首，那人却在，灯火阑珊处”的喜悦与畅快。

没有本科的喧闹懵懂，没有工作的按部就班，不变的是对知识的执意追求。

——邵力之（苏州大学 2019 级 MPA，苏州市医疗保障局）

步履不止，心向往之

南京师范大学 2020 级 MPA　王雪梅

8 年前的 6 月，我参加了高考进入大学；4 年前的 6 月，我从学校毕业进入了公安队伍；今年的 6 月，我通过 MPA 考试重返校园。4 年仿佛是一个新的轮回，让我在不断变换的身份之中有了新的收获、新的起点。

4 年前，为了报考南京公安，我放弃研究生的推免名额，虽然自己如愿以偿地成为一名人民警察，但是心里总觉得有些许遗憾。与学校生活不同，公安工作充满了烦琐、复杂和忙碌。工作 4 年来，我换了 3 个不同的岗位，适应了不同的角色，奔波于各种公安业务，肩负起更多的责任和担当。在忙碌了一天之后回到家中，整个人变得麻木疲惫，像泄了气的皮球，没有一丝活力，当年初进警营豪情满怀的自己似乎也变得越来越遥远、越来越陌生。电影《无问西东》里有一句台词至今让我印象深刻，“人把自己置身于忙碌中，有一种麻木的踏实，但丧失了真实。”有一次加班到 11 点，在回家的路上，我突然问自己，这是你想要的生活吗？虽然警察是我的热爱与追求，我永远以它为荣、为它拼搏，可我却不想被其束缚，我希望自己的生活可以有更多的可能与发现，也许会让我对警务工作产生新的启发。

2019 年 10 月，就在研究生报名系统即将关闭的时候，我下定了决心想拥有一次可以回归校园的机会，可以继续学习，弥补当年的遗憾，也让自己收获一段不一样的旅程。

在做完向同学咨询、网上攻略等一圈准备后，我买了一摞摞厚重的资料。对于在职考研的人来说，在职备考面临着很多的考验和困难，着实不易。仅剩的两个月，除去加

青春的列车再次启程，感谢苏大，陪伴我们驶向人生的下一站幸福。

——潘新宇（苏州大学 2019 级 MPA，苏州市吴中区城乡规划编制研究中心）

值班，用来复习的时间寥寥无几。但既然决定努力，就应该拼尽全力。这两个月，我推掉所有的外出和娱乐项目，一下班就回到家拿起笔算数学、背单词。不论加班到多晚，我也坚持把当天的学习任务完成。做题目、背单词，做题目、背单词，恍惚间我一下子觉得自己好像回到了学生时代。也许有人说，至于这么努力吗？我想说这是值得的，因为我无法肯定未来是否还会愿意努力和坚持，我能做到的便是把握当下、珍惜机会、认真耕耘、期待收获。幸运的是，我以还不错的成绩顺利通过笔试及面试。看着拟录取名单上的名字，终于没有辜负这大半年来的努力。

回首这大半年的时光，我发现相比于考研结果而言，自己更享受的是复习备考的踏实、坚持和充实。虽然每一天都是辛苦的，可我能切切实实感觉到自己内心的充盈与快乐，我能清楚地看见自己的进步。一篇英文阅读比昨天少错了一题，一道复杂的逻辑题做正确了，这些看似微不足道的点滴都可以让我保持一整天的快乐，我甚至享受着夜深人静学习的乐趣。备考的压力对我而言，反而是一种放松。这段时间，没有外界的打扰，没有琐事的牵绊，我可以尽情地沉浸在纯粹的学习里。我学会了坚持，学会了耐住寂寞，学会享受和自己独处的时光。这样的美妙之处不在眼前，也并不强烈，像甘霖雨露滋润万物之后，万物所呈现的那种清新、新鲜、水灵时的生机勃勃，如微风细雨般，是看不见和摸不着的，是一种从心灵深处满溢出来的平和与喜悦。它对你的改变是一种潜移默化，可以融进你的血液、精神、行动之中，悄悄地影响你的生活，改变你的本身。我收获的不只是一张录取通知书、一份文凭，也收获了更好的自己。现在，我又在备战国家统一法律职业资格考试，进一步提升自身的法律素养，在成为一名让人民满意、百姓放心的人民警察的路上上下求索、步履不止。

细细想来，在脱离学生时代许久后，可以回归校园生活是一件非常可爱的事情。我很庆幸自己现在还有时间和精力去准备这场考试、去抓住这次机会。我也很感谢这次备考给我带来的新的变化、心的感受，让我不再陷入忙碌的空虚中，让我可以在充实中享受自己，让我知道保持学习、保持进取的难能可贵。

如果总把自己禁锢在熟悉的领域，双眼就会被蒙蔽，看不见“柳暗花明又一村”的

百年苏大再相逢，闻道公管新征程。

——何　颖（苏州大学 2019 级 MPA，苏州工业园区科技发展有限公司）

无限希望；如果总把自己停留在半山腰，双脚就会停止前进，更无法欣赏“不畏浮云遮望眼”的豪迈魅力。只有坚持自我的丰盈和充实，才能更好地迎接生活带给你的惊喜与发现。

我想这就是南师大 MPA 带给我最美的收获吧。

欣看桃李繁枝果，仰望松楠大厦梁。亲切师生常入梦，栽培恩泽永难忘。

——周　婧（苏州大学 2019 级 MPA，国网江苏省电力有限公司苏州供电分公司）

我的 MPA 修行之路

中国药科大学 2019 级 MPA　吴　迪

2018 年 9 月一个秋日的晚上，我决定去读 MPA。

起因是当天几个朋友聚会，都是相识十几年以上的老友，亲如家人。作为全桌最小的小老弟，我也三十有四了。当天是和尚局，一帮老男人，畅谈世间百态，作为曾经的翩翩少年，如今身到中年，随着新陈代谢的下降，身材油腻化变得不可避免，但精神可以拒绝油腻。

酒过三巡、面酣耳热之际，秋风掠过，不知怎么话题聊到了理想这个词，这个奢侈的词。一个老哥连续报考了几年东南大学的 MBA，作为一个公安系统的处级干部，他的时间可想而知的紧张；另一个老哥也连续报考了几年的执业律师资格证，作为一个纵横商界年营业额过亿的成功商人，他的精力理所当然的缺乏。两个人就着这个话题下了几杯老酒，眼睛里都是理想的光芒，这光芒刺痛了我不思进取空洞的双眸，让我坐立难安。饱受刺激的我，忍耐不住拍案而起，杯中酒水一饮而尽，酒杯放回桌上，豪言壮语伴随着酒气脱口而出："我也要考研！"俩人惊诧之下，相视而笑，笑嘻嘻地调侃我，他俩连续考了好几年了都没考上，你就敢吹这牛？你准备考哪？我一时语塞，刚才就是一时冲动，还真没细想具体操作层面的事。但牛已然吹了、炮已然放了，只好硬着头皮表态，我要报考我母校中国药科大学的 MPA！三人就这样相互约定，此局之后再不组局，推掉所有社交专心备考，考试之后再续旧情。就这样，我走上了这条考研的不归路。

10 月初报考，心理素质过硬的我，无视还有不到两个月考试的事实，还安心过了个

苏地自昔称名郡，大才俊杰此州出。你我且游且逍遥，好得时光漫读书。祝愿小伙伴们仰望星空，脚踏实地，不负时光，不负梦想！

——范梦菲（苏州大学 2019 级 MPA，苏州市吴中区甪直镇人民政府）

国庆假期。10月8日当晚，我坐在书桌前正式开始复习。枯坐整晚，只字未动。因为我发现我的问题是出了校园进入社会十几年，随着职业之路按部就班，职业生涯日趋安稳和安逸，温水里的我早已忘记了该如何去学习，这让我很恐慌。痛定思痛，我总结了前人的经验，制定了不报班不买辅导视频不做模拟题的三不原则，通过筛选出的靠谱免费辅导视频，以及历年真题训练，制订了作战方案。计划有了，就差执行了。好在我个人意志力还可以，能一直坚持每天备考。其间因为体力不足，我还重新恢复了身体的锻炼，整个过程身心都得到了近似脱胎换骨的淬炼。这一切让我很满意，而结果已变得没有那么重要。

该来的总会来。两个多月的时间转瞬即逝，2018年12月22日我走进考研的考场，内心平静如水不起波澜，因为无所欲，所以可以轻装上阵。可能是缘于这种心态，我发挥得还不错，一路过关斩将进入复试和面试，最终得偿所愿，收到了母校MPA的入学通知书。而我的两位兄长，一位如愿收获了东大的MBA通知书，一位还是没过律考，我们勉励他再接再厉，终会事遂人愿。

回首考研路，我深刻地认识到，人到中年，趋于安逸的生活会在察觉不到的时刻，无声无息地不断磨灭人身上的斗志。好在我身边的朋友都是不安于现状，一直在拼搏进取的人。物以类聚人以群分，有这样的良师益友常伴身边，是我的运气。而考研路上对自己的重新审视和重拾学习的能力，更是我在MPA之路上的最大收获。

2019年9月，我们如期入学，班级里共有同学28人，年龄分布在20—40岁这个区间，我这35岁的高龄在男生里也只能排第三，这是我没想到的，同时也让我略感安慰。随着大家上课和课余生活交往日深，我越来越喜欢班级的气氛。班集体可谓兄友弟恭、其乐融融。我本身性格喜好呼朋引伴，渐渐地有了点小小的号召力。我也利用同学们赐予的权利，经常组织同学聚会。同学们在各行各业都颇有建树，很多同学深耕行业多年，已经是资深专家。但我经常和大家说的是，这MPA生涯可能对于我们大多数同学来说都是最后的校园时光，大家应该解开心防摘下面具，以平常心和同学情谊度过这珍贵的三年时光。事实上，经过了初期接触了解，同学们也慢慢地相处融洽，彼此学习共同进步，

三年MPA的学习，面朝书海，心暖花开；廿载MPA的历程，春风化雨，桃李芬芳；平生MPA的烙印，不忘初心，方得始终。

——郝志强（中国矿业大学2010级MPA，徐州医科大学）

在校内校外大家都展开了很多有益的合作和尝试，度过了很多美好的时光。

其间，我的导师对我的帮助和影响也很大。作为引荐人，在他的介绍下，我开始运营由校友创建的公众号“童家巷二十四号”，这也是我们玄武本部的校址。我们的品牌宗旨是“服务校友、回馈校园”，旨在建立中国的高校常青藤校园文化。这校园情怀深深地打动了我，我的业余时间几乎都投入其中，带着一帮校友，组织了多次品牌推广活动和公众号的宣传运营维护。就像打开了新世界的大门，陌生而美丽的风景在向我招手，画卷徐徐打开，令人爱不释手又充满期待。

2020 年初，新冠疫情袭来，作为一名医院工作人员，我紧张地投入疫情防控工作中来。同时，在业余时间，我们利用校友圈，在童家巷二十四号公众号平台上，开展了多项抗疫义卖募捐等活动，以绵薄之力尽我们作为药大校友和 MPA 专业学生应有的社会担当和责任。

因为疫情，我们研一第二学期的学习通过线上展开，同学们天南海北，聚首太难，难免留点遗憾，但这不妨碍同学之间的交流和情谊，大家相约疫情结束再聚首话离别。

白驹过隙兔走乌飞，研一全部结束。理论学习让我受益匪浅，有很多读书时代难以领悟的理论知识，通过多年工作经验的补充，得到了充分的理解和吸收。此时再读 MPA，感受又有所不同。学习的过程是理论学习指导实践，实践再总结成新的理论，指导新的实践之路。这也就是所谓的知行合一，二者缺一不可。这个道理大家都知道，随着在 MPA 专业的不断学习，我更加深刻体会到其中的精髓。好在为时未晚，活到老学到老，学校生涯可能有结束的时候，但学习之路永无止境。

随着 2020 年夏天的到来，以前在医院从事行政工作的我，被任命筹建新的部门病员服务中心，作为医院的窗口部门和门面，我们部门的口号是“一问管到底”。这是江苏医疗界的首创，我们的目的旨在集中资源和办事窗口，整合办事流程，更好地服务病人，处理病人就诊过程中的疑难杂症，提升病人的就诊体验。我所在的医院作为一家省属公立三级医院，拿出自己的社会担当。希望能通过这样有益的尝试，实现医疗质量公立化、医疗服务私立化，将医疗质量和服务都提升到更高的水平，从而更好地服务社会和周边

政府是必要的恶，但应该是有限政府，应该明确其边界，即阻止坏事、少做好事，营造公正、公平的社会环境，引导私人部门“不做坏事、多做好事”。多做好事，政府就会陷入无限责任，相应的财力无法支撑，也会因为信息不对称造成新的不公平。

——刘进所（中国矿业大学 2012 级 MPA，淮安市清江浦区和平镇人民政府）

民众。而这一切和 MPA 专业的公共管理属性完全契合，我在 MPA 专业学习到的理论知识，能更好地运用到日常工作中。我想，这才是我们学习公共管理专业的初衷和最终目的。路漫漫其修远兮，吾将上下而求索。

生命不息、奋斗不止！正如杰克·凯鲁亚克《在路上》中所言："我还年轻，我渴望上路。带着最初的激情，追寻着最初的梦想，感受着最初的体验，我们上路吧。" 我的 MPA 修行之路，才刚刚开始。

既然多了一个人们对研究生身份期望的压力，就一定要有和这个身份相匹配的能力，没有天生很优秀的人，坚持比努力更有效果。研究生生活总不是一帆风顺的，当出成果的时候，一切都值得。研途走过，沉淀下的不是鸡汤，而是一瞬间的成长。

——葛　梦（中国矿业大学 2017 级 MPA，徐州市铜山区发展和改革委员会）

我和我的 MPA

中国药科大学 2019 级 MPA　马东青

去年的 9 月，我如愿成为中国药科大学的一分子，正式加入 MPA 这个大家庭，现在回想起来备考时无数个挑灯夜战的深夜、出差行李箱里厚厚的试卷与作业本、平板电脑里满满的课件视频以及面试时的紧张、向同学打探面试试题时的小心翼翼、收到大红色录取通知书时的喜悦，仿佛就在昨天。

成长往往发生在一个不经意的瞬间

入学报到那天一个小插曲让我至今难忘，一大早我就打扮得美美的，背着个书包，骑上我的电驴子，因为我家离学校实在太近了，没必要开车增加校园负担，那天我特意请了半天假到学校报到。8 点的校园已经挤满了来自四面八方和我一样报到的学生，从学校门口到报到处早已张灯结彩，挂满了迎新生的条幅和旗子，校园的道路上挤满了拖着大包小包的家长和学生，家长们脸上多是望子成龙、望女成凤的喜悦与自豪，同学们的脸上更多的是对大学生活的期待。我独自骑着我的电驴在人群中缓慢地穿梭着，终于来到体育馆的门口。就在我了解如何办理入学流程的间隙，一位瘦瘦高高的男生走过来，将一张宣传单递给我，说了一句让我把这个给家里孩子看看，现在我完全不记得是哪个社团了，但是当时真的是又气愤又震惊，回了一句“姐也是来报到的”。虽然当时有点不开心，但是后来想想这何尝不是入学的第一课呢，我已经不再是那个青涩、懵懂的少年，即使装嫩也无法抹去时间、生活、工作在我身上留下的印记，我无法不重视自己已经毕

《临江仙·赠母校》：且忆丁酉之秋，矿大如诗如画。书香更胜丹桂香。师恩似海深，同窗笑语盈。转瞬三年悄逝，满载硕果而归。何惧东西南北路。桃李春风情，江湖夜雨灯。

——张　倩（中国矿业大学 2017 级 MPA，中共徐州市铜山区委机构编制委员会办公室）

业7年的事实了。也许成长往往就在这样一个不经意的瞬间。

对于药科大学，我是既熟悉又陌生，熟悉是因为我读本科的时候跟着同学一起到药大晃荡过、工作后也断断续续认识了几个药大的老师和同行，陌生是因为我对学校的了解还停留在药大的食堂比较多、各种吃食比较丰富，学生毕业后大部分会流入各大药企。就这样，带着对药大既熟悉又陌生的心情开始了我的MPA之程。

学会独立思考与保持对事物的怀疑精神是药大教会我的第二课

我当初报考药大的主要原因是，一是我身处医药行业，从事着药品准入工作，需要对药物政策有着较为深入的理解，而药科大学在这个领域有着绝对的优势；二是工作了几年后发现自己需要对工作领域进行专业而深入地学习与研究。我们的课程安排得很丰富，有研究生必修课英语、学术论文、政治课程的学习，也有与专业紧密联系的公共管理的课程、社会保障、药物监管、产业政策研究等课程。这一年的学习，让我印象最深刻的不是某门课中的某个知识点，而是在与老师、同学的交流、激烈的讨论、不同观点的碰撞中，让我开拓思维，逐渐学会探究不同观点背后的逻辑性，学会接受不同观点的合理性，让我学会独立思考，体会到独立思考的魅力。

在会计与财务的学习上常峰老师经常会给我们下套，让我们认为自己的算法完全正确，下一秒利用一个条件或者因素就推翻了之前我们所有的计算结果。柳老师最喜欢引导我们讨论，然后自己再把答案公布，我们经常被碾压得体无完肤，显得跟个小白一样。老师们或幽默风趣、或严谨认真，但是都在努力为我们授惑解业，试图打开我们的眼界，培养我们对学术的质疑精神。

在这里我收获了一群志同道合的朋友

MPA不同于其他专业的研究生，大家都有自己的本职工作，所以同学们周一到周五回到工作地，努力搬砖，周六、周日来南京集中上课。每个周末成了我们最欢乐的时光，同学们从天南海北赶过来，满满的课程不能耗尽我们的精力，课间、午休时光的狼人杀成了大家的另类必修课。有时大家会默契地每轮都首刀同一个人，让这个不论是好人还

对事业的热忱和对美好的向往是每一位公管人都应兼具的情怀，毕业了，那就继续保持这一份热爱，奔赴下一场山海！

——蒋　帅（中国矿业大学2017级MPA，中共徐州市贾汪区委组织部）

是坏人的同学发出惨叫“毫无游戏的体验感”，大家熟了之后狼人杀就变成了大家“报仇”的好机会。毫不夸张地说，狼人杀绝对是我们班迅速建立起同学关系的最大功臣。

同学们的工作背景也是非常丰富，有负责前端的药品研发，有主攻临床研究，有做药品监管的咨询与培训，有负责药品准入方面的，有市场推广，有负责销售的，有在医院、高校、药品监管部门工作的，有自己经营药店的，有在医药杂志社工作的，我们经常开玩笑，我们可以成立一家医药公司了，从研发到生产到上市、推广、营销全部安排上。也是因为同学们的工作领域相同，但是细分环节不同，我们可以更多地了解其他环节的工作状态与流程，不断地进行信息的分享与交流，让我们可以更加全面地了解整个行业的运作机制。

校园永远是每个人心中向往的那片净土，此次重回校园，让我重新感受做学生的纯粹与快乐，体会同学之间纯真的友谊。药大浓浓的学术氛围、丰富多彩的课外活动、定期高质量的大讲堂，让我的校园生活多姿多彩。读 MPA 之于我的不光是专业知识的学习与积累，更多的是教会我如何独立思考，如何系统深入地看世界，保持不断学习的习惯，不断拓宽我人生的宽度。

MPA 生涯是笔宝贵财富，未来岁月里，愿不忘求学初衷、谨记恩师教诲，志存高远、脚踏实地，在维护稳定、保民平安的实践中绽放光彩。

——倪　珊（中国矿业大学 2017 级 MPA，徐州市公安局）

南医大 MPA：送给我的不惑之礼

南京医科大学 2017 级 MPA 张春雷

岁月不居，时节如流。转眼间，三年的南医大 MPA 研究生生涯如期结束。三年前，开学报到的场景宛在昨日，三年后，在我迎来四十不惑之际，南医大 MPA 送给了我这人生驿站上最好的礼物。

一名“特殊”的学生

开学报到当日，作为 80 后初期老生的我，被多名同班 90 后同学误叫“老师”，得知真相后，他们的尴尬与惊讶写在脸上，而我之心境因为岁月的洗礼，反而处之泰然。

这份泰然，来自我特殊的经历，特殊在于南医大 MPA 是我硕士研究生毕业十年后取得的又一个学位。2004 年大学毕业后，因为兴趣爱好，我从法学学士跨专业考入徐州师范大学（现江苏师范大学）古汉语专业研究生。工作后，几经辗转，我进入了淮安卫生系统工作，系统的特殊性，让我越来越觉得学识之拮据，这让有着学习焦虑症的我深感不安，当时暗下决心，为了弥补完善知识结构，还要再考一个医学院校！经过前期的准备，天不负人，我于 2017 年成功考入了南医大。还记得有个小插曲，因为当时我的分数仅比国家线高两分，与南医大 MPA 首批录取分数线差得很多，那时上海某师范院校发来了邀请，问是否愿意调剂到他们学校就读，因为矢志于南医大，就毫不犹豫地拒绝掉了，想着能等待机会，重整旗鼓再来一次。可就在以为要折戟沉沙、功败垂成之际，南医大一位老师的电话让我体会到了“黑暗之光”的惊喜。当时还以为是诈骗电话，再次确认后，

浪潮，也许是最能代表时下的艺术意象。前浪标志着风云际会，后浪成为被羡慕的对象，还有无数潮涌，像 2020 年波动不断的时事动态。我们等待着一切回归风平浪静，再重新踏上征程，以诚挚之心，去突破、去超越。

——郭 慧（中国矿业大学 2017 级 MPA，徐州市社会科学院）

原来南医大别的院系没有招够足额学生，而把剩余名额拨给了医政学院，于是，我欣然赶赴南医大，参加了第二批的面试并成功被录取。回首这段曲折，不就是“念念不忘，必有回响”的最好诠释吗？

考取后，同事、同学多有疑问，你为什么不直接考个博士呢？我的回答是，我就想考南医大、考南医大 MPA！

一种“特殊”的心境

时间真是神奇，有如涓涓流水，淘洗掉人之喜怒哀乐，当再处于相同的境遇节点上，留给人的却是安静与从容；它又是最公平的，当你珍之爱之，不蹉跎岁月，它会投桃报李，再给你一次机会，让你抚平过往之遗憾，还你未竟之圆满。

遥想当年的大学生活，懵懂而不知感受与领悟。十年后，当徜徉在南医大江宁校区天元湖畔，树荫下晨读的学子、粼粼波光的湖面，还有那黄昏处优哉游哉的天鹅，让人从繁忙的工作时空转换到静谧的象牙之塔，此种真意，早已欲辩忘言。当夜晚散步在体育场，那左转腾挪的足球小子、挥汗奔跑的矫健身姿，与那犹如人生灯塔的夜灯交相辉映，令人动容。当端坐在圣殿般的图书馆，窗外树上叽喳的小鸟、投射在书桌上的婆娑疏影，手持心欢之书，犹如马远《寒江独钓图》中的垂钓老者，万籁无声，纯洁而寂静。“谁谓河广，一苇杭之”，不正是此景此情吗？又当身处学海楼、康达楼，聆听南医大 MPA 老师们的谆谆教诲，早先求学逃课的羞愧，在那时那刻都化作了满眼求知的“光”，仿佛又回到了小学时代……

没有对比，就难以体会来之不易；没有体会，就难以感受其中的幸福。十年前的徐师大，与十年后的南医大，我人生之路上的两个重要驿站，因心境不同而领略着不一样的风景，前者一心向前是“风一样的少年”，后者倾慕于此而“修炼”为真正的学子。

一份“特殊”的礼物

古语言：三十而立，四十不惑。在事业、家庭、生活基本稳定的年龄，对外事外物的感悟也颇有“波澜誓不起”的心态。然而，当参加今年 7 月份南医大举办的学位授予

匆匆三年，学到知识，收获成长。其间所得，将激励我在工作岗位上，在人生道路上，不畏艰险、勇于担当、脚踏实地、奋发作为。

——汪慧娟（中国矿业大学 2017 级 MPA，连云港市发展和改革委员会）

仪式，拿到南医大 MPA 毕业证的那一刻，还是激动不已。这份令人激动的“不惑之礼”，不是源于又取得了一个学位，而是对结识新友、老师与新知的喜悦，是对既往遗憾的“找平”，更是不负时光的交代。

“莫言下岭便无难，赚得行人错喜欢。正入万山围子里，一山放出一山拦。”人生就是这样，在前行的路上，没有顺风顺水，有的是一个接一个的难题等待着我们去破解，破解时难时易，重要的是以怎样的心境对待，愿我们都持着破解修炼的心理准备，翻山越岭、逐水跨海，归来仍是少年！

矿大学习这三年，使我领悟了“开拓创新，严谨治学”校训所包含的治学与齐身的人生真谛；矿大所学，亦将成为我们立足于世最可靠的底气。

——温洋洋（中国矿业大学 2017 级 MPA，中共江苏省灌南县委组织部）

在最美的年华，遇到最美的你

南京医科大学 2018 级 MPA　吴文健

生命的旅行中，总会有一座城、一件事、一个人，让我们感动，让我们铭心。尘烟里不经意地遇见，若是留下一份感动，必然会擦枪走火，然后星火燎原。在求学深造的道路上，有幸成为一名 MPA 学员，一份幸运，更是一份荣誉。因为在这里，获得了一批知识渊博、专业扎实的导师教导，结识了一群求学上进的同窗，收获了现代社会管理知识和理念。与 MPA 相遇、相知是一种缘分，更是一种难以割舍的情怀和对梦想的执着追求。医学院校公共事业管理专业毕业的我，本科毕业后来到江苏一家省属大型三甲医院从事医院管理相关的工作。在实际工作中，时常会面临着一些管理理论及方法策略的困惑。在一次学术年会上，有幸偶遇一位医院管理界的大咖——季教授，被他渊博的知识、超前但又不脱离实际的医院管理理念所深深地吸引，简短的交流和指导后，便暗下决心，重回象牙塔，吸收先进的管理方法和理念，圆研究生梦，也开启人生的新篇章。经历了一次硕士研究生备考失败后，终于在 2018 年全国硕士研究生统考中成功被南京医科大学 MPA 专业录取，也有幸成为季教授的一名学生。入学后，我们是非全日制专业型硕士研究生，相对全日制专业型硕士研究生来说，我们既要兼顾日常工作，还要完成一定的学业要求，当然也需要家庭的支持。为了梦想，选择了远方，即便是风雨兼程，也要义无反顾。

我们MPA班级的同学几乎都是来自省内各医疗机构各个岗位，在MPA的魅力感染下，我们有缘结识，是同行谊更是同窗情。MPA 专业在校学习的时光短暂，但内容很充实，

一路走来，最想感谢的始终是父母，因为有他们默默地、无私地付出，才让我能够在背负着更多角色和责任的年纪依然拥有追梦星辰大海的激情、勇气和毅力！

——孙　丽（中国矿业大学 2017 级 MPA，国家税务总局徐州市税务局）

也很实用，教授们在课堂上引经据典，旁征博引，结合医院实际工作，将医院管理、医事法学、医患纠纷、医疗社工等融入课题，印象最深的课程是管理学前沿，印象最深的老师非刘虹教授莫属。对于已从事工作多年的我们来说，抛开杂念，拿起一本书静心而读之，绝非易事。应该说自工作以来，就没有认真读完一本书，从未读过一篇英语短文。然而重回学生身份，带着明晰的责任和压力， 克服困难，坚持主动学习，也倍加珍惜而立之年重获的学习机会。在校上课学习期间，我们爱上了图书馆，尤其是图书馆自习室墙角的独立座位，在这里远离尘嚣，练就强身之功、静享学习之悦，将理论知识与实践相互磨合匹配，在学习中思考实践，在实践工作中应用理论知识，把在职研究生学习更是当作一种进修，提升再提升，达到学习质量不断持续改进。在南京医科大学校园里学习 MPA 课程的时间短暂，但受益匪浅。首先，它作为一个平台，很好地弥补了在医院管理工作中亟须的现代医院管理理论知识；其次，通过专业学习及导师指导，为我们打开了认识事物的新思路、新视角和新方法，在实践与理论的结合中，不断提高认识问题、解决问题的能力；再者，提高了我们理论素养和自我学习的自律性和方法。最后也是最重要的一点，南医大 MPA，让我们医疗同仁聚在一起，在老师的精心组织、关心指导下，共同学习，互相交流，加深了解，是同学，是师生，更是朋友。虽相聚短暂，但终身受用。

走进南京医科大学，走进美好的医学校园，让学习成为习惯，让浮躁的心沉淀下来，体悟生活的温馨与温情，体验学习的愉悦和成效，体会工作的乐趣和满足，用不断奋斗来助推人生足迹，让个人、生活、工作总会在不经意间收获满满。今年是开展 MPA 专业教育二十周年，作为一名公共管理者，感恩与南医大相遇，感恩与 MPA 相遇，它为我打开了一个全新的世界。在这段新奇的旅行中，在最美的年华，遇到最美的你。

物换星移，时光荏苒，硕士生涯，悄然告终。亦师亦友，逐梦前行，挫败不悲，功成忌躁，学习纯粹，生活多娇。乘风破浪，前途漫漫，终究光明，峥嵘岁月稠！

——朱浩然（中国矿业大学 2017 级 MPA，徐州市泉山区人民政府）

我的考研之路

南京信息工程大学 2018 级 MPA　张保国

我出生在苏北一个普通农民的家庭，勤劳、诚实、质朴的父母谆谆教诲，不仅让我养成了吃苦耐劳精神，还让我明白只有读书才能改变自身命运。在四年的大学时光里，我积极参加各种比赛以及社会实践活动，并在社会实践活动中加强自己的创新能力和实际操作动手能力。大四那年，很多同学常驻图书馆和自习室看书，准备考研，我也加入其中。可是有次周末回家，看到父母双鬓已白，我在考研和就业的问题上犹豫了。父母为了养育我们兄弟四人，已经太累了。我不忍心他们再操劳，放弃了准备半年的考研，决定来宁找工作，并于同年入职现在的职业学校工作至今。

工作中，谨记父母教诲，认真工作，也在此过程中取得了一些成绩，获得了一些荣誉，但是偶尔还是会觉得迷茫，觉得自己的生活还缺少些什么。2017 年的时候，我的一个中专学生来向我报喜，她考研成功，被澳大利亚一所高校录取。为自己学生喜悦的同时自己考研的想法再一次冒了出来，并且越来越强烈。与领导和同事交流之后，他们的建议：趁着年轻拼一下！再说考研也一直是你的心愿！考！为什么不呢？该是了却心愿的时候了！学校领导为了支持我考研，为我减少了工作内容，办公室的同事主动帮我分担工作压力，让我能够有更多精力投入备考。

在备考过程中，遇到了很多困难，身体机能的变化导致记忆力下降特别明显，原来只看一两遍的单词，现在需要再多看几遍，而且更容易遗忘。工作中，虽然领导很照顾我，同事也很支持，但是难免会有一些突发情况，不得不停下手头的学习抓紧去处理，学习

矿大于我，是荣耀，是星辰，更是灵魂安放的地方。风物三载，直挂云帆，方能兼济沧海。

——任　欢（中国矿业大学 2017 级 MPA，徐州市贾汪区塔山镇人民政府）

的时间也比较碎片化，甚至在参加初试考试的前一天晚上，在单位加班做材料到凌晨一点多才回家。第二天考试过程中，为了防止自己瞌睡，我带了一瓶风油精，隔半个小时对着太阳穴涂抹一些。数小时的笔试过程中，我还是出现了瞌睡的症状。监考老师看着我肿胀的眼袋、黑色的眼圈，轻拍提醒考试过程中不允许睡觉。

复试的时候我来到心目中向往已久的象牙塔——南京信息工程大学，走进久违的大学校园既紧张又兴奋。南京信息工程大学有着悠久的历史、深厚的文化底蕴、丰富的教学资源、良好的学术氛围，为社会培养出许多杰出人才。曾经幼时的玩伴就毕业于此，并且在毕业后就职于江西省上饶市气象局。

当走过这一段之后，再回过头来看看走过的路，真是感触很深。考研是一种生活的体验，是一种命运的挑战，也是一种对生命的感悟。在长期持之以恒的备战中，身体与意志得到了磨砺与升华。在这个过程中，我得到了家人、领导、同事和自己学生的理解和支持，收获很多感动与温暖。经历这次考研后，忽然觉得自己又成长了。曾几何时的考研梦想，终于得以实现，又一次踏入校园。

我的人生座右铭——“不抛弃，不放弃”！不抛弃工作中的每一个学生，不放弃自己的理想。之前的理想已经实现过半，在南京信息工程大学学习已经两年了，还有一年左右时间就要毕业。在校学习期间，自己的知识体系在诸位领导和专家的指导下得以进一步完善，同时我又树立了新的目标——读博。只有不断树立新的目标，不断挑战自己，生活才会越来越充实，自己的价值也在这个过程中得以实现，人生的意义不正在于此吗？

最美人间四月天，校内垂丝海棠枝似轻丝袅袅垂，花如胭脂妖娆开。我们在人生最美的韶华以梦为马，孜孜求学，为披荆斩棘积蓄能量。

——夏莲漪（中国矿业大学 2017 级 MPA，中共江苏省睢宁县委办公室）

我与 MPA 的不解之缘

南京信息工程大学 2018 级 MPA　李代润

结缘 MPA

生于云南小山村，寒窗苦读十几载，学有所成即回乡；潜心育人五载余，终难舍弃初心梦，有缘结识沪来师，询师何以入研路，荐吾尝试 MPA，遂拾书本战研；出门未见天色明，入室已是众人息，身兼数职争分秒；持之以恒拼秋冬，挑灯夜战练坐功，不问“三九”寒入骨，唯见案角书山空；终于熬到出征际，前夕重疾猛如洪，排除万难赴考场，功夫不负有心人，终究过线入面试；怎奈滇境人才多，外省高分亦调剂，经验不足遂出局，惆怅失落若失魂。

“误”入金陵

行百里者半九十，不到最后一刻绝不放弃挣扎。虽然第一次面试落榜的伤心萦绕心头，但我也时刻关注网上是否还有类似于调剂之类的转机。云南属于硕士报考的 B 区，考生与学校的比例本来就“僧多粥少”，几乎没有再调剂的可能，可是想想收分较高的 A 区，且不说有无可能，自己内心首先就是自卑的。自调剂系统开启后，每天都在填报学校，打电话咨询，不是上课方式不恰当就是专业差距太大，甚至还有学费支付不起的难题。就在调剂都快结束时，南京信息工程大学法政学院的 MPA 专业向我抛出了橄榄枝，让我看到了实现梦想的方向。

不管你是三十而立还是四十不惑，现在都是学习最好的时间。三年的双重身份让我走出舒适区，完成一次与自己的对话，重拾对自己学习能力的信心。

——夏娇然（中国矿业大学 2017 级 MPA，徐州市铜山生态环境局）

从调剂到通过面试也是一路坎坷，好在最后都顺利通过了。在此要特别感谢当时办公室的刘老师，是他的耐心讲解和热心帮忙，才得以让我如愿参加面试。还有时任法政学院院长史军老师，因为我的工作和路程原因，史老师同意了刘老师代我转述的请求，专门因为我的面试而改签了出国的机票，助我这个云南山区的姑娘踏上了前往金陵研读 MPA 的旅程。

“塞公失马”的感恩

经历在云南面试的失利，才换来了在南信大求学的机遇。而与本科专业截然不同的 MPA 专业带给了我完全不同的体验，心存一种“因祸得福”的感激。

强大的师资力量和丰富的专业课程几乎更新了我原有的整个知识系统。史军教授的公共伦理学课不但让我对“伦理”概念有了新的理解，而且让包括我在内的很多同学都深深地迷上了哲学；史老师张弛有度的上课风格充分彰显了一位哲学教授的风度，圈粉甚多。此外，苏向荣教授的政治学课由古至今、中西结合的知识梳理让我这种政治“小白”大概明白了何谓政治。于成文教授的中国特色社会主义理论与实践研究课完全有别于高中时候的政治课，也不同于本科时候的马哲课，加之其风趣幽默的上课方式，所有同学都听得聚精会神。蔡银寅老师的公共经济学课直接让咱们 MPA 班的课堂活了起来，结合现实工作和生活中的事例，蔡老师让我们切身感受到了经济就在我们身边，我们也活在整个公共经济系统中。李志强老师的公共管理课带我畅游了真正的公共管理知识，弥补了备考时复习专业知识的所有空白，加之他严谨的教学态度也十足地体现了一位管理者的过硬本领。王永伟教授的科技写作课是最让我受益良多。我在学术文章写作方面一窍不通，但是王老师从一篇学术文章的标题、标点、表格到参考文献，事无巨细地教我们操作的教学方法，让我逐渐看懂了学术创作的门道。如果说其他老师们的优秀教学是把我们引入一块肥沃的田地的话，那王老师的讲授就是教会我们如何在这田地上种出丰硕的果实。

特别让我记忆深刻的是整个授课过程中的女教师们，个个都是精兵强将，她们对待

MPA，更像是一种精神指引，M 是满足但不知足，P 是可以平凡但不能甘于平庸，A 是在奋斗的征程上要懂得去爱、懂得感恩。

——王　刚（中国矿业大学 2018 级 MPA，淮安市洪泽区三河镇人民政府）

教学的精益求精，对待学生的高标准严要求和扎实的专业知识，令我佩服得五体投地，比如叶芬梅老师、薛静静老师、凌萍萍老师、王娜老师等。作为一个来自大山深处，很大程度上还在受男尊女卑文化影响的女生而言，她们的优秀鼓舞着我勇敢地去追求自己的梦想。

师者，传道受业解惑也！进入南信大学习以后，与史军老师的几次谈话让我重新思考了一下自己的人生。“你在那么遥远的山村工作几年了都没有放弃自己读研的梦想，而且还跑这么远来南京念非全日制硕士研究生，要不就索性再深造，继续读博吧！不为飞黄腾达，就当为迎接以后生活工作中的各种变化而留下多一分的可能。”史老师的这句话深深地影响着我。听君一席话胜读十年书，现在的我正在为明年的考博做准备。同时也感谢苏向荣老师、于成文老师、王永伟老师等对我考博想法给出各种建议和帮助。期待明年考博的我能像当初考研一样为追求心中的梦想而交出满意的答卷。

法政学院 MPA 专业的师资团队匹配就是公共管理的一个活的体现，从公共层面的不同角度为我们剖析了何谓公共管理。感恩遇见如此优秀的老师们。你们是我探索下一步人生目标的明灯。谢谢你们！

回到自己工作的单位，带着一些 MPA 的常识去审视单位各方面的管理和运行，一种“旁观者清”的意识油然而生。再找到当初极力支持我前往南信大学习的领导，经过推心置腹的交流，老人家非常欣慰，感觉不枉鼓励我学习，也对我选择 MPA 专业给予了高度的认可。我读研第二年，部分同事也相继加入了考研大军，我也乐意与他们分享这途中的经验和教训，“赠人玫瑰手留余香”的香味沁人心脾。

读研使我快乐，学习 MPA 使我充实，备战考博使我看到了未来的无限可能！追逐梦想的路上，一路前进即是给人生最完美的答卷。

“你幸福吗？”刘蕾老师课堂上一个简单的提问，使满座学生无一答复，陷入了深入灵魂的自我拷问。我想：幸福是，爱己之心爱人，容己之心容人。

——秦　婷（中国矿业大学 2018 级 MPA，淮安市清江浦区工业和信息化局）

为梦想　在理论与实践间奔跑

南京农业大学 2019 级 MPA　王运祥

每个人都有自己的梦想，大也好，小也罢，无数大大小小梦想的汇集，才有了今日世界之快速发展，努力为梦想而奋斗的人都值得被尊敬。作为土生土长的农民的儿子，我心底充满着对农村农民的热爱。所以，在报考大学时，我第一志愿就填报了中国农业大学；而在本科毕业后，我又放弃了大城市的发展机会，投身到鲁南一个落后山区的发展建设中。从区直机关到地方国企，在基层一干就是十多年。到下定决心报考 MPA 时，已是工作 13 年之后。回想起自己从备考到再次回到校园学习的历程，可以用三组词语来概括：决心与幸运，奔波与坚持，奋斗与收获。

决心与幸运。工作十多年之后，书本知识已经忘记了很多，如何在繁忙工作的同时，静下心来，挤出时间备考，确实需要很大的决心与毅力。决心源于需要，为提升自我，为释疑解惑，为更好地工作与生活；决心引领努力，坚持早起背单词，坚持挤出时间去学习，坚持濒临放弃时仍为自己加油。在报考学校的选择上，我再次选择了农业类院校——南京农业大学，继续追寻服务农业、农村、农民的梦想。

说到幸运，一是感觉自己能以比较高的分数考上南农大，有点出乎自己的意料，毕竟在学业上放下了那么久，备考时间又是那么有限，准备又不系统。但机会总是留给有准备的人，只要努力坚持，最终也许就会有自己想象不到的收获。二是要感谢有幸生活在新时代的中国，速度让距离变得看似短暂。报考时我还在江苏淮安，离南农大还不算远。而 2019 年盛夏，随着鲁商乡村振兴岗位的召唤，我回到山东济南，求学距离大大拉长。

遇见矿大，愿我们能够披荆斩棘、迎难而上，走出矿大，愿我们可以乘风破浪、不负韶华。

——宋　璇（中国矿业大学 2018 级 MPA，中共淮安市委营商环境优化办公室）

幸好有高铁，让求学旅途的时间依然不是太长。

奔波与坚持。工作在济南市，家庭在枣庄市，求学在南京市，当 2019 年 11 月需要到南农大集中学习时，奔波与坚持成了主题。身处乡村振兴项目建设一线，要想集中学习两个星期，向领导请假成了最难的事。后来虽经解释，领导不情愿地批准了，但没过几天，由于被安排到新组建的项目团队，单位又通知尽快回去一趟。再加上中间一些较急事项的处理，两个星期的集中学习里却在济南与南京间奔波了四个来回。其间，为了不耽误课程，又尽量节省费用，有两次坐一夜的卧铺车回到单位，又在赶快处理完事情后坐高铁匆匆回到学校。

学习也是一个坚持的过程。首先，要抛开杂念、静下心来。对于走向社会多年的我们来说，也许好多年都没有认真地读完一本书了，重新坐到教室里静心读书确实需要坚持。其次，克服困难、主动学习。学习上的困难主要源于不能很好地听懂老师的英语教学，在英语回答问题上也只会简单的语句，英语听说能力急需提升。另一方面的困难源于许多经济、管理理论的欠缺，对一些学术原理、学术背景不甚了解，更不能自如地运用。克服这些困难就需要查缺补漏，积极主动学习，努力弥补自己的短板。这时候，图书馆就成为一个很好的“练功”之地。再次，要勤于思考、做好结合。作为在职研究生，大部分人再次走进学校，不仅仅是为了一纸文凭，更重要的是带着工作与生活中的许多疑问来寻求答案。在学习中思考，在工作上结合，在理论与实践间转换，理应成为在职研究生学习的必然。

奋斗与收获。不要在该奋斗的年纪选择安逸。二十多岁也好，三十多岁也罢，经历奋斗才再次走进学校学习，再次走进学校学习也是为了更好地奋斗。奋斗是一个不断冲刺的状态，是一个整体连续的过程。在完成一个个小目标之后，可以有短暂的休息、调整或者说驻足观望，但不能长时间停留。考上 MPA 是一个奋斗的结果，是完成一个小小的目标；做好学习与思考，在学习中获得实实在在的收获，又是一个更大的目标。

虽然只是即将完成第一学年的学习，加上疫情的影响，第二个学期只能在网上进行。走进南农大学习 MPA 课程，时间短暂，但感觉受益匪浅。一是学识与思路的开阔。作为

百年矿大，星汉灿烂，翘楚辈出，有幸能得矿大学者传道授业解惑，纵车马劳顿，遨游书海，吾倍感充实，今后会将所学用于实践，创造价值。

——王　静（中国矿业大学 2018 级 MPA，淮安市金湖县金南镇人民政府）

本科是工科的我，虽然在工作中从事了多年的管理岗位，但缺乏系统管理理论的学习。MPA 教育为我们提供了一个弥补欠缺的平台。通过课堂老师的教学与启发、串联与沟通，加上更多课下的自学与思考，可以很好很快地拓展我们的学识，开阔我们的思路。二是认识与方法的提升。授人以鱼不如授人以渔。研究生不再是知识的灌输，更重要的是给我们提供一个认识事物的新视角、新方法。在自律前提下，提高理论素养，学习研究方法，更新思维模式，在实践与理论的结合中，不断提高认识问题、解决问题的能力。三是良师与益友的陪伴。南农大让我们本属于天南地北的陌生人走到一起，在老师的精心组织、关心指导下，共同学习，互相交流，加深了解，是同学，是师生，更是朋友。虽相聚短暂，但终身受用。

走进南农大，走进美好的校园，让学习成为习惯，用奋斗助力人生，个人、生活、工作总会在不经意间收获满满。

广聚良石成矿，一览贤人为大。

——震 鹏（中国矿业大学 2018 级 MPA，淮安恩来干部学院）

FOUR

诗忆学与友 落笔尽风流

SHI YI XUE YU YOU
LUO BI JIN FENG LIU

忆南大 MPA（十一首）

南京大学 2007 级 MPA　魏艳鸣

百年青铜鼎

欲问沧桑几度秋，百年骏业鼎中讴。
青铜侧畔枫如火，正有时光缓缓流。

校园历史名人雕塑群

石魂铜骨铸丰神，涵润菁园万木春。
穆穆晨昏频守望，似将心语嘱来人。

北大楼钟楼

历历钟声北大楼，望穿风雨百年幽。
依然巨臂书雄朴，翠叶苍藤累累秋。

矿大教会我勤思慎行，矿大指导我坚守信仰，矿大鼓励我勇毅笃行，我辈会秉持矿大精神，练就一身本领，走好人生每一步。

——单雨蒙（中国矿业大学 2018 级 MPA，淮安市淮安区钦工镇人民政府）

银杏大道

书中几缕好光阴，跃上枝头满树金。
一叶漫飞期读梦，携来南苑正秋深！

忆南大校庆

百载光阴细细听，钟声长护草青青。
春风每送嘉辰到，绿满屏前 5 2 0。

忆 MPA 篮球赛组织啦啦队

不记当年谁夺魁，啦啦小队扎成堆。
“加油”声响犹萦耳，伴我青春吼一回。

忆 MPA 拔河赛

绳分两队较真章，立定足跟气自昂。
拉锯几番思力挽，再拼一把又何妨？

MPA 沙龙

气吐风云脑洞开，遂从识略辨良材。
堪将今古一言览，天地山川入座来。

即将三十而立，为求不惑，问道于矿大。聆听老师教诲，与同学共同成长，逐渐心平气和，重塑青云之志，对前路再无忧惧。

——王大明（中国矿业大学 2018 级 MPA，淮安市农业农村局）

MPA 教育

春风大爱爱深沉，杏苑培成一片林。
荫绿呵红耕沃土，襟风抱月笃初心。

MPA 感怀

聚为热火散为星，一曲弦歌一路听。
莫道征涯涛浪远，扬帆鼓棹正当龄。

MPA 二十年

激荡潮声二十年，滔滔一曲纳千川。
吟成万里江河阔，满载风华再向前。

彭城烈烈秋风来，云龙山水接云淮。三年求学之路，未及真知便已休，幸得师长循循善诱，群英俊才星驰，于斯为盛。毕业在即，杨柳依依，海角天涯，唯盼君安。

——陈妍池（中国矿业大学 2018 级 MPA，淮安市新安小学）

遇见 MPA

南京大学 2009 级 MPA 毛瑞平

遇见 MPA
是最美好的意外
曾记否
身怀六甲的我
复习迎考
填报南大 MPA
冥冥中
早已注定的缘遇见

曾记否
鼓楼的 MPA 专用教室
还有逸夫科学管理楼
承载了我们
三轮春夏秋冬情
历历在目的试卷
见证了我们
汲取智慧的能遇见

未觉池塘春草梦，阶前梧叶已秋声。三年矿大的学习时光转瞬即逝，三年里，有幸得到各位良师教诲，拓宽视野、丰富学识，三年有幸，三生有幸。我将不忘初心，秉承开拓创新、严谨治学的校训，不断向学、不断进步。

——胡迎秋（中国矿业大学 2018 级 MPA，淮安市司法局）

曾记否
羽毛球馆里的汗水
运动操场上的印痕
大礼堂墙的爬山虎
图书馆中的低身影
毕业典礼的拨流苏
一切的一切
恍如昨日的初遇见

曾记否
一月一场的沙龙
一届一期的管见
一年一度的论坛
南大 MPA 协会
江苏 MPA 联谊会
年年有精彩
不容错过的喜遇见

曾记否
从南大开始
公民奖　论文集
分论坛　竞选会
每一年的接棒者
都是创新赋能
静待往后可期
继往开来的新遇见

为国为民者，当有筚路蓝缕，以启山林的觉悟，更要有独善其身、兼济天下的修养。在实现人生价值的长路上，心有猛虎，细嗅蔷薇。

——吴　宸（中国矿业大学 2018 级 MPA，徐州市应急管理局）

沁园春·南京大学 MPA

南京大学 2011 级 MPA　唐曙亮

百年学府，
春风化雨，
桃李芬芳。
千余天授业，
教学相长；
圣达楼畔，
书声琅琅。
道器相济，
兼有天下，
政院师生共担当。
拨穗季，
看莘莘学子，
奋发昂扬。
人间正道沧桑，
引无数MPA人勇争光。
圆复兴梦想，
路艰且长；

作为一名“二次回炉”的矿大学子，能在淮安读矿大 MPA，再次坐在母校的课堂上，享受着老师们传授的知识与道理，深感幸运并倍感珍惜，我将时刻铭记“艰苦奋斗、自强不息”的矿大精神，走好人生的每一步。

——张　开（中国矿业大学 2018 级 MPA，中共淮安市委巡察组）

不畏浮云，
续谱华章。
真诚研究，
立德树人，
风光政好和声亮。
莫须久，
创建双一流，
再铸辉煌。

注：“圣达楼”是南京大学政府管理学院大楼。

“道器相济、兼有天下”是南京大学政府管理学院院训。

“拨穗”是大学生毕业授学位时的一种礼节。

“风光政好”是南京大学政府管理学院的一个微信众号名称。

“和声”是南京大学政府管理学院院刊名称。

“双一流”是指世界一流大学和一流学科。

以先进的公共管理理念、积极的公共服务责任感、科学的领导素养培养方法，在自己的岗位上不断提升能力，学习与工作齐头并进。

——杨　扬（中国矿业大学2019级MPA，徐州市铜山区接待中心）

八声甘州·狮子山

——寄语 MPA 学友

南京大学 2012 级 MPA　杨　恺

雄踞南国，碧流绕，狮岭风秋凉。
凭楼阅江处，烟波浩砀，百川归海。
俯瞰台阁连叠，念众生彷徨。
昔绝世华响，今在何方。

回首过往岁月，经几多寒暑，结友轩昂。
忆同窗情谊，壮志不言愁。
少年游，热血浪漫，笑傲风月剑气书香。
莫留念，万古风月，人间梦梁！

见贤思齐焉，见学时习之。有幸入学 MPA 课程，终生受益匪浅。望我勤学不辍，不负韶华；手不释卷，永记初心！

——吴雪晴（中国矿业大学 2019 级 MPA，江苏中烟徐州卷烟厂）

蝶恋花词三首

南京大学 2015 级 MPA 孙 立

蝶恋花·缘起

初踏金陵缘来牵，伏案五年，渐觉学识浅。
久慕南大多隽贤，钟楼脚下欲争先。
立志求学政管院，备考三载，终得榜上见。
为人可贵勤和勉，苦功下到真知现。

注：本词描写了作者来到江苏南京工作后，对南京大学和南大政府管理学院的初识、了解、向往直至考取的心路历程，也表达了作者在此过程中收获的人生体会。“钟楼”是南大鼓楼校区的标志性建筑。

蝶恋花·践学

致力求索心茫茫，学思践悟，幸恩师领航。
三更笔墨五更凉，九乡河旁论道常。
问道实践两相长，班级研会，念友情难忘。
书卷多情似故人，惜日短更知夜长。

学习是一件快乐的事，特别是在矿大，这里有浓厚的学术氛围、知识渊博的老师、勤学奋进的同学，让我仿佛置身于知识的海洋，全身心地汲取成长的营养。

——袁 飞（中国矿业大学 2019 级 MPA，徐州市工业和信息化局）

注：本词上阕是作者在读研究生期间刻苦读书、致力求学的生动写照，同时表达了对南大政府管理学院教师的感激之情。词中“九乡河旁”是指南大仙林校区坐落于栖霞区九乡河东路东侧。由于作者在读期间同时担任班级班长和研究生会主席，故本词下阕描写了其与班级、研会同窗间的深厚友谊，以及学习和工作相得益彰的动人场景。词中“书卷多情似故人”借用明代于谦的《观书》一诗；“惜日短更知夜长”源自晋代傅玄的《杂诗》“志士惜日短，愁人知夜长”一句。

蝶恋花·祝福

梦回圣达千百度，窗下炉旁，欲将衷肠诉。
月光许知离别苦，慢爬床头把人妒。
忆念往昔峥嵘路，聚火散星，重逢似如初。
莫叹前途多歧路，执缨敢把鲲鹏缚。

注：本词上阕作者用拟人的手法，借助月光描述了毕业后对母校的眷恋和思念之情。其中“圣达”指南大政府管理学院的教学楼名为“圣达楼”；下阕借用毛主席词“万丈长缨要把鲲鹏缚”一句，表达了对南大学子不畏前路艰辛，誓做一番成就的鼓舞和祝愿。“聚火散星”道出了南大 MPA 学员“聚是一团火、散作满天星”的真挚情怀。

向上的路并不拥挤，因为大部分人选择了安逸！

——柏萧远（中国矿业大学 2019 级 MPA）

我的 MPA 梦在紫金山下绽放

南京农业大学 2009 级 MPA　胡慕鸿

紫金山下，我们怀揣着公共管理 MPA 梦

来到心慕已久的学府——南农大

于是，有了行政学的润泽，有了政治学的熏陶，有了管理学的碰撞，有了公共政策学的深邃，也有了领导科学的引航，更有新公共管理的张扬……

仿佛一下子来到了公共管理那璀璨夺目的殿堂

我们奔驰在社会公共管理现代化、科学化和专业化的征途

我们阔步在培养高层次、应用型、复合型管理人才的前方

哦，听着各位公共管理学导师大咖在课堂上的侃侃而谈

我那渴求 MPA 的眼睛里，分明深情地写着，MPA，我终于来了

哦，我心爱的 MPA，我时常在放学后，行进在紫金山那最美法桐路放声歌唱

哦，我心爱的 MPA，我时常在上学时，对着郁郁葱葱的紫金山喊着，我爱你 MPA，听着山谷的回荡，我心情无比欢畅

从此，我有了个最可爱的名字——MPA

也有了份职业与担当的最足底气和分外从容——我来自 MPA

德才兼备的教师，教授

公正严明的校风，校纪

我心怀感激，在最美的韶华之年，遇见了最好的你们。人生长路漫漫，青春不曾逝去，风华正茂的我们，将继续作为矿大人闪耀。

——姚　猛（中国矿业大学 2019 级 MPA，淮安农村商业银行股份有限公司）

热情活跃的学长，同学

我的 MPA 梦梦圆关怀、教导、磨砺

我的 MPA 梦充满友情、相助、守望

我的 MPA 梦萦绕光彩、光荣、光芒

深深记得，在我穿上蓝色硕士服的那天，我的硕士帽飞向空中，我向那片紫气东来的天空看去，我的 MPA 梦迎来了七彩夺目的绽放……

MPA 旅程，像一朵盛开的烟花，璀璨夺目，照耀天际，带我回顾过往，振奋当下，走向未来。

——刘　庄（扬州大学 2010 级 MPA，扬州市政府办公室）

后来人

南京农业大学 2018 级 MPA 孙 凯

一百年的流逝，洗不尽的金色品质
一百年的发掘，读不完的高尚情怀
一百年的怀念，你们的精神传承不灭
一百年的奋斗，你们的脚步不断前进
如鹰翼初展，如凤鸟试鸣
青年的岁月炽烈昂扬
我们将铭记过往，凝聚梦想
埋头走过你们的路
回首献上无尽的光

三年 MPA 虽然短暂，但老师的谆谆教诲，同学的深厚友情，特别是社会实践带来的丰富见识，将会让我铭记在心、受益终身。

——苏正国（扬州大学 2010 级 MPA，中共扬州市委办公室）

逐梦辉煌

南京农业大学 2019 级 MPA 王 尹

冠礼二十，风华正茂
芳华永存，青春不老
走进“光荣之门”，我们夯筑了人生基石，我们骄傲一生
踏上“弘毅之旅”，我们磨砺了进取意志，我们珍重一世
赤日如焰，风雨如磐
坎坎坷坷是你的日历
风风雨雨是你的乐章
一种向善的力量
一束指引的光芒
在思考的魔方中演绎出六面色彩的纵横捭阖
在时光的穿梭中幻化成万里云彩的奔腾万象
大业携手，勠力同心，共同叙写这永恒的传奇！

回首这段不同寻常的学习之旅，我们学习并工作着，故学而行；学习并交流着，故学而思；最重要的是学习并快乐着，在这里结识了一群好同学、好朋友，故学而“悠”。难忘那些年那些人那些事！

——杨 俊（扬州大学 2010 级 MPA，中共扬州市委组织部）

写给 MPA 的一封情书

中国矿业大学 2019 级 MPA　许婷婷

初识
是别人介绍
你的中文名字很土气
英文名字很洋气
Formulaic、Easy 是你给我的第一印象
如今
我眼中的你
很淘气
总爱制造奇怪又有趣的困境看大家博弈
很勇敢
再人问题面前也不躲闪，默默地不断总结不断改进
很睿智
博古通今，用心关注着我们 from womb to tomb 的一切
很严肃

MPA 的学习拓展了思维、开阔了眼界，也提升了能力。工作中遇到难题，我结合学过的理论知识和经典案例，加以分析，总能豁然开朗，感恩那段时光。

——宰　宇（扬州大学 2010 级 MPA，扬州市司法局）

条条框框的制度既给了我们束缚，也给了我们守护
你像孩子，像勇士，像老师，像母亲
你时而坚若磐石，锋若利刃
时而温润如玉，温柔如水
你就像空气
平凡，普通
却又
细致入微，胸怀天下
遇见你
三生有幸

离开扬大已经七个年头，我而立之年这段时光令人难忘。千言万语汇聚成三句话：获得了更大提升，问道求解站位更高、思路更活；感受了最多关爱，老师不吝赐教、悉心指导；留下了美好回忆，班集体有内涵、有追求、有温度，同学之情地久天长。

——施旭东（扬州大学 2010 级 MPA，扬州市邗江区政府办公室）

百字令·南理工学习有感

南京理工大学 2017 级 MPA　王　勉

遇
彷徨
又落榜
心生微恙
不忍离别想
小楼昨夜东风过
二月兰花开耳畔香
南理学子志酬多榜样
公共管理更引吾辈向往
进德修业奋发矢志扬
志道鼎新梦在前方
一朝题名金榜上
吾不改旧模样
喜泣拜师忙
初心不改
惜时光
成长
望

2013 年毕业，7 年余，扬大 MPA 的读书时光历历在目，不可细数，但这段时光给予我在学术、工作乃至品格方面的滋养是润物细无声的，感恩！

——刘冬梅（扬州大学 2010 级 MPA，扬州市邗江区审计局）

七绝·劝学

东南大学 2018 级 MPA 张乐天

初起黉门志不平，
悬梁无寐到三更。
十年辛苦凌云路，
诗酒红尘倚梦轻。

扬大 MPA 的三年学习，老师们的谆谆教诲，同学们的友爱互助，让我在离开校园多年后，让自身得到回炉、淬火、升华。毕竟扬大不虚到！

——张 辉（扬州大学 2010 级 MPA，江苏省泰兴市政府办公室）

读 MPA 有感

江苏师范大学 2015 级 MPA　孙　羽

平日工作琐事忙，继续充电把学上。
公管三年勤刻苦，丰富多彩有收获。
结交朋友识知己，掌握技能本领多。
回首江苏二十载，再创辉煌傲全国。

相识于美好的春季，数年的学习，师生同窗，深情厚谊；分别在热情的仲夏，未来的人生，学以致用，不负初心。

——姚海峰（扬州大学 2012 级 MPA，扬州市邗江区卫生健康委员会）

梦想是省略号

南京师范大学2020级MPA　陈　茹

在人生的考卷，
它是一个点。

它孤零零地杵在一群字的后头，
差点不被看见。

有人想把它改为句号，
圆满地点缀在尘埃落定时。

有人想教它做个引号，
说别人说的话，自己不需要嘴巴。

有人指点它瞧瞧叹号，
纤瘦高挑，人们为它流泪，为它欣喜。

有人想让它变成逗号，
前呼后应，左右逢源，提笔皆有它。

满怀期待的我来了，满怀依恋的我走了。难忘求学扬子津的时光，学有所获，业有所长，帮我认识更全面的自己。感谢扬大商学院的老师，祝母校桃李满天下！

——葛　扬（扬州大学2013级MPA，共青团江苏省句容市委）

它不想变。

也一直变。

它只想变出一个个一样又不一样的自己，

做一个省略号，

写在考卷的最后一笔，未完待续……

希望所有公共管理专业同仁，始终仰望星空、足履实地、心有所信、行以致远，永怀对知识的追求以及对人类苦难不可遏制的同情心，并且支配着我们建功立业，实现人生。

——王子亚（扬州大学 2014 级 MPA，扬州经济技术开发区管委会）

雨夜药大修 MPA 有感

中国药科大学 2019 级 MPA　王绪旺

樱放衬药迎公管，五载风雨初见彩。
专学转换育才碑，是非定向因人类。
彼岸花香学意浓，垂杨柳摆志向飞。
秋访杏黄染王气，春来孑然忘异乡。
专师专教专书留，精业精神精益求。
寓情于学辩激烈，举一反三论国事。
兴药在肩心不忘，利民于胸使命扬。
英从四海今共宁，际遇相会必可为。

三年 MPA 专业的学习，使自己从默默无闻变成一束探向未来的光，感恩扬大，感恩 MPA！
——顾海军（扬州大学 2015 级 MPA，金陵科技学院）

MPA 学子心语

青春路上，你朝气蓬勃，向美向真，即珍惜光阴；成长路上，你以梦为马，向善向上，便不负韶华；追梦路上，你不忘初心，求新求精，方有始有终。人生如旅，学之以恒，行之以德，征途便是星辰大海！

——张立萍（扬州大学 MPA 2015 级，扬州市妇联）

征途漫漫，如星辰大海。知识为梯，方可摘星；母校护航，得以渡海。不辍求学路，谨记恩师情，再图新征程。

——戴苏宁（扬州大学 2016 级 MPA，扬州市广陵区湾头镇党委）

感谢扬大 MPA，让我实现了“百战归来再读书”的愿望！回归校园让我懂得，在这个充满喧嚣沉浮的社会多读书、勤思考，在工作挑战中才能更加从容、淡定。

——谢　杨（扬州大学 2016 级 MPA，国家税务总局宝应县税务局）

研究生学习阶段是人生进步与收获的重要时期。这三年丰富了学识，增长了才干，充实了生活，提升了格局，让我倍感珍贵。未来定不负韶华，只争朝夕，乘风破浪，勇攀高峰！

——许媛媛（扬州大学 2017 级 MPA，扬州市自然资源和规划局）

扬大 MPA 所给予我的，不仅是丰富的专业知识，更有实践能力和思维方式。骊歌轻响，更向远方，坚苦自立，也为我指明了前进方向。

——李紫薇（扬州大学 2017 级 MPA，扬州市邗江区财政局）

物来顺应，未来不迎，当时不杂，既过不恋。

——吴舒波（扬州大学 2017 级 MPA，南京邮电大学通达学院）

历经三载，自豪地拥有了扬大校友的称号，自此将带着在母校积攒的力量，在未来人生路上乘风破浪，一往无前，无问西东，自成芳华。

——薛乾保（扬州大学 2017 级 MPA，中共扬州市委组织部）

前进的每一步都不得不付出艰辛和努力，正因如此，所以每一步都更加有意义。走好每一步，拾级而上，终可拿云。

——张　俊（扬州大学 2018 级 MPA，泰州市生态环境局）

求知的路途道阻且长，我们应当背着装载“本领、知识”的行囊再出发，无畏险阻、攻坚克难、探索真知、不负时光！

——王　玥（扬州大学 2018 级 MPA，泰州市姜堰区人力资源和社会保障局）

三年能够改变多少？人生能有几个三年？我庆幸，在攀登的路上，在迷茫的时候，选择 MPA，寻找初心，重新出发——人间值得。

——梁雨轩（扬州大学 2018 级 MPA，扬州出入境边防检查站）

感谢治学严谨、开放包容的扬大 MPA 教育中心，教会我们以严谨踏实的 MPA 思维求知、善思、笃行，以开拓创新的 MPA 精神读书、立学、立身。

——罗 丹（扬州大学 2018 级 MPA，扬州市图书馆）

一个人的视野和心态可以决定他能看多高、行多远，母校教会我用一生去体验、感悟、历练“艰苦自立”的精神品质，敢于有梦，勇于追梦，勤于圆梦。

——任轶群（扬州大学 2018 级 MPA，扬州市交通运输局）

我们都在努力奔跑，我们都是追梦人，三年学业让筑梦空间越来越广阔，新征程上迈步前进！

——黄成欢（扬州大学 2018 级 MPA，江苏省泰兴市珊瑚镇人民政府）

读 MPA 对我来说有潜移默化的收获：因为见识到更优秀的人，听到了更前沿的授课，视野变得更开阔，更从宏观上思考问题，对我的工作也起到相得益彰的作用。

——夏 天（扬州大学 2018 级 MPA，泰州市姜堰区财政局罗塘街道分局）

在 MPA 的时间不算长，但它带给了我们珍贵的经历和收获，让我们习得如何善于发现、如何潜心钻研、如何触类旁通，让我们把基础扎得更深，把理想筑得更牢。

——滕 菲（扬州大学 2018 级 MPA，扬州市税务局）

MPA 的课程学习，得到的不仅是知识上的积累，更多的是个人素养上的修炼，以及人生经验上的丰富。MPA 的学习目的是将所学转化成解决实际问题的能力，在学中干、干中学，在实践中检验所学。

——薛 冰（扬州大学 2018 级 MPA，国家统计局高邮调查队）

学理论，想策略，开动脑筋拓宽视野；看世界，听民声，融会贯通身体力行。

——郝玉祥（扬州大学 2018 级 MPA，江苏省宝应县望直港镇人民政府）

黑发积霜织日月，粉笔无言写春秋。回首三年，敬爱的老师们教给了我们做人、做事、做学问的道理，点点滴滴铭记于心，希望 MPA 桃李芬芳天下满。

——解晨玥（扬州大学 2018 级 MPA，扬州市第二人民医院）

身在井隅、心向星光，青春自有青春的向往；星辰大海、长风破浪，梦想自有梦想的力量；波涛之上、征帆万里，我们，都是后浪！

——乔 桑（扬州大学 2018 级 MPA，最高人民法院第一巡回法庭）

2018，走近你；2019，走进你。此刻，即将离开；归来，仍是少年。

——张吕靖（扬州大学 2018 级 MPA，泰州市姜堰区人民法院）

MPA 是一节节课，教会的不单是知识，更是管理的智慧与谋略；MPA 是一本本书，读懂的不单是理论，更是成长的底蕴与根基；MPA 更是一个个人，看到的不单是关系，更是见自己、见天地、见众生的格局与境界。

——姜 凡（扬州大学 2018 级 MPA，中共扬州市邗江区委组织部）

迈进校园，仰望象牙之塔，与大师交谈，与同仁结伴，走过春夏，感悟秋冬。我珍惜这难得的幸事，忘却烦恼，拂去疲惫。读书于我如何？你见过莫奈的画作吗？如果他手中没有画笔，情况将会是怎样？

——顾晟威（扬州大学 2018 级 MPA，江苏省灌云县自然资源和规划局）

人生的每一个阶段都想给自己多一些可能，年轻的时光用来学习提升是最不会辜负自己的选择，攻读 MPA 让我人生这一阶段更加充实丰富。

——杨　煜（扬州大学 2019 级 MPA，扬州市民族宗教团体服务中心）

学习、研究、实践是一个循环往复的过程。一年多的 MPA 学习，教会了我如何补齐循环中的短板，让我在知识的星辰与大海里尽情徜徉。

——许亚留（扬州大学 2019 级 MPA，江苏省海洋渔业指挥部）

价值，一个珍贵的词语；找到自身的价值，一个漫长的旅途。出发，永远是最有意义的事情，去做就是了……

——靳利晓（扬州大学 2019 级 MPA，国家税务总局扬州市税务局）

回到校园寻找初心，与优秀的老师和同学同行，结永恒友谊，留美好回忆。新时代，唯有不断学习，才能为中国梦贡献自己的力量。

——陈　龙（扬州大学 2019 级 MPA，扬州市级机关）

不谋全局者，不足谋一域。新时代的我们应如星辰聚于大海，将个人理想汇入时代洪流。韶华易逝，不忘初心，方得始终。

——薛志远（扬州大学 2019 级 MPA，扬州市公安局）

前程似锦，万事胜意，永怀善意，清澈明朗。

——公婧雯（扬州大学 2019 级 MPA，扬州市江都区人社局）

中国治理，世界旗帜！

——邵期静（南京理工大学 2011 级 MPA，中共安徽省绩溪县委党校）

尽己所能，服务大众。感谢南理工，感谢我的导师们。

——华　荣（南京理工大学 2012 级 MPA，南京市栖霞区退役军人事务局）

要树立新的人生目标并不遗余力地去追寻。大学，是一个终点，也是一个起点。站在新的起跑线上，必须树立新的更加明确、更加宏大的目标，并以切实的行动去努力追寻。

——谢　雷（南京理工大学 2013 级 MPA，南京晓庄学院）

也许初衷各异——突破瓶颈，提升学历，积累人脉，拓展眼界；相遇南理工，求学 MPA，我们殊途同归——都遇见了更好的自己。

——李辰磊（南京理工大学 2013 级 MPA，国家税务总局南京市税务局）

得到硕士或者博士学位不是终点，能力水平的提升也不是一个结果，而是一个过程，而且是一个艰苦的过程，人生山一程，水一程，来不得半点投机取巧。欲觅春色绿儿处，需上青山更高峰！

——谈　艳（南京理工大学 2014 级 MPA，江苏省常熟市卫生监督所）

到南理工公共事务学院报到的时候正值二月兰盛开，挺拔的水杉树下开满了紫色的二月兰就成了我脑海中对于南京理工大学的印记。

——徐大邦（南京理工大学 2014 级 MPA，南京师范大学）

几年的研究生学习经历，让我明白了人生有很多种可能，关键在于你是否肯努力。你的每一次努力都是一种沉淀、一种积累，它们会为你慢慢铺路，最终让你成为更好的自己。

——张　蕾（南京理工大学 2014 级 MPA，泰州市住房公积金管理中心）

对于需要进步的人来说失去往日的足迹并不可惜，失去了继续前行的方向才可怕，南理工的知识像是被汲取的养分伴随着我一路成长，指引着我一路星辰大海！

——胡小勇（南京理工大学 2015 级 MPA，南京市公安局江宁分局禄口派出所）

工作十年，有家有室，工作繁重，学习的道路很艰辛，但是学习的过程很快乐。南京理工大学 MPA，让我收获了许多良师益友，让我脚下的道路更加踏实，让我对工作更加充满信心！

——姚　倩（南京理工大学 2015 级 MPA，江苏省高校招生就业指导服务中心）

感谢 MPA 让我重温学生时代的美好，重拾学生时代的热忱，初心不改，步履不停，让我遇见了更好的自己！

——殷文静（南京理工大学 2015 级 MPA，宿迁海关）

一介书生，文成事毕，承蒙母校不弃，每当我在学术研究方面遇到困难，都会给予我指引和帮助。纸短情长，吾辈将牢记母校教诲，不忘初心，砥砺前行！

——陈　愉（南京理工大学 2015 级 MPA，南京市江宁区人大常委会）

勤以立学，学以立人，懂得越多，越要保持那颗赤子之心。

——黄　静（南京理工大学 2015 级 MPA，江苏省泰兴市济川街道办事处）

参加南理工 MPA 的三年，是又一次感受校园文化的难得机会，是进一步学习学科知识的难得机会，也是广泛结交良师益友的难得机会。

——韩奇志（南京理工大学 2016 级 MPA，江苏省泗阳县公安局）

MPA 赋予我们的不仅有丰硕的知识，也有开阔的眼界，还有缜密的思维，更有法治的底线，指引我们在基层的工作实践中不负韶华。

——马国平（南京理工大学 2016 级 MPA，南京市浦口区政府办公室）

在南理工相遇，唤醒旧梦，是缘分。丰富自己的生活，成为人生的加油站。难忘研究生院的淬炼，让自己变得与众不同，点亮我的一生。

——周　森（南京理工大学 2016 级 MPA，常州市天宁区红梅街道）

参与 MPA 收获的，是在纷繁复杂的工作生活中，再次获得了专注于学习、潜心研究的体验，感受到了青春的气息，坚定了付出总有收获的信心！

——徐　磊（南京理工大学 2016 级 MPA，常州广播电视台）

学海无涯，韶华不负，MPA 的学习不仅充实了我对公共管理知识的储备，更重要的是通过系统的学习，让我注重总结提炼，倾心于科研创作！

——俞兰网（南京理工大学 2017 级 MPA，江苏财会职业学院）

温故久违的学堂，重拾学习的勇气，建立纯真的友谊，MPA 是我人生时光线的又一次"打结"，记忆刻进脑海，受益伴随终身。

——张　刚（南京理工大学 2017 级 MPA，中共宿迁市委办公室）

MPA 阶段的学习给我打开了一扇门，一扇充满知识力量和理性光辉的门，相信循着这扇门的指引，未来的道路一定会越走越宽广。

——徐加伦（南京理工大学 2017 级 MPA，中共镇江市委办公室）

攻读 MPA 不仅是知识的积累，也是感情的积累，热心的同事们帮我找资料，"抓人"填问卷、做访谈，在一起工作也变得有趣，才情和友情双丰收。

——冯春晖（南京理工大学 2017 级 MPA，泰州市退役军人事务局）

早就向往南理工的二月兰，如今终于以一名学子的身份站在这里，看花、看书、聆听老师的教诲，叹老师学识渊博，再不惧学海无涯。

——孙苏阳（南京理工大学 2017 级 MPA，中共江苏省沭阳县委统战部）

善于学习就是善于进步。面对日益繁重的工作任务和自我发展的需要，唯有不断学习才能充实自己，MPA 教育贴合党委政府社会治理实践，通过两年半公共管理知识的系统学习，开阔了我的视野，使我能从容应对改革发展稳定各项工作，持续为经济社会发展作出贡献。

——陈　龙（南京理工大学 2017 级 MPA，镇江市丹徒区信访局）

九层之台，起于垒土；合抱之木，生于毫末；千里之行，始于足下。公共管理不是一蹴而就，而是久久为功。

——黄　凯（南京理工大学 2017 级 MPA，泰州市地方金融监管局）

心之向往，开启求学之路，纯粹而真实，珍贵而珍惜，寒来暑往，两载半同窗，点滴回忆万千，常怀感恩之心，愿来日方长，再续华章！

——姜一童（南京理工大学 2018 级 MPA，国家税务总局连云港市税务局）

仕而优则学，学而优则仕，MPA 让我在学习中见自己，在观察中见百态，在研究中见世界。

——谈晨吟（南京理工大学 2018 级 MPA，常州市委老干部局）

工作十年，再次鼓起勇气“回炉重造”，陌生的环境，却是熟悉的感觉。初心不忘，MPA 圆了我的研究生梦，也开启了我审视工作与生活的全新视角，愿重拾信仰，砥砺前行！

——张　抗（南京理工大学 2019 级 MPA，中共宿迁市宿城区委研究室）

摘语录不辞片段，故成百家之言；食三餐不弃一粒米，故养节约之习；听建议不拒直言，故利足下之行；学知识不厌烦琐，故现黄金之屋。

——王震宇（南京理工大学 2019 级 MPA，长江航运公安局南京分局）

MPA 给你的，是相信自己是一匹千里马，永远都能心怀远方，奔腾不息！

——刘海英（南京理工大学 2019 级 MPA，南京市秦淮区城管局）

MPA 教育让人受益匪浅，为工作提高理论站位弥补知识欠缺，通过交流学习把握改革方向，熟悉行业规律，在工作中理论与实践相结合。

——陈　亮（南京理工大学 2019 级 MPA，南京市江宁区城管局）

后　记

二十年披荆斩棘、不懈探索，二十年枝繁叶茂、硕果累累。值此江苏 MPA 办学 20 周年、江苏 MPA 论坛创办 10 周年之际，在南京大学等 17 所江苏 MPA 高校的共同倡议下，编撰出版《星辰大海不负韶华——江苏 MPA20 年采撷》，以期对江苏 MPA20 年发展历程作一记录总结。

本书编撰得到全国 MPA 学界泰斗、专家和学者的亲自指导，得到省外兄弟 MPA 高校的大力关心，得到 17 所江苏 MPA 高校和广大 MPA 老师、学子的鼎力支持。全国 MPA 之父夏书章欣然亲撰寄语，全国 MPA 教育指导委员会秘书长、中国人民大学公共管理学院院长杨开峰，南京大学政府管理学院院长孔繁斌分别作序，朱立言、张永桃、郝其宏老师应邀撰写书评，江苏省书法院副院长卢立彬老师应邀题写书名。

本书的编写由黄煦、蒋凯渊负责统筹协调，江苏 MPA 论坛组委会、江苏 MPA 联谊会周建国、祝天智、李贞强、卢远航、杨忠民、吴志祥、孙义、林莉、张士永、钟关虎、毛瑞平、董卫卫、孙立等不辞辛劳，做了大量卓有成效的工作。

本书的出版得到江苏人民出版社的无私帮助和南京东南文化交流有限公司的友情支持，江苏人民出版社王保顶总编辑、张凉女士在编校中倾注了大量精力、付出了艰辛努力，做了很多精心细致的工作，在此一并表示诚挚的感谢。

由于时间仓促，加之水平有限，本书仅仅记录了江苏 MPA20 年发展历程的惊鸿一瞥，难以窥见全貌，也难免会有疏漏、错谬之处，恳请读者批评指正。

编者

2020 年 11 月